COPYRIGHT LAW

著作権法

第 3 版

茶園成樹 編

JN098644

有斐閣

第3版 はしがき

　著作権法は社会の変化に対応するために頻繁に改正が行われており，本書第2版の2016（平成28）年10月刊行以降も，いくつかの改正が行われている。

　まず，本書第2版発行時点では未発効であった「環太平洋パートナーシップ協定」（TPP12協定）が，アメリカの離脱により発効することができなくなり，そのため，アメリカを除く11か国でこの協定の一部の規定の発効を停止した新たな協定が交渉され，その結果，「環太平洋パートナーシップに関する包括的及び先進的な協定」（TPP11協定，CPTPP）として合意され，2018（平成30）年に同協定が発効した。これに伴い，同年に，TPP12協定に基づいて制定されたTPP整備法が改正されて施行され，第2版において記載した著作権法の改正が行われた。

　同年には，デジタル化・ネットワーク化の進展に対応した柔軟な権利制限規定の整備や教育の情報化に対応した権利制限規定等の整備等を内容とする平成30年著作権法改正も行われた。また，平成30年学校教育法改正により，いわゆるデジタル教科書（教科用図書代替教材）の導入に伴う権利制限規定等の整備を内容とする著作権法の改正も行われた。

　さらに，2020（令和2）年には，リーチサイト等の規制，侵害コンテンツのダウンロード違法化の対象範囲の拡大を含むインターネット上の海賊版対策の強化等を内容とする令和2年著作権法改正が，2021（令和3）年には，図書館関係の権利制限規定の見直し，放送番組のインターネット同時配信等の権利処理の円滑化を内容とする令和3年著作権法改正が行われた。

　第3版は，これらの改正すべてを反映しており，読者に最新の著作権法に関する情報を提供することができるものと考えている。

　今回の改訂においても，有斐閣書籍編集部の井植孝之さんに大変お世話になった。ここに記して，謝意を表したい。

　2021年冬

茶園　成樹

初版 はしがき

　本書は，知的財産法のうちの著作権法の基本を解説するものである。

　著作権法は，小説や音楽，絵画，映画等の，人間が創作した文化的所産である著作物等を保護する法律である。この法律は，これまでは出版業界や音楽業界，映画業界等に携わる人くらいにしか関心を持たれなかった法律であるが，デジタル技術・通信技術の進展，とりわけインターネットの普及により，一般の人にも関係し，その活動に影響を与えるものとなっている。そのため，現在では，すべての人が，いわば社会生活におけるルールとして，著作権法の基礎的な知識を得ておくべきであるとさえいうことができよう。しかしながら，著作権法の解説書は，既にいくつかの優れたものが出版されているが，初学者にとって読みやすい，分かりやすいものは多くない。こうした状況を踏まえて，本書は初めて著作権法を学ぶ人にも理解することのできる教科書として作成された。

　本書は，大学の学部や大学院で行われる著作権法の授業の教材として，あるいは，独学で著作権法を勉学する人の独習用の教材として利用されることを想定している。また，法学部生や法学研究科院生だけでなく，法律に関する知識をあまり有していない理科系学部生等まで含めた，初めて著作権法を学ぶ人を広く読者として想定して作成している。したがって，本書の内容は，著作権法の入門書としての性格が強いが，著作権法の基本的な事項を網羅するものであるため，既に著作権法を学んだことのある人がその知識・理解を広げ深める目的で，さらには，著作権法が試験科目の1つである司法試験や弁理士試験の受験勉強のためにも利用することができる。

　本書の特徴は，以下のとおりである。初めて著作権法を学ぶ人にも理解することのできる教科書という本書の目的を的確に反映したものと，そのために工夫をしたものであり，読者には，これらの点を意識しながら，本書を読んでもらいたい。

　①　本書では，著作権法の基本として知っておくべき事項のすべてが解説される。他方，それ以上の応用的な部分や学説上の細かい議論は，かえって読者を混乱させるおそれがあることから，できる限り省略することにしている。内容についても，原則的に判例・通説によることとし，執筆者の独自の見解は控えるようにしている。

本書は，執筆者の考え方が表された体系書ではなく，あくまで教科書であることを重視したためである。

　また，平易な文章によって叙述することを心掛け，読者が法学部生や法学研究科院生でない場合を考慮して，法律専門的な記述はできるだけ避けることにしている。法律専門用語が出てくる場合，一部の用語については，読者がスムーズに読むことを妨げないように，本文中で説明することはせず，**用語解説欄**を別に設けて，その欄で説明することにしている。

　②　本書においては，本文及び**用語解説欄**のほか，*POINT* 欄や CASE 欄を設けている。

　POINT 欄は，当該項目の学習上の要点を示すものである。読者は，ある項目を読む前に，この欄の記載から当該項目で何が説明されているかを認識しておいてもらいたい。また，読み終わった後に，この欄の記載に基づいて，当該項目の内容を理解しているかどうかを確認してもらいたい。このように，*POINT* 欄は，読者が読む内容を意識し，また，読んだ内容の理解をチェックするのに用いられるものであり，これにより学習上の効果を向上させることを狙っている。

　CASE 欄は，当該項目で問題となる事例などを示すものである。また，一部CASE に対する展開例が網かけの部分で示されている。法律の解説を抽象的に説明するだけでは，特に初学者にとっては理解することが容易ではない。どのようなことが問題となるか，問題がいかに解決されることになるかを，一定の具体的なイメージを持って読むことが理解を促すことから，CASE 欄が設けられている。これも，学習上の効果を向上させるための工夫である。

　③　さらに，本書には，**重要条文・判例一覧**が付録として，巻末に付けられている。これは，著作権法の重要な条文とそれに関する判例，そして，本書で解説されている箇所を示すものである。本書では著作権法の基本が解説されているが，基本といってもその量は多く，読者が本書を読むことによって十分な知識・理解を得たことを確認することは難しい。そこで，**重要条文・判例一覧**では，重要な条文をピックアップし，さらに，その重要度に応じて分類しており，読者は，本書を読み終わった後に，この一覧に基づいて，条文の面から，自分の理解度をチェックしてもらいたい。そして，理解が不十分な条文については，それが解説されている箇所を繰り返し読むようにしてもらいたい。あるいは，本書を読み始めるにあたって，重要な箇所を確認しておきたいと思う読者は，最初にこの一覧を参照することも可能である。

以上のような特徴を有する本書によって，多くの人が著作権法に関する知識・理解を備えて，社会のために，著作権法1条が定める「文化の発展に寄与すること」という著作権法の目的の実現に貢献できるようになることを願っている。

　本書の執筆者は，大阪大学知的財産センターの研究者教員・実務家教員である。同センターは，2010年4月に，大阪大学における知的財産法の全学的な教育・研究拠点として設立されたものである。同センターは，共通教育，法学部及び法学研究科知的財産法プログラム（知的財産法に特化した教育プログラム）において，知的財産法全体の教育活動を展開している。この教育活動の一環として，2012年に『意匠法』を，2013年に『特許法』と『知的財産法入門』を刊行した。本書は，『意匠法』・『特許法』と同じコンセプトで作成されたものであり，本書と同時に，『商標法』を刊行することになっている。

　本書の出版に際しては，有斐閣書籍編集部の一村大輔さん，井植孝之さんに大変お世話になった。ここに記して，謝意を表したい。

　　2014年春

茶　園　成　樹

iv

編著者紹介 （[ ] 内は担当箇所）

＊は編者，執筆者は五十音順

＊茶 園 成 樹 （ちゃえん　しげき）［第1章，第6章，第9章］

　　1961 年生まれ

　　1984 年　大阪大学法学部法学科　卒業

　　1989 年　大阪大学大学院法学研究科博士後期課程　単位取得満期退学

　　現職：大阪大学大学院高等司法研究科教授・同大学知的基盤総合センターセンター長

　青 木 大 也 （あおき　ひろや）［第4章］

　　1983 年生まれ

　　2006 年　東京大学法学部　卒業

　　2008 年　東京大学大学院法学政治学研究科法曹養成専攻　修了

　　現職：大阪大学大学院法学研究科准教授

　勝 久 晴 夫 （かつひさ　はるお）［第3章，第7章］

　　1972 年生まれ

　　1995 年　名城大学法学部法律学科　卒業

　　2010 年　大阪大学大学院法学研究科博士後期課程　単位取得満期退学

　　現職：大阪大学知的基盤総合センター特任講師

　陳 　思 勤 （ちん　しきん）［第5章］

　　1972 年生まれ

　　2001 年　近畿大学商経学部　卒業

　　2010 年　大阪大学大学院法学研究科博士後期課程　単位取得満期退学

　　現職：大阪大学知的基盤総合センター特任准教授

濱口太久未（はまぐち　たくみ）［第2章］

　　1967 年生まれ

　　1992 年　東京大学法学部　卒業

　　同　　年　（旧）文部省入省

　　1996 年　文化庁文化部著作権課法規係長

　　2013 年　文部科学省大臣官房付（併）内閣官房教育再生実行会議担当室参事官

　　同　　年　大阪大学知的財産センター特任教授

　　現職：文部科学省大臣官房参事官（大臣官房省改革推進・コンプライアンス室次長
　　（併）主任行政改革官）

村 上 画 里（むらかみ　えり）［第8章］

　　1980 年生まれ

　　2004 年　東北学院大学法学部　卒業

　　2009 年　大阪大学大学院法学研究科博士後期課程　単位取得満期退学

　　現職：東京造形大学造形学部准教授

目　次

第8章　権利の活用 243

第 9 章　著作隣接権 267

用語解説

① 人格的利益　　*4*
② 故意と過失　　*6*
③ 自 然 権　　*7*
④ 推　　定　　*58*
⑤ 共　　有　　*63*
⑥ 善意と悪意　　*121*
⑦ 時　　効　　*146*
⑧ 口 頭 弁 論　　*214*
⑨ 幇　　助　　*221*

⑩ イン・カメラ手続　　*233*
⑪ 文書提出義務　　*234*
⑫ 親 告 罪　　*239*
⑬ 対 抗 要 件　　*244*
⑭ 質　　権　　*259*
⑮ 物 上 代 位　　*259*
⑯ 信　　託　　*260*
⑰ 供　　託　　*263*

凡　例

1　本書の構成

本書は，本文のほか，POINT 欄，CASE 欄，用語解説欄，重要条文・判例一覧の 4 つの要素が盛り込まれている。

(1)　POINT

当該項目での学習上の要点を示す。

(2)　CASE

当該項目で実際に問題となる事例などを示す。また，一部 CASE に対する展開例が網かけの部分で示されている。

(3)　用語解説

法律専門用語について解説する。用語解説の対象となる用語には*マークが付されている。

(4)　重要条文・判例一覧

著作権法の重要な条文とそれに関する判例及び本書で解説がなされている箇所が示されている（付録として巻末に掲載。切り取り可）。

2　略 語 例

(1)　法 令 名

著作権法の条文は，原則として，条数のみを引用する。

著作権法以外の法令名の略語は，下に記した略語のほか，原則として，有斐閣『六法全書』の略語を用いる。

なお，「→」で示された条文は，準用関係を示している。

　　　　例）　65 条 4 項→64 条 3 項：著作権法 65 条 4 項が準用する同法 64 条 3 項

＜主な法令等略語一覧＞

特　　許	特許法
実　　用	実用新案法
意　　匠	意匠法
商　　標	商標法
民	民法
民　　訴	民事訴訟法
ベルヌ条約	文学的及び美術的著作物の保護に関するベルヌ条約
TRIPS 協定	知的所有権の貿易関連の側面に関する協定

WIPO 著作権条約　　著作権に関する世界知的所有権機関条約

(2)　判例表示

最(大)判（決)　　最高裁判所（大法廷）判決（決定）

高　　判　　高等裁判所判決

知財高判　　知的財産高等裁判所判決

地　　判（決)　　地方裁判所判決（決定）

支　　判　　高裁または地裁の支部判決

　　なお，判例表示の後に示された〔　〕書きは当該判例の事件名を示す。

(3)　雑誌名等の略語

民　　集　　最高裁判所民事判例集

知的裁集　　知的財産権関係民事・行政裁判例集

無体裁集　　無体財産権関係民事・行政裁判例集

行　　集　　行政事件裁判例集

下民集　　下級裁判所民事裁判例集

判　　時　　判例時報

判　　タ　　判例タイムズ

金　　判　　金融・商事判例

最判解民事篇　　最高裁判所判例解説民事篇

ジュリ　　ジュリスト

知　　管　　知財管理

特　　管　　特許管理

L ＆ T　　Law & Technology

百　　選　　小泉直樹＝田村善之＝駒田泰土＝上野達弘編『著作権判例百選〔第 6 版〕』（有斐閣，2019 年）

(4)　文献略語

加　　戸　　加戸守行『著作権法逐条講義〔六訂新版〕』（著作権情報センター，2013 年）

コンメ (1, 2, 3)　　半田正夫＝松田政行編『著作権法コンメンタール (1・2・3)〔第 2 版〕』（勁草書房，2015 年）

コンメ (平成 21 年改正解説)　　池村聡『著作権法コンメンタール別冊　平成 21 年改正解説』（勁草書房，2010 年）

コンメ (平成 24 年改正解説)　　池村聡＝壹貫田剛史『著作権法コンメンタール別冊　平成 24 年改正解説』（勁草書房，2013 年）

小倉＝金井コンメ (Ⅰ, Ⅱ, Ⅲ)　　小倉秀夫＝金井重彦『著作権法コンメンター

ル（I・II・III）〔改訂版〕』（第一法規，2020 年）

斉　藤　　斉藤博『著作権法概論』（勁草書房，2014 年）

作　花　　作花文雄『詳解著作権法〔第 5 版〕』（ぎょうせい，2018 年）

渋　谷　　渋谷達紀『著作権法』（中央経済社，2013 年）

高　林　　高林龍『標準著作権法〔第 4 版〕』（有斐閣，2019 年）

高　部　　高部眞規子『実務詳説著作権訴訟〔第 2 版〕』（金融財政事情研究会，2019 年）

田　村　　田村善之『著作権法概説〔第 2 版〕』（有斐閣，2001 年）

中　山　　中山信弘『著作権法〔第 3 版〕』（有斐閣，2020 年）

入　門　　島並良 = 上野達弘 = 横山久芳『著作権法入門〔第 3 版〕』（有斐閣，2021 年）

半　田　　半田正夫『著作権法概説〔第 16 版〕』（法学書院，2015 年）

新・裁判実務大系　牧野利秋 = 飯村敏明編『新・裁判実務大系 22　著作権関係訴訟法』（青林書院，2004 年）

訴訟実務大系　　牧野利秋ほか編『知的財産訴訟実務大系 III（著作権法，その他，全体問題）』（青林書院，2014 年）

訴訟の実務　　高部眞規子編『著作権・商標・不競法関係訴訟の実務〔第 2 版〕』（商事法務，2018 年）

理論と実務　　牧野利秋ほか編『知的財産法の理論と実務 4　著作権法・意匠法』（新日本法規出版，2007 年）

第 1 章 著作権制度の概要

第1節　知的財産法と著作権法

❖*POINT*❖

◆　著作権法は，著作物等を保護する法律である。

◆　著作権法は，知的財産法の1つであり，知的財産法の分類において，①文化の発展に寄与することを保護目的とする（広義の）著作権法，②人間の精神的創作活動の成果を保護する創作法，③知的財産を権利として構成して保護する権利付与法，④権利付与法のうち，権利が創作自体により発生するものに属する。

1　概　　説

　著作権法は，著作物等を保護する法律であり[1]，知的財産法の1つである。著作物とは，「思想又は感情を創作的に表現したものであつて，文芸，学術，美術又は音楽の範囲に属するもの」（2条1項1号）である。わが国における著作権制度に関する法は，明治2（1869）年の出版条例が最初であるが，近代的な著作権法制が成立したのは，明治32（1899）年に著作権法（旧法）が制定されてからである。その後，旧法に数度の改正がされ，昭和45（1970）年に制定された現行法に至っている。

---

1)　著作権法は，著作物のほか，実演，レコード，放送及び有線放送を保護する。本節においては，著作権法のうち，著作物に関する部分のみを対象とする。

2　知的財産法

　知的財産法とは，知的財産の保護と利用に関するルールを定める法分野である。知的財産とは，一般的に，財産的な価値のある情報を指す。

　知的財産を創造した者は，その情報を他人が無断で利用しても，自己の利用を妨げられることはない。知的財産は情報，すなわち無体物であり，有体物のようにある者が利用すれば別の人が利用することができなくなるわけではないからである。しかしながら，他人が無断で利用できるとすると，知的財産を創造した者はその知的財産から利益を享受することが困難となる。知的財産の創造には費用・時間がかかるため，他人の無断利用は，知的財産の創造意欲を減退させ，その創造活動が活発に行われなくなるという結果を招来する。他人による利用が行われないようにするために，知的財産を公開しないという方法があるが，非公開にできない知的財産もある。また，たいていの創造活動は先人の創造活動の成果を基にして行われるものであるため，創造活動の成果が公開されないようになると，その後の創造活動は停滞してしまう。

　以上のことから，知的財産の創造活動を促進するためには，知的財産を，他人が無断で利用することができないように，法的に保護する必要がある。

　知的財産を包括的に保護する単一の法律は存在しない。現実に存在しているのは，特定の知的財産を保護対象とする様々な法律である。例えば，発明を保護対象とする特許法，意匠を保護対象とする意匠法，商標を保護対象とする商標法であり，著作物を保護対象とする著作権法もその1つである。

3　知的財産法の分類

　知的財産法は，保護目的や保護対象等の観点から，以下のように分類することができる。

　①　保護目的の観点から，産業の発達を目的とする産業財産権法（工業所有権法）と，文化の発展を目的とする（広義の）著作権法に分類することができる。

　②　保護対象の観点から，人間の精神的創作活動の成果を保護する創作法と，営業上の信用を化体する標識を保護する標識法に分類することができる。

　③　保護方法の観点から，知的財産を権利として構成し，それに物権的な効

果を与えて保護する権利付与法と，権利として構成することはしないで，知的財産を一定の利用行為から保護する行為規整法に分類することができる。

④　上記の権利付与法は，権利の発生方法の観点から，権利が登録により発生するものと，登録といった手続を要せず，創作自体により発生するものに分類することができる。

4　著作権法の位置づけ

上記の分類において，著作権法は，以下のように位置づけられる。

①の保護目的の観点からの分類では，著作権法の目的は「文化の発展に寄与すること」であるので（1条⇒本章第2節），（広義の）著作権法に属する。

②の保護対象の観点からの分類では，思想又は感情の創作的表現である著作物が著作権法の保護対象であるので，創作法に属する。

③の保護方法の観点からの分類では，著作権法は著作物を，著作権を発生させて保護するものであるので，権利付与法に属する。

④の権利の発生方法の観点からの分類では，著作権の享有にはいかなる方式の履行をも要しないので（17条2項），権利が創作自体により発生するものに属する。

同じく知的財産法に属する特許法に関しては，同法の保護対象は技術的思想の創作である発明（特許2条1項）であり，発明を特許権の発生によって保護するものであるから，著作権法とは，②③については同じである。しかしながら，特許法の目的は産業の発達への寄与であり（特許1条），特許権は設定登録により発生するものであるので（特許66条1項），著作権法とは異なり，①については産業財産権法，④については権利が登録により発生するものに属する。

③の分類において，権利付与法は権利を発生させて知的財産を保護するが，そのような権利が知的財産権と呼ばれる。したがって，著作権は知的財産権の一種である。著作権は，有体物に対する所有権等の物権と比較すると，対象が著作物という知的財産，つまり無体物であるために，権利が及ぶ範囲が明確でないことや，権利の存続期間が限定されていて，一定期間経過後に権利が消滅すること等の特徴がある。なお，行為規整法に属する法律として，不正競争防止法がある。

また，著作権と特許権を比較すると，権利の発生方法に関する④の分類の違

用語解説①	人格的利益

　生命・身体・自由・名誉・氏名・肖像などの，人間の人格と切り離すことのできない利益のことである。人格的利益を保護するための権利が人格権である。

いのほか，著作権は，著作物が模倣された場合にのみ及び，他人の著作物と客観的に同一の作品が利用されても，その作品が独自に創作されたものであれば，著作権の侵害とならないのに対して，特許権の場合には，他人の特許発明と同一の発明が実施されれば，その発明が独自に創作されたものであっても，侵害となるという違いがある。つまり，特許権は絶対的独占権であり，著作権は相対的独占権，模倣禁止権である。さらに，著作権法と特許法の違いであるが，著作権法は，著作物の創作によって，その創作者である著作者に，著作権のみならず，著作者人格権も発生させる（両者を合わせて，著作者の権利という）。特許法においても，発明者の人格的利益※を保護する発明者名誉権[2]が認められているが，脆弱な権利であり，著作者の財産的利益とともに，その人格的利益を強力に保護しているのが著作権法の特徴である。

第2節　著作権法の目的

❖POINT❖

◆　著作権法の究極的な目的は，文化の発展に寄与することである。
◆　この目的のために，著作権法は，著作物等の文化的所産の公正な利用に留意しつつ，著作者等の権利の保護を図ることにより，著作物の創作等を奨励する。

1　創作の奨励による文化の発展への寄与

　著作権法は，1条に規定されているように，「文化の発展に寄与すること」を究極的な目的とする。
　文化を発展させる手段には様々なものがあるが，著作権法は，著作物の創作

---

2)　中山信弘『特許法〔第4版〕』（弘文堂，2019年）177〜179頁。

の奨励という手段を採用していると解される。著作物の創作活動が活発に行われることにより，多様な著作物が創造され利用されるようになり，文化が豊かなものとなることが目指されているのである。

2　著作物の保護と利用による創作の奨励

　創作を奨励する方法についても，創作者に奨励金を授与することや表彰すること等，様々なものがある。この点，著作権法は，著作物等の「文化的所産の公正な利用に留意しつつ，著作者等の権利の保護」を図るという方法によって，創作活動が活発に行われるようにしているのである。

　「著作者等の権利」とは，「著作物並びに実演，レコード，放送及び有線放送」に関して定められている「著作者の権利及びこれに隣接する権利」である。著作者の権利とは，著作者，すなわち「著作物を創作する者」（2条1項2号）を保護主体とし，著作物を保護対象とする権利である。この権利は，著作者の人格的利益を保護する著作者人格権と，著作者の財産的利益を保護する著作権から成る。他方，「隣接する権利」は著作隣接権と呼ばれ，著作物の公衆への伝達に重要な役割を果たす実演家，レコード製作者，放送事業者及び有線放送

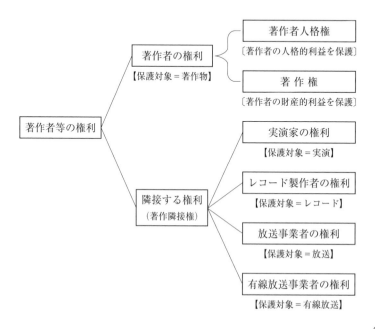

用語解説②　故意と過失

　「故意」とは，自分の行為から一定の結果が発生することを認識していることをいう。

　「過失」とは，注意していれば，自分の行為から一定の結果が発生することを予見できたにもかかわらず（予見可能性），不注意によりそれを予見できなかったため，結果が発生することを回避できなかったこと（結果回避義務違反）をいう。不注意や結果回避義務違反の程度によって，重過失と軽過失に分けられる。

事業者を保護主体とし，実演，レコード，放送及び有線放送を保護対象とする権利である[3]。これを図示すると，前頁のようになる。

　なお，「著作権」という言葉は，著作権法上は，上記のように，著作物を保護対象とする，著作者の財産的利益を保護する権利であるが，社会においては，多義的に用いられ，より広く，「著作者の権利」，あるいは，「著作者等の権利」を指す場合もあることに注意を要する。

　著作者の権利及びこれに隣接する権利は排他的独占権であり，権利者は，その権利の対象である著作物等を第三者が無断で利用する侵害行為の差止めを請求することができ（112条），また，故意又は過失*による侵害行為によって被った損害の賠償を請求することができる（民709条）。

　以上のように著作者等の権利が定められることにより，著作者等はその著作物等の利用から生じる利益を獲得することができ，著作物の創作等が奨励されることになる。しかしながら，創作の奨励，それによる文化の発展のためには，権利の保護だけを考えれば足りるわけではない。なぜなら，たいていの創作活動は先人が創作したものを基にして行われるものであり，創作活動を促進するためには，他人の著作物等を自由に利用することのできる範囲を確保しておく必要があるからである。他方，自由に利用することのできる範囲を過度に拡大すると，著作者等が得ることのできる利益が減少し，創作意欲は減退することになる。

　そのため，創作を奨励し，もって文化の発展に寄与するためには，著作者等の権利の保護と利用の適正なバランスをとることが重要となる。1条において，

---

3)　正確には，著作権法は，著作隣接権のほか，実演家が有する実演家人格権，実演家・レコード製作者が有する報酬・二次使用料請求権を定めている（89条）。

著作物等の「文化的所産の公正な
利用に留意しつつ」と規定されて
いるのは，この点を示すものであ
る。

　ところで，著作者等の権利が定
められているのは，それによって
創作を奨励し，文化の発展に寄与

```
┌─────────────────────────────┐
│ 用語解説③     自 然 権      │
├─────────────────────────────┤
│　人間が，社会の仕組みによることなく， │
│ 事物の本性から導き出される自然法によ │
│ り，あるいは生まれながらにして有する │
│ 権利のことである。           │
└─────────────────────────────┘
```

するためであるとの考え方をこれまで述べてきた。この考え方はインセンティ
ブ論と呼ばれているが，これとは異なり，人間の精神的創作活動の成果である
著作物については，著作者が本来的に権利を有するべきであるという考え方も
ある。いわゆる自然権*論である[4]。著作物が著作者の個性の発露と捉えられ，
また著作者の人格的利益が強力に保護されていることに鑑みると，著作権法に
ついて自然権論を全く否定することはできないと思われる。もっとも，著作者
が著作物について本来的に権利を有するとしても，その権利は他者が有する権
利等に対して絶対的に優位であるわけではなく，著作物が具体的にどのように
保護されるかは，他者の権利等との調整によって決定されることになる。

---

[4]　インセンティブ論と自然権論については，田村善之「知的財産法政策学の試み」知的財産法
政策学研究 20 号（2008 年）1 頁参照。山根崇邦「著作権法領域における正当化根拠論の現代
的意義」著作権研究 38 号（2011 年）116 頁も参照。

第3節　著作権法の全体像

❖*POINT*❖

◆　著作権法の保護対象は，著作物である。

◆　保護される主体は，著作者である。

◆　著作者は，著作物の創作によって，著作者の権利を取得する。著作者の権利の取得のためには，何らの方式の履行も要しない（無方式主義）。

◆　著作者の権利は，著作者の人格的利益を保護する著作者人格権と，著作者の財産的利益を保護する著作権から成る。

◆　著作者人格権・著作権の侵害に対して，著作者・著作権者は，差止請求や損害賠償請求をすることができる。

◆　著作権法は，著作者の権利に隣接する権利（著作隣接権）を定め，実演，レコード，放送及び有線放送を保護している。

1　序

本節では，著作権法の全体像を概観する。前述したように，著作権法は，著作者の権利とこれに隣接する権利を定めている。後者については，最後の7においてのみ述べることとし，2〜6は，前者だけを対象とする。本書の構成も基本的に同じである。

2　保護対象

著作権法の保護対象は，著作物である。著作物は，「思想又は感情を創作的に表現したものであつて，文芸，学術，美術又は音楽の範囲に属するもの」と定義されている（2条1項1号）。

保護されるのは「表現したもの」であり，表現の元になるアイデアは保護されない。いわゆる表現・アイデア二分論である。また，保護されるためには，「創作的」に表現したものでなければならない。「創作的」とは，厳密な意味で独創性が発揮されることは必要なく，創作者の何らかの個性が発揮されていれば十分であると考えられている。一般的には，他人の著作物の模倣ではなく，創作者が自ら作成したのであれば，創作的なものとなる。

著作物の種類の例として，①小説，脚本，論文，講演その他の言語の著作物，

②音楽の著作物，③舞踊又は無言劇の著作物，④絵画，版画，彫刻その他の美術の著作物，⑤建築の著作物，⑥地図又は学術的な性質を有する図面，図表，模型その他の図形の著作物，⑦映画の著作物，⑧写真の著作物，⑨プログラムの著作物，がある（10条1項）。詳細は第2章「著作物」を参照。

3　保護主体

保護される主体は，著作者，すなわち，「著作物を創作する者」である（2条1項2号）。著作者は，著作物の創作によって，その著作物について著作者の権利を有する。ただし，企業の従業員が職務として作成するような場合は，例外である。企業の従業員が，その企業の発意に基づき，職務上作成する著作物で，その企業が自己の著作の名義のもとに公表するものについては，その作成の時における契約，勤務規則その他に別段の定めがない限り，その企業が著作者となる（15条）。いわゆる職務著作である。この場合には，企業が著作者として，著作者の権利を有し，実際に著作物を作成した従業員は何らの権利も有しない。詳細は第3章「著作者」を参照。

4　著作者の権利

著作物は，著作者の権利によって保護される。著作者は，著作物の創作と同時に，自動的に著作者の権利を有することになるのであり，著作者の権利の享有のために何らの方式の履行も要しない（17条2項）。いわゆる無方式主義である。

著作者の権利は，著作者人格権と著作権から成る。

(1)　著作者人格権
著作者人格権は，著作者の人格的な利益を保護するもので，以下の権利から構成される。
①　公表権（18条）
②　氏名表示権（19条）
③　同一性保持権（20条）
①公表権とは，未公表の著作物を公表するかどうか，公表するとすれば，いつどのような態様で公表するかを決定する権利である。②氏名表示権とは，著

9

作物に著作者名を表示するかどうか，表示するとすれば，どのようなものを表示するかを決定する権利である。③同一性保持権とは，著作物・その題号を無断で改変されない権利である。

　著作者人格権は，著作者の一身に専属し，譲渡することができない（59条）。つまり，著作者人格権を有するのは，著作者だけである。

　詳細は第4章「著作者人格権」を参照。

(2)　著　作　権

　著作権は，著作者の財産的な利益を保護するもので，著作物の複製に対する複製権，著作物の公衆送信に対する公衆送信権等の，特定の利用行為を対象とする，以下の権利（支分権と呼ばれる）から構成される。

① 　複製権（21条）
② 　上演権及び演奏権（22条）
③ 　上映権（22条の2）
④ 　公衆送信権（23条1項）
⑤ 　公の伝達権（23条2項）
⑥ 　口述権（24条）
⑦ 　展示権（25条）
⑧ 　頒布権（26条）
⑨ 　譲渡権（26条の2）
⑩ 　貸与権（26条の3）
⑪ 　翻訳権，翻案権等（27条）
⑫ 　二次的著作物の利用に関する原著作者の権利（28条）

　著作権は，著作者人格権とは異なり，譲渡することができる（61条1項）。著作者がその著作権を他人に譲渡することにより，当該他人が著作権者となって，著作者と著作権者は別人となる。著作権は，著作物の創作によって発生し，原則として著作者の死後70年を経過するまでの間，存続する（51条）。

　詳細は第5章「著作権」を参照。

(3)　著作権の制限

　著作物を利用するためには，著作権者から許諾を受ける必要があるが，あら

ゆる場合に著作権者の許諾がないと著作物を利用できないとすることは，文化の発展に寄与するという著作権法の目的（1条）に沿わない場合がある。そこで，30条以下に，著作権を制限する規定が設けられている。例えば，著作物をその著作権者に無断で複製すると，著作権（複製権）侵害となるのが原則であるが，30条1項は，私的使用（「個人的に又は家庭内その他これに準ずる限られた範囲内において使用すること」）を目的とするときは，その使用する者が複製することができると規定し，著作権（複製権）を制限している。

　詳細は第6章「著作権の制限」を参照。

5　侵害に対する救済

　著作者・著作権者は，その著作者人格権・著作権を侵害する者に対して，侵害の差止めを請求することができる（112条）。また，侵害により自己が受けた損害の賠償を請求することができる（民709条）。差止請求については，侵害者に故意・過失があるかどうかは問わないのに対して，損害賠償請求については，侵害者に故意・過失があることが必要である。詳細は第7章「侵害に対する救済」を参照。

6　権利の活用

　著作権の活用方法としては，著作権者がその著作物を自ら利用することのほか，著作権の譲渡，出版権の設定，利用許諾，質権の設定等がある。詳細は第8章「権利の活用」を参照。

7　著作隣接権

　実演を行う実演家（2条1項4号），レコードを製作するレコード製作者（2条1項6号），放送を業として行う放送事業者（2条1項9号），有線放送を業として行う有線放送事業者（2条1項9号の3）は，著作物を創作するわけではないが，著作物を公衆に伝達するのに重要な役割を果たしている。それで，著作権法は著作隣接権を定めて，実演家，レコード製作者，放送事業者，有線放送事業者を保護している。また，実演家については，実演家人格権（90条の2・90条の3）により，その人格的利益も保護されている。詳細は第9章「著作隣接権」を参照。

第4節 著作権に関する国際条約

❖*POINT*❖

◆ 著作権に関する国際条約として，文学的及び美術的著作物の保護に関するベルヌ条約（ベルヌ条約），万国著作権条約（UCC），知的所有権の貿易関連の側面に関する協定（TRIPS協定），著作権に関する世界知的所有権機関条約（WIPO著作権条約，WCT）等がある。

1 概 説

著作権に関する国際条約として，文学的及び美術的著作物の保護に関するベルヌ条約（ベルヌ条約），万国著作権条約（UCC），知的所有権の貿易関連の側面に関する協定（TRIPS協定），著作権に関する世界知的所有権機関条約（WIPO著作権条約，WCT）等がある。

著作権法5条は「著作者の権利及びこれに隣接する権利に関し条約に別段の定めがあるときは，その規定による」と規定している。わが国では，一般的に，国際条約はそのまま国内的効力を有し，法律に優先すると解されているので[5]，同条は注意規定にすぎないということができる。ともかく，著作者の権利及びこれに隣接する権利に関する国際条約の規定で，著作権法に抵触する規定があるもの，あるいは著作権法に対応する規定がないものは，国内において直接適用されることとなる。

2 文学的及び美術的著作物の保護に関するベルヌ条約（ベルヌ条約）

文学的及び美術的著作物の保護に関するベルヌ条約（ベルヌ条約）[6]は，1886年に締結され，その後に数度の改正が行われている。わが国は1899年に加入した。この条約が適用される国は文学的及び美術的著作物に関する著作者の権利の保護のための同盟（ベルヌ同盟）を形成するとされており（ベルヌ条約1条），そのような国は同盟国と呼ばれる。同条約では，①いずれかの同盟国の国民である著作者は，その著作物について保護され，②いずれの同盟国の国民でもな

---

5) 伊藤正己『憲法〔第3版〕』（弘文堂，1995年）687頁。
6) 茶園成樹編『知的財産関係条約』（有斐閣，2015年）253頁以下［青木大也］参照。

い著作者は，その著作物のうち，いずれかの同盟国において最初に発行された
もの・同盟に属しない国といずれかの同盟国において同時に発行されたものに
ついて保護されることになっている（3条1項）。そして，「著作者は，この条
約によつて保護される著作物に関し，その著作物の本国以外の同盟国において，
その国の法令が自国民に現在与えており又は将来与えることがある権利及びこ
の条約が特に与える権利を享有する」（5条1項）[7]，「著作物の本国における保
護は，その国の法令の定めるところによる。もつとも，この条約によつて保護
される著作物の著作者がその著作物の本国の国民でない場合にも，その著作者
は，その著作物の本国において内国著作者と同一の権利を享有する」（5条3項）
と規定されている。いわゆる内国民待遇原則であり，わが国は，日本国民に与
える著作者の権利の保護を，ベルヌ条約の同盟国の国民にも与えなければなら
ない。

　また，同条約は，著作権の一定の内容のほか，著作者の権利の無方式主義
（5条2項），著作者人格権（6条の2）についても規定している。

3　万国著作権条約（UCC）

　万国著作権条約（UCC：Universal Copyright Convention）は，無方式主義を採
用するベルヌ条約同盟国と，当時のアメリカ等の方式主義を採用する国とを架
橋するために，1952年に締結された。わが国は，1956年に加入した。この条
約の締約国は，著作権の保護の条件として納入，登録，表示等の方式を要求す
る場合であっても，著作物の複製物に，著作権者名，最初の発行年，©の記号
が表示されている限り，その要求が満たされたものと認めなければならない
（万国著作権条約3条）。この条約は，アメリカ等との関係を規律するものとして
重要なものであったが，その後，1989年にアメリカがベルヌ条約に加盟した
こと等により，その重要性は大きく低下した。

4　知的所有権の貿易関連の側面に関する協定（TRIPS協定）

　知的所有権の貿易関連の側面に関する協定（TRIPS協定）[8]は，1994年に締

---

[7]　著作物の「本国」とは，例えば，いずれかの同盟国において最初に発行された著作物につい
　ては，その同盟国であり，発行されていない著作物については，その著作者が国民である同盟
　国である（ベルヌ条約5条4項）。

結された WTO（世界貿易機関）設立協定の附属書 1C であり，WTO 加盟国はこの協定を遵守しなければならない。わが国は設立当初から WTO 加盟国である。TRIPS 協定も，内国民待遇原則を定めている（TRIPS 協定 3 条）。さらに，同条約 4 条は，「知的所有権の保護に関し，加盟国が他の国の国民に与える利益，特典，特権又は免除は，他のすべての加盟国の国民に対し即時かつ無条件に与えられる」と規定している。いわゆる最恵国待遇原則である。そのため，わが国が他の国の国民に与える著作権保護は，すべての WTO 加盟国の国民にも与えることが義務づけられる。また，同協定 9 条は，ベルヌ条約遵守義務を規定しており（ただし，著作者人格権を定めるベルヌ条約 6 条の 2 は除かれる），わが国は，WTO 加盟国に対して，ベルヌ条約の規定を遵守しなければならない。

　TRIPS 協定は，10 条〜13 条に著作権に関する規定を設けており，例えば，10 条 1 項は，コンピュータ・プログラムがベルヌ条約に定めている文学的著作物として保護される旨を規定している。

5　著作権に関する世界知的所有権機関条約（WIPO 著作権条約，WCT）

　著作権に関する世界知的所有権機関条約（WIPO 著作権条約，WCT）[9] は，ベルヌ条約等を管理する世界知的所有権機関（WIPO：World Intellectual Property Organization）において，インターネットの普及等に対応するために，1996 年に採択された。わが国は，2000 年に加入した。同条約は，ベルヌ条約遵守義務を定めるとともに（WIPO 著作権条約 1 条 4 項），コンピュータ・プログラムの保護，データの編集物（データベース）の保護，譲渡権，貸与権，公衆への伝達権，技術的手段に関する義務，権利管理情報に関する義務等について規定している。

6　著作隣接権に関する条約

　著作隣接権に関する条約として，「実演家，レコード製作者及び放送機関の保護に関する国際条約」（ローマ条約，実演家等保護条約），「実演及びレコードに関する世界知的所有権機関条約」（WIPO 実演・レコード条約，WPPT）等がある。

---

8)　茶園編・前掲注6）73 頁以下［陳思勤］参照。同協定における著作権に関する部分については，同書 296 頁以下［勝久晴夫］参照。

9)　茶園編・前掲注6）300 頁以下［勝久］参照。

また，TRIPS 協定も，14 条に，実演家，レコード（録音物）製作者及び放送機
関の保護について規定している[10]。

「実演家，レコード製作者及び放送機関の保護に関する国際条約」は，1961
年に採択され，わが国は 1989 年に加入した。「実演及びレコードに関する世界
知的所有権機関条約」は，1996 年に，「著作権に関する世界知的所有権機関条
約」（WIPO 著作権条約）と一緒に採択され，わが国は 2002 年に加入した。同条
約において保護される実演は，主として音楽の演奏等の聴覚的実演であり，映
画等における視聴覚的実演に対する保護は限られたものであった。後者の実演
の保護のために，2012 年に，「視聴覚的実演に関する北京条約」が採択され，
わが国は 2014 年に加入した。この条約は 2020 年に発効した[11]。

7　環太平洋パートナーシップに関する包括的及び先進的な協定(TPP11 協定, CPTPP)

わが国を含む環太平洋地域の 12 か国において，商品，サービス，投資の自
由化を進めるとともに，様々な分野で新しいルールを構築するための条約交渉
が行われ，2016 年に「環太平洋パートナーシップ協定」（TPP12 協定）が署名
された。しかしながら，この協定は，その後にアメリカが離脱したため，発効
することができなくなった。そこで，残る 11 か国でこの協定の一部の規定の
発効を停止した新たな協定が交渉され，その結果，「環太平洋パートナーシッ
プに関する包括的及び先進的な協定」（TPP11 協定，CPTPP）として合意され，
2018 年に同協定が発効した[12]。

同協定第 18 章は知的財産分野を対象としたものであり，知的財産権の保護
に関して内国民待遇原則を定めている（18.8 条 1 項）。著作権等に関しては，締
約国に WIPO 著作権条約及び WIPO 実演・レコード条約の締結を義務づける
ほか，著作者・実演家・レコード製作者に複製権や公衆への伝達権，譲渡権を
付与すること（18.58 条・18.59 条・18.60 条・18.62 条）等を定めている。

わが国では，TPP12 協定署名を受けて，2016 年に「環太平洋パートナーシ

---

10)　茶園編・前掲注 6) 308 頁以下［勝久］参照。

11)　「放送機関の保護に関する条約」は，WIPO において 20 年以上検討が続けられているが，未
　　だ成立していない。小島立「いわゆる『放送条約』をめぐる議論状況について」論究ジュリ 26
　　号（2018 年）35 頁参照。

12)　TPP11 協定について詳しくは，『TPP コンメンタール』（日本関税協会，2019 年）。

ップ協定の締結に伴う関係法律の整備に関する法律」（TPP12 整備法）が制定された。この法律は TPP12 協定が日本について効力を生ずる日から施行されることになっていた。その後，2018 年に TPP11 協定が署名されたことを受けて制定された「環太平洋パートナーシップ協定の締結に伴う関係法律の整備に関する法律の一部を改正する法律」（TPP11 整備法）により，TPP12 整備法の施行日を原則として TPP11 協定が日本国について効力を生じる日に改められた。

　このようにして TPP12 整備法による著作権法改正が行われた。その中には，原則として著作者の死後 50 年であった著作物の保護期間を死後 70 年とすることが含まれている[13]。

---

13)　2020 年に ASEAN10 か国と日本，中国，韓国，オーストラリア，ニュージーランドの間で署名された経済連携協定である「地域的な包括的経済連携協定」（RCEP 協定）は，TPP11 協定と同様の知的財産に関する規定を有している。

第2章　著作物

第1節　著作物性

❖*POINT*❖

◆　著作権法の保護対象（客体）は，無体物たる著作物である。

◆　著作物に該当するためには，①「思想又は感情」を，②「表現したもの」であって，③「創作的に」表現したものでなければならず（創作性），④「文芸，学術，美術又は音楽の範囲に属するもの」であることが必要である。

◆　これらのうちで特に重要な要件は，③「創作性」と，②「表現したもの」である。

CASE 2-1　作家Aによる小説「名探偵Xの事件簿」シリーズの愛読者Bが，その続編をAに断りなく書いた場合，Aの著作権を侵害したことになるか。

1　著作物とは何か

(1)　身近に存在する著作物

　著作権法は「著作物……に関し著作者の権利……を定め，……著作者等の権利の保護を図」り，「文化の発展に寄与することを目的」としており（1条），著作物・著作者等を保護する法律である。このうち著作者は「著作物を創作する者をいう」と定義されている（2条1項2号）ことから，まずは著作物についての理解を深めることが，著作権法の学習を進めるうえでの第一歩であり，かつ最も重要な点である。

　では，著作物と聞いてどのようなものを思い浮かべるだろうか。著作権という言葉が社会にかなり浸透していることからも推察できるように，我々の日常生活の中でも様々な著作物が身近に存在している。著作権法が文化振興法であることからイメージしやすい著作物の具体例としては，誰かが書いた文章や音楽，絵，映像などが挙げられるし，このほかにもコンピュータ・プログラムも著作物に該当する。ただし，その際に注意すべき点としては，著作物は，知的財産法の一つである著作権法の保護対象であるため，空間の一部を占める有形的な存在である有体物（民 85 条）としてではなく，無体物として存在しているということがある。音楽を例にとれば，コンパクトディスク（CD）という固形物が保護されるのではなく，CD に入っている楽曲や歌詞が保護されるということである。

(2)　著作物の構成要素

　著作物とは何かという問いは，人がつくった文章や音楽や絵の何がその外延を画する共通要素であるのかという問いと同じである。この点を意識しながら著作物の定義規定を見てみると，2 条 1 項 1 号において，著作物は，「思想又は感情を創作的に表現したものであつて，文芸，学術，美術又は音楽の範囲に属するものをいう」とされている。

　すなわち，著作物の定義は，以下の 4 点の共通要素から成り立っているのであり，やや解説調に並べ直せば，著作物とは，（創作者の外に向けて）何らか表現されているものでなければならず，またその表現には何らかの思想・感情が存することが必要であり，さらに単なる表現ではなく創作的に表現されていることも要求されており，加えて，そうしたもののすべてというわけではなく文芸等の一定の範囲内にあるものだけを対象とするものである。

　以下，順次解説していくこととする。
① 「思想又は感情」を対象としていること。
② 思想又は感情を「表現したもの」であること[1]。
③ 思想又は感情を「創作的に」表現したものであること（創作性）。

---

1)　なお，加戸 24 頁では，著作権法の保護対象である著作物が具体的な有体物ではなく抽象的な存在であることからすれば，「もの」に「物」の用語をあてるのは適切ではない旨説明されている。

④ 「文芸，学術，美術又は音楽の範囲に属するもの」であること。

2 思想又は感情

(1) 内　容

「思想」とは，一般に，

「考えられたこと。かんがえ。」，

「判断以前の単なる直観の立場に止まらず，直観内容に論理的反省を加えてでき上がった思惟の結果。思考内容。」，

「社会・人生に対する全体的な思考の体系。」などとされ，

　また「感情」とは，

「喜怒哀楽や好悪など，物事に感じて起こる気持。」，

「精神の働きを知・情・意に分けた時の情的過程全般を指す。」などとされており[2]，これらの意味内容は一義的に定まっているわけではない。

　著作権法における「思想又は感情」の意味内容については，同法の目的が多様な文化発展を目指して人間の様々な精神的創作活動の成果を保護することにある（⇒第1章第2節）点から考えていく必要がある。すなわち，ここでいう「思想又は感情」とは，一定の水準を満たした哲学・心理学の学問的，芸術的なものに限定されるものではなく，広く人間が持つ何らかの「かんがえ・きもち」といったものを指すものと解されているのである[3]。

　このように広範囲にわたる「思想又は感情」を著作物の要件の1つに組み入れることは，法律の定義に求められる機能（定義に該当するものと該当しないものとを峻別する機能）には一見適合しにくいようにも映るが，その意図は，これに該当するものを判断するための基準として機能させる点にあるのではなく，むしろこれに該当しないものを著作物の概念から除外するための役割を担わせている点にあるといえよう[4]。

(2) 「思想又は感情」に該当しないもの

「思想又は感情」は，社会通念上，人間の思想・感情を指すものであり，そ

---

2) 新村出編『広辞苑〔第7版〕』（岩波書店，2018年）661頁，1289頁。
3) 半田76頁。

のため，動物が絵を描いたとしても著作物としての保護は受けない[5]。砂浜の貝殻などの自然物なども，思想・感情が含まれておらず，著作物には該当しない[6]。また，単なる事実の羅列も思想・感情を表したものではないので，例えばレストランのメニューや列車時刻表・料金表なども保護されないし[7]，富士山の高さが 3776 メートルであることや，真珠湾攻撃が 1941 年 12 月 8 日に行われたという歴史的事実も同様である[8]。こうした事実の中には，その発見に多大な労力・費用を要するものもあるが，事実に対する著作権による長期の独占的保護（著作物の創作時に始まり，原則として著作者の死後 70 年後まで存続〔51 条〕⇒第 5 章第 5 節）を認めることは，人々の表現の自由や学問の自由に対する重大な制約となるため，いずれにせよ著作物としての保護は受けない[9]。これらのことから明らかなように，単純な人事異動や死亡記事のように，「事実の伝達にすぎない雑報及び時事の報道」は著作物に該当しないものと規定されている（10 条 2 項）。

　他方，事実を扱ったものでも，新聞の個々の記事のように執筆者が創意工夫を凝らして表現したものは，著作物として保護され得る[10]。

---

4)　もっとも，著作物の定義付けを行うに当たって，この「思想又は感情」を要件とするか否かについては一考に値するところであろう。

　後述する第 3 要件である創作性（⇒本章本節 4）について，これを通説に沿って創作者の個性の発露と捉える限りにおいては，思想・感情と創作性との間に相関関係が生ずるものと考えられるところであり（中山 84 頁も参照），この観点で考えた場合には思想・感情の要素を含めて創作性概念を一元的に把握し，著作物の定義規定を「創作的に表現されたものであつて，文芸……」や「創作的な表現であつて，文芸……」などと再構成することも可能であると思われる。

　他方でこのような再定義をした場合，近年のホットトピックの一つに挙げられる所謂 AI 創作物の取扱いにも影響を与えうるところ，近時の論考として，福岡真之介＝仁木覚志＝沼澤周「AI の知的財産権」福岡真之介編『AI の法律』（商事法務，2020 年）20 頁以下，出井甫「AI 創作の現状と著作権法を中心とする検討課題」コピライト 712 号（2020 年）13 頁以下を参照。

5)　加戸 22 頁。

6)　入門 19 頁〔横山久芳〕。

7)　半田 76 頁。

8)　高林 17 頁。

9)　入門 21 頁〔横山〕。

10)　東京地判平成 6 年 2 月 18 日知的裁集 26 巻 1 号 114 頁〔日経新聞翻案事件〕。

3 表現したもの

(1) 概　説

著作物の 2 つ目の要件は，「表現したもの」である。「表現したもの」であるというのは，他の者にとって認識可能な状態にされていることを意味している。それは人間の目に直接的に見えるものとは限らないが（例えば，録音された音楽や録画された映画は CD や DVD の中に入っている），頭の中だけに存在しており自分の外に表現されていないものは著作物ではない[11]。

「表現」の語感から受ける印象では，何らかの物に固定されていることが想起されやすいが，即興音楽のようにその場で思いついたメロディであっても，これを奏でれば聴衆は聴くことができるのであり，固定されていなくても「表現したもの」に該当し得る。実際問題として，表現が固定されていなければ，後に紛争が起こった場合に，自分の創作した著作物であることを証明することが困難になることが多いが，だからといってそれは，著作物への該当性（講学上「著作物性」と呼ばれる）を否定することにはならない。つまり，固定性は，原則として著作物性の要件ではない。ただし，映画の著作物（⇒本章第 2 節 8）のように，何らかの物に固定されていることを要件とする著作物も一部の種類には存在するので，注意が必要である。

(2) 表現とアイデアとの関係

著作権法では特許法等と異なり，「思想又は感情」といったいわばアイデアに属するものは保護されず，そのアイデアを外に表した具体的な表現が保護される。このような考え方は，「表現・アイデア二分論」などと呼ばれる[12][13]。このため，例えば，ミステリー小説における密室事件のトリックという他人のアイデアを使って，別の作家が全く別の小説を書いたとしても，小説の具体的な表現が異なるため，著作権法上の問題は生じない。

---

11) この点からすると，著作物の定義における思想・感情は，表現しようとする対象物である場合に限定されるわけではなく，何かを表現するプロセスのどこかに存することで足りるものと解される。中山 51 頁以下，高林 38 頁以下，東海林保「著作物性」訴訟実務大系 26 頁を参照。中山 60 頁，入門 19 頁［横山］，高林 28 頁。
12) 入門 24 頁以下［横山］。

著作権法におけるこのような保護のあり方は，世上の一般的な感覚には一致しにくい点であると思われるが，それでもこうした表現・アイデア二分論が採用されているのは何故であろうか。創作活動を行ううえでアイデアや着想，作風等を生み出すことは，作者の重要な知的行為であり，具体的な表現よりも，より創作的で価値がある場合も少なくないが[14]，1つの理由としては，例えば，ある画法から多様な絵画的表現が生み出される場合や，新たな学問的知見に基づく各研究活動のように，アイデアは万人に自由に利用させつつ，その具体的な表現を著作物として保護する方が，著作権法が目的とする文化の発展に望ましいという点が挙げられよう[15]。

4 創作性

(1) 創作性の捉え方

著作物の第3要件は，創作性である。人間の知的精神活動について著作権法による特別の保護を与えることを正当化する根拠はつまるところ，創作性に求められるのであり，それゆえ，著作物の要件の中で一番重要なものは，この創作性である。

では，著作権法における創作性についてはどのようなものとして捉えるべきか。特許法や実用新案法の保護対象である「発明」や「考案」の定義規定においても「……技術的思想の創作……」とされ（特許2条1項，実用2条1項），創作性が要求されているが，これらと同じものなのか。特にポイントとなるのは，

---

13) もっとも，表現とアイデアとの境界線は一義的に明らかになっているというわけではない。小説を例にとって考えた場合，小説の文章が表現に当たることは当然であるが，その文章の背後にある具体的なストーリーも表現たり得るものである。講学上伝統的に，前者は「外面的（表現）形式」と，後者は「内面的（表現）形式」などと呼ばれることがあるが（表現における「内容」「形式」の区分については，半田78頁以下参照），どの程度の具体性をもったストーリーであれば表現に当たり，逆にどの程度の抽象度を有するにとどまるストーリーであればアイデアに当たるのかという点については，創作者に対する長期の排他的独占権の付与と他者による表現活動の自由度の確保とのバランスを考慮して個別具体的に決められるべき問題である。入門34～35頁［横山］参照。
14) 作花69頁。
15) 入門25頁以下［横山］。なお同書26～27頁では，その他の理由として，著作権法の場合，特許法等と異なり，保護対象が限定的でないことや，公示制度の有無，保護期間の長さ等の点から，アイデアのレベルで保護を与えた場合の弊害の大きさの点が指摘されている。その他，中山61頁以下，田村18頁も参照。

新規性や進歩性といった「以前よりも新しい」とか「さらに進歩している」と
いうようなことが求められるか否かという点であるが，こと著作物に関する限
り，多くの学説・判例の基本的な考え方としては，創作性を緩やかに捉え，表
現者の何らかの個性が現れていれば足りるものと解している[16][17]。したがって，
幼児が描いた絵であっても，通常はその子なりの個性が現れていると考えられ
るので，創作性があることになる。描かれた絵が美術として優れているかどう
かには関係がない点に注意が必要である。

　創作性をこのように緩やかに捉えることの理由は，「思想又は感情」，「表現
したもの」（⇒本章本節2・3）と同様に，著作権法の目的（文化の発展）の観点
からは，（著作者に一定の排他的独占権を認めつつも）できるだけ多様な表現物が
存在する方がいいのであり，また，技術と異なり文化的な表現物の価値は時代
とともに変化するものであって，客観的な基準による進歩・改善とは結びつか
ないものである点も挙げられよう[18]。

(2) 偶然の暗合（一致）

　また，この創作性は模倣と対置され得る概念である。AがBによって創作
された著作物と同一の作品を作成した場合において，AがBの著作物を見て

---

16)　東京高判昭和62年2月19日無体裁集19巻1号30頁〔当落予想表事件〕。また，斉藤39頁，
　　半田77頁，田村12頁。

17)　「創作性」の捉え方について付言しておくと，特にプログラムに代表される事実的・機能的
　　著作物の創作性を，通説の個性の発露と捉える点等に対する疑問から，著作権法上の創作性を
　　「表現の選択の幅」と捉える考え方が近時提唱されるに至っている。中山71頁以下では，ある
　　作品に著作権を付与しても，なお他の者には創作を行う余地が多く残されている場合に創作性
　　があると考えるべきであり，創作者の主観を離れて市場・社会の客観的な判断として行うこと
　　になるものとされている。
　　　このような「表現の選択の幅」説（本脚注の後掲上野によれば，従来の判例等で示されてき
　　た「創作法的選択の幅論」とは異なる「競争法的選択の幅論」と呼称される説）に対しては，
　　現行著作権法において創作性要件が果たす実際的機能を正面から捉えたものとする説（入門32
　　～33頁以下〔横山〕），表現の選択の幅が存在することは個性に基づく表現がなされるうえでの
　　前提でありさほど意味がない等とする説（作花68頁），「個性の顕現」といった視点との併用が
　　必要であるとする説（高林21頁）など種々の立場がある。この点，上記「表現の選択の幅」説
　　は，創作性の捉え方に関わって，著作権法の性格をどのように考えるか（創作者の人格を中心
　　とした構造から，経済財を中心とした競争法的要素を中心とした構造に再構成するかどうか）
　　（中山77頁）という論点も同時に提起しており，その文脈では創作性概念の立法論的再構成を
　　試みたものとも捉えられよう。なお，上野達弘「創作性」高林龍＝三村量一＝竹中俊子編『現
　　代知的財産法講座Ⅰ──知的財産法の理論的探究』（日本評論社，2012年）181頁以下も参照。

これを真似て作成した（「依拠」⇒第 5 章第 2 節）ならば，A は B の著作権を侵害したことになる。これに対して，A が B の著作物を知らずにたまたま同一の作品を創作したのであれば，A の作品は A の個性に基づいて作成されたものであり，B の著作物の複製には当たらないので，A は B の著作権を侵害せず，そして，A の作品は，A の著作物として，B の著作物とは別個に保護されることとなる[19]。これは「偶然の暗合（一致）」と呼ばれる考え方であり，このことから，著作権は，（特許権等の「絶対的独占権」との対比で）「相対的独占権」であるとされている。

(3)　創作性が否定される場合

創作性について，上述のように緩やかに捉えた場合，人の個性が千差万別であることからすれば，世の中に存在するすべての表現物は創作性があることになり，創作性は結果として著作物の要件としての機能を十分に果たさないのではないかとの疑問も生じ得る。では，逆に，創作性が否定されるのはどういう場合なのかを考えてみよう。

第一に，既存の著作物をそのまま模倣する，いわゆるデッドコピーについては，創作性が認められないのは明らかである。ここには模倣者の個性が現れているとはいえないからである。例えば，ある人の書いた日記の特定ページを別の人がノートに写筆した場合，筆跡は異なっても同じ文章である以上，写筆したものには創作性はない[20]。

第二に，ある表現物が「ありふれた表現」である場合にも，創作性は認められない。これは，表現行為の目的・性質上，具体的な表現をしようとすればごく限られた範囲で行わざるを得ず，誰が表現しても多少の差はあっても同じようなものになると思われる場合である。判例では，廃刊が決まった雑誌の最終

---

18)　著作権と表現の自由とは一定の緊張関係に立つものであるところ，特に情報通信環境の整備が進むに従ってこの点に関する比較法的研究が活発化している。松井茂記『インターネットの憲法学〔新版〕』（岩波書店，2014 年）285 頁以下，大日方信春『著作権と憲法理論』（信山社，2011 年），山口いつ子「グローバル情報環境における著作権と表現の自由とのバランス」中山信弘先生古稀記念論文集『はばたき——21 世紀の知的財産法』（弘文堂，2015 年）609 頁以下，栗田昌裕「憲法による著作権の保障と制約——ドイツ法の展開を手がかりとして」著作権研究37 号（2010 年）等参照。

19)　最判昭和 53 年 9 月 7 日民集 32 巻 6 号 1145 頁〔ワン・レイニー・ナイト・イン・トーキョー事件〕。また，田村 14 頁。

号における編集者から読者にあてた挨拶文について，著作物性を否定したものがある[21]。

第三に，あるアイデアを表現しようとすると一定の表現を採らざるを得ないような場合も，表現の選択の幅がないので「創作性」が否定されることになる。このような場合は，「アイデアと表現の一致」と呼ばれている[22]。判例では，日本の城に関する定義について，著作物性を否定したものがある[23][24]。

5　文芸，学術，美術又は音楽の範囲に属するもの

最後に，4つ目の要件が，「文芸，学術，美術又は音楽の範囲に属するもの」である。法文上，文芸・学術・美術・音楽の4つの分野が列挙されていることから，これら以外の分野は対象外とされているようにも映るが，判例上，知的・文化的な精神活動の所産全般を指すものと解されており[25]，著作権法の保護対象をいたずらに限定して捉える必要はない。

---

20)　例えば，絵Aを模写して絵Bを作成した場合は，完全なコピーではあり得ないのではないかとの疑問が生じ得るが，「複製」については，前掲注19) 最判昭和53年9月7日では，既存の著作物に依拠してその内容・形式を覚知させるに足りるものを再製することをいうとされているところ，近年の判例における「複製」の規範的な捉え方（⇒第5章第3節2(2)）に沿っていえば，表現上の多少の有形的な変更があったとしてもその変更部分に創作的表現がない場合も複製に該当することとなる。なお，こうした点は「演奏」等の無形的利用行為でも同様である。

21)　東京地判平成7年12月18日知的裁集27巻4号787頁〔ラストメッセージ事件〕では，問題となった廃刊雑誌の最終号の挨拶文（愛読への感謝，廃刊に関するお詫び，新雑誌の案内等）のうち，これらの内容をありふれた表現で記述している部分は創作性を欠くので，著作物とは認められないとされている。

22)　コンメ(1)43頁以下〔金井重彦〕。

23)　東京地判平成6年4月25日判時1509号130頁〔城の定義事件〕では，原告が長年の調査研究によって行った城に関する簡潔な学問的定義につき，原告と同じ学問的思想に立つ限り同一・類似の文言で記述するほかなく，その定義は原告の学問的思想そのものであって，その表現形式に創作性がないため，著作物性は認められないとされている。中山79頁以下の「思想と表現の混同（マージャー〔merger〕）」の理論も参照。

24)　「アイデアと表現の一致」については，「創作性」の欠如という点からだけでなく，「表現」を保護するという著作権法の原則（⇒本章本節3）に反する点からも，その表現の「著作物性」を否定する論拠とすることができよう。このような場合に「表現」を保護することは，とりもなおさず「アイデア」を長期・独占的に保護することになるからである。大寄麻代「著作物性」新・裁判実務大系131頁以下も参照。

25)　前掲注16) 東京高判昭和62年2月19日のほか，大阪地判平成12年3月30日（平成10年（ワ）13577号）〔積算くん事件〕。

　この要件の実際的な意義は，4 つの分野に該当するかどうかではなく，文化振興法である著作権法と，産業振興法である産業財産権法（特許法や意匠法等）との保護対象を区別する役割を有しているという点にある。この点については特に実用品のデザインとの関係が論点となるところ[26]，その詳細は，応用美術の項において説明する（⇒本章第 2 節 5(2)）。

> **CASE 2-1 の考え方**
> 　著作物として保護されるのは，具体的な創作表現である。小説の登場人物の人物像（容姿や性格，氏名）は著作物には当たらないため，名探偵 X を登場させた小説を B が勝手に書いたとしても，それだけでは A がこれまでに書いた小説の著作権を侵害するものではない。ただし，B が書いた続編小説において，A が創作した小説の具体的な創作表現の部分を借用して記述されているような場合には，A の著作権を侵害する可能性が生じ得るものであり，第 6 章「著作権の制限」における各条項への該当性等を踏まえて具体的な権利侵害の有無が判断されることとなる。

第 2 節　著作物の種類

❖*POINT*❖

- ◆　2 条 1 項 1 号で定義された著作物をわかりやすく把握できるよう，10 条 1 項では著作物の 9 個の例が挙げられている。
- ◆　ただし，例示である以上，2 条 1 項 1 号の定義に当てはまるものは，例示に該当しない場合であっても，著作物として保護される。
- ◆　例示された著作物の種類によっては，付与される権利内容等が異なるので，注意が必要である。

---

26)　加戸 24～25 頁では，「例えば机のデザインのようないわゆる実用品的なものは，文芸・学術・美術又は音楽の範囲には属さないということがいえるわけでございます。」とされる。

CASE 2-2　次の(1)・(2)は著作物といえるだろうか。その場合，どの種類の著作物に当たるだろうか。
(1)　その場で消えてしまう食事会での会話
(2)　運動会の様子をデジタルビデオカメラで撮影・編集したもの

1　概　　説

(1)　例示の必要性

　第1節で見たように，著作物は広く知的・文化的な創作表現を指すが，2条1項1号の定義規定だけでは具体的にどのようなものが著作物に該当するのか，一般にはわかりにくい。民法や刑法と同様に，著作権法は国民生活に密着した法律であるだけに，著作物に当たるものの具体的な対象をできる限り明確にしておくことが必要である。このため，著作権法では，著作物の種類について例示した規定を設けている（10条1項）。ただし，これは「この法律にいう著作物を例示すると，おおむね次のとおりである」と規定されていることから明らかなように，あくまでも著作物を概括的に例示したにすぎないものであり，9個の例示に該当しない種類のものであっても，2条1項1号の定義規定に当てはまるものは，すべて著作物として著作権法による保護を受けることになる[27]。

(2)　著作物の種類による効果の差違

　ある著作物がどの種類の著作物に該当するかは，一定の重要性をもっている。著作権の内容である個々の権利（講学上，支分権と呼ばれる）につき，特定の支分権が特定の種類の著作物に対してのみ付与されたり，著作権を制限する規定（単に「制限規定」などと呼ばれる）のうち特定の制限規定が特定の種類の著作物に適用されたりするといった事情が存するからである。このうち支分権については，第5章第3節において詳しく説明するが，著作権法上以下の通りとなっている。

---

27)　加戸120頁では，例示に該当しない著作物として，数学の問題等が挙げられている。

支分権	支分権が付与される著作物の種類
複製権（21条）	法文上の限定なし
上演権・演奏権（22条）	法文上の限定はないが，演奏権は音楽の著作物のみ
上映権（22条の2）	法文上の限定なし
公衆送信権・公の伝達権（23条）	法文上の限定なし
口述権（24条）	言語の著作物のみ
展示権（25条）	美術の著作物，写真の著作物（未発行の場合に限る）のみ[28]
頒布権（26条）	映画の著作物のみ[29]
譲渡権（26条の2），貸与権（26条の3）	映画の著作物以外の著作物[30]
翻訳権・翻案権等（27条）	法文上の限定はないが，翻訳権は言語の著作物のみであり，編曲権は音楽の著作物のみ
二次的著作物の利用に関する原著作者の権利（28条）	法文上の限定なし

2 言語の著作物

(1) 内 容

「小説，脚本，論文，講演その他の言語の著作物」（10条1項1号）である。著作権の支分権である口述権（24条⇒第5章第3節3(3)）については，言語の著作物にのみ付与される。

　言語体系によって表現される著作物を指しており，1号の具体例から明らか

---

28)　正確には，これらの著作物の原作品に関してのみ展示権が付与されている。著作権法では，「原作品」（ただし法文上の定義はされていない）と「複製物」とを区別して使用している場合があり，頒布権・譲渡権・貸与権の適用対象の相違にも注意が必要である。（⇒第5章第3節4）
29)　正確には，映画の著作物において複製されている著作物にも頒布権が付与されている（26条2項）。
30)　映画の著作物において複製されている著作物は，前述のように，頒布権の適用対象となっている関係上，当該映画の著作物の複製物による公衆譲渡・公衆貸与に関する限り，譲渡権・貸与権の適用対象から除外されている（26条の2第1項・26条の3）。

なように，「小説，脚本」など何らかの物に固定されているものだけでなく，「講演」のように口頭で伝わるものも，言語の著作物である。日本語・外国語の別を問わないし，エスペラント語のような人工語，古語を用いて表現される場合も含まれる。さらには暗号や点字による表現物も，言語による表現ではないものの，言語体系で表現されているといえるため，言語の著作物に該当する[31]。

(2)　短い言語表現の著作物性

言語表現であっても，表現の長短（分量）がその著作物性に影響を与える場合があるので注意が必要である。具体的には，書籍のタイトルやキャッチフレーズ，スローガン等の場合であり，これらについては著作物性がないと判断される場合が多い[32]。もっとも，これは，著作物の定義における創作性に関わる問題であり（⇒本章第1節4(3)），ある事柄を表現しようとする場合に，一般的にはその表現が短ければ短いほど，具体的な表現の幅が狭くなり誰がやっても同じような結果になる傾向が強くなることが影響している[33]。例えば，「知的財産法入門」や「深夜特急」といった書籍のタイトル，「飲んだら乗るな，乗るなら飲むな」といった標語は，事実やありふれた表現であり，創作性がないと判断される結果，著作物性が否定されることになるのである。もちろん，同じ創作性の観点から，標語等でも表現によっては著作物性が認められる場合はあり得るし[34]，表現が短くても俳句・川柳は著作物に該当するとされる[35]。

3　音楽の著作物

「音楽の著作物」（10条1項2号）とは，音楽として表現される著作物である。

---

31)　加戸120頁以下。

32)　特定のキャッチフレーズの著作物性を否定した裁判例として，東京地判平成27年3月20日（平成26年（ワ）21237号）〔スピードラーニング事件1審〕，知財高判平成27年11月10日（平成27年（ネ）10049号）〔同事件2審〕参照。

33)　知財高判平成17年10月6日（平成17年（ネ）10049号）〔YOL事件〕では，ニュース報道における記事見出し一般について，正確・簡潔性や字数等の制約から創作性を発揮する余地が比較的少なくならざるを得ないと述べたうえで，結局は個別具体的に検討すべきであるとしつつ，次のような見出しについていずれも著作物性を否定した。「マナー知らず大学教授，マナー本海賊版作り販売」，「国の史跡傷だらけ，ゴミ捨て場やミニゴルフ場…検査院」，「『日本製インドカレー』は×…EUが原産地ルール提案」など。

言語の著作物と同様に，表現が何らかの物に固定されていることは必要とされていないので，楽譜に表示されたものや，CD に録音されたものだけでなく，即興音楽も音楽の著作物に含まれる。音楽のジャンルも不問であり，クラシックやポップス，浪曲等様々なものが含まれる。音楽という場合，楽曲と歌詞との両方が存在し得るが，歌詞のみを取り出した場合は言語の著作物としての保護が受けられるので[36]，歌詞については音楽の著作物と言語の著作物との2面性があるといえよう。

音楽の場合，著作者（2条1項2号⇒第3章第1節）として保護されるのは作詞家や作曲家等であり，歌手ではない。歌手は，別途，実演家として著作隣接権（⇒第9章第2節）によって保護される。

なお，音楽の著作物については，文化庁長官による裁定を受けて，商業用レコードへの録音が（権利者の許諾が得られなくても）可能となる場合がある（69条⇒第8章第7節4）。

4　舞踊又は無言劇の著作物

「舞踊又は無言劇の著作物」（10条1項3号）とは，身振りや動作によって表現される著作物であり，ダンスやパントマイムがその例である。ただし，ここで保護の対象となるのは，ダンス・パントマイムの演技ではなく，その演技の元となっている踊り譜などの型であることに注意しなければならない。TV コマーシャルでタレントが特徴的なダンスをしているシーンが放映される場合があるが，この場合に著作者として保護されるのは，そのダンスの振付師である。なお，ダンスをしているタレントは，音楽の著作物における歌手と同様に，実

---

34)　東京地判平成13年5月30日判時1752号141頁〔交通標語事件1審〕では，「ボク安心　ママの膝（ひざ）よりチャイルドシート」という標語につき，5・7・5調にリズミカルに表現されていること，「ボク」「ママ」が対句的であり家庭的なほのぼのとした車内情景が効果的かつ的確に描かれていること等から筆者の個性が十分に発揮されているとされ，著作物性が認定されている。また，その控訴審である東京高判平成13年10月30日判時1773号127頁〔同事件控訴審〕でも，結論として「ママの胸よりチャイルドシート」という別の標語による著作権侵害は否定されたものの，「ボク安心　ママの膝（ひざ）よりチャイルドシート」の標語については（著作物性は明確には判断されなかったが，）著作物に該当する可能性に含みをもたせた判決となっている。

35)　半田86頁。

36)　加戸121頁，入門39頁〔横山〕，高林40頁。

演家として著作隣接権によって保護される。

　本号の著作物については，これに特有の支分権や権利制限規定が設けられておらず，その意味では身体表現であっても著作物たり得ることを明示している点に本号の意義が存するが，他方で身体活動の自由の確保にも十分に留意する必要があるところでもあり，この点につき社交ダンスの振り付けの著作物性を否定した判例[37] がある。他方で，フラダンスの著作物性を肯定した判例[38] もある。

5　美術の著作物

(1)　概　説

「絵画，版画，彫刻その他の美術の著作物」（10 条 1 項 4 号）である。平面的な絵画・版画のほか，立体的な彫刻，さらには書や舞台装置も含まれる[39]。漫

---

37)　東京地判平成 24 年 2 月 28 日（平成 20 年（ワ）9300 号）〔Shall we ダンス？事件〕。同判決においては，①社交ダンスの振り付けにおける個々のステップや身体の動き自体について，短い身体の動き自体に著作物性を認めて特定の者にその独占を認めることは本来自由であるべき人の身体の動きを過度に制約することになりかねないとの懸念から，その著作物性が否定され，②また，このような既存のステップの組合せを基本とする社交ダンスの振り付けの著作物性についても，社交ダンスの前提・実態（既存のステップを適宜自由に組み合わせて踊られる点，一般の愛好家にも広く踊られている点）に照らして考えれば，振り付けの独創性を緩和してその組合せに何らかの特徴があれば著作物性が認められるとする場合に生じる懸念（わずかな差異を有するにすぎない無数の振り付けについて著作権が成立し特定の者の独占が許されることになる結果，振り付けの自由度が過度に制約されることになりかねないこと）にも留意しなければならないことから，そうした振り付けが単なる既存のステップの組合せにとどまらない顕著な特徴を有するといった独創性を備えることが必要であると解するのが相当である旨，③さらに，こうした点は既存のステップの組合せに加えてアレンジを加えたステップや既存のステップにはない新たなステップや身体の動きを組み合わせた場合であっても同様である旨が述べられている。

38)　大阪地判平成 30 年 9 月 20 日判時 2416 号 42 頁〔フラダンス事件〕。同判決においては，①フラダンスの振付けがハンドモーションとステップとで構成されること，②ハンドモーションは歌詞を表現するいわば手話のようなものであるところ，ある歌詞に対応する振付けの動作が歌詞から想定される既定のハンドモーションでも，他の類例に見られるものでも，それらと有意な差異がないものでもない場合には作者の個性が表れていると認めるのが相当であること，③ステップは基本的にありふれた選択と組み合わせにすぎないが，ハンドモーションにステップを組み合わせることにより，それらを一体のものとして当該振付けの動作に作者の個性が表れていると認めるのが相当な場合があること，④楽曲の振付けとしてのフラダンスは作者の個性が表れている部分とそうとは認められない部分とが相俟った一連の流れとして成立するものであり，前者の部分が一定程度にわたる場合にはそのひとまとまりの流れの全体について舞踊の著作物性を認めるのが相当である旨述べられている。

画については，形状や色彩に着目すると美術の著作物であるが，そこに言葉が入って成り立っているため，言語の著作物としての側面も有する。ただし，音楽の著作物における歌詞のように1つの著作物が2面性を有しているのではなく，絵画（美術の著作物）と台詞（言語の著作物）とが1つの表現形式に併存しているのが特徴であり，このようなものは講学上，結合著作物と呼ばれることがある。

漫画に関連してキャラクターの保護が問題となるが，漫画の登場人物のキャラクターは，漫画の具体的表現から昇華した登場人物の人格ともいうべき象徴的概念であり，著作物ではないとされている[40]。著作権法上はあくまでも具体的な漫画の表現が保護されるにとどまるので注意が必要である。

美術の著作物に特有の措置としては，その原作品の展示権（25条⇒第5章第3節4(5)）や，原作品の所有者による展示行為に対する権利制限（45条⇒第6章第15節）等が規定されている。

(2) 応用美術に対する保護

(a) **概説**　美術に対する法的保護のあり方は，知的財産法上の重要課題の1つである。典型的には，著作権法による保護と意匠法による保護とについて，両者の関係をどのように考えるかという問題である。ある事象に対して複数の法律が重畳的に適用されることがあってはならないわけではないが，美的な創作表現物を保護する共通点をもつ著作権法と意匠法との関係について考えた場合，厳格な出願審査手続を経て成立した意匠権が登録後20年で消滅した後も著作権によって長期間保護されることになると，意匠登録のメリットが失われ，意匠制度の趣旨が没却されかねないため[41]，両法の適用関係を整理して

---

39) 加戸122頁以下，半田88頁以下。なお，入れ墨の著作物性を肯定した裁判例として，東京地判平成23年7月29日（平成21年（ワ）31755号）〔入れ墨事件1審〕，知財高判平成24年1月31日（平成23年（ネ）10052号）〔同事件2審〕がある。これらの判決においてはその入れ墨が該当する著作物の種類については言及されていないが，本件が仏像の入れ墨であることからずれば，10条1項各号との関係では美術の著作物に該当するものと解してよかろう。なお，入れ墨の著作物性に関する論点を掲げるものとして，岡本岳「入れ墨と著作権」飯村敏明先生退官記念論文集『現代知的財産法——実務と課題』（発明推進協会，2015年）1065頁以下。

40) 最判平成9年7月17日民集51巻6号2714頁〔ポパイ・ネクタイ事件〕。なお，キャラクター保護に関しては，作花145頁以下を参照。

41) 高林48頁。

おくことが重要となると従来考えられてきたところである。

　美術のうち，もっぱら美的鑑賞（美術として芸術作品を理解し味わうこと）の対象となるものは「純粋美術」と呼ばれ，これが美術の著作物として保護されることは明らかである。これに対して，問題となるのは「応用美術」である。これは実用性のある量産品に施される美術等を指しており，意匠法上の「意匠」（意匠2条1項）として保護されるものである。

　応用美術のうち，美術工芸品として表現されるものは美術の著作物に含まれることが，著作権法上明確に規定されている（2条2項）[42]。美術工芸品とは，壺や陶芸茶碗のように，実用的な目的で制作されるものではあるが美的鑑賞の対象ともなる一品制作の手工的な美術作品を指すとされるものである[43]。美術工芸品以外の応用美術については，著作権法での明示的な規定が存在しないところ[44]，従来の判例の判断基準は，必ずしも一致しないものの，純粋美術と同視し得る程度の美的鑑賞性がある場合には，美術の著作物としての保護を受けるとしてきたものが多い。

　このような判断基準に沿うものであるか否かにかかわらず，問題となった事例を紹介すると，図1の米国の玩具メーカーが製造した育成型電子ペットの玩具（ファービー人形。体長約13 cm）については，審美上重要な顔面部分に電子玩具としての実用性・機能性保持の面が濃く表れており，純粋美術と同視できないとして，著作物性が否定された[45]。また，図2の佐賀錦袋帯，図3の木目化粧紙についても，著作物性が否定された[46]。他方，図4の博多人形，図5の仏壇彫刻については，著作物性が認められた[47]。

---

42)　2条2項は，「この法律にいう『美術の著作物』には，美術工芸品を含むものとする。」と規定している。美術の著作物は無体物であり，美術工芸品それ自体は有体物であるところ，同項は無体物に有体物が含まれるという文構造になっているため，本来は概念的に整合性のとれた条文とすべきであろう。

43)　なお，後掲注50）知財高判平成26年8月28日は，量産される美術工芸品もあり，その全体が鑑賞目的のために制作されるものは美術の著作物として保護されると解すべき旨述べる。

44)　この点は意匠法等との調整を巡っての2条2項の制定経緯に関わる論点であり，立法担当者の考え方としては，美術工芸品に限って美術の著作物に含めるとする限定規定説が提示されている（加戸68〜69頁）が，現在では同項を例示・確認規定説と捉える判例・学説が一般的となっている。同項の制定経緯も含めたこれらの点については，コンメ(1) 333頁以下［本山雅弘］において詳述されている。また，木村豊「応用美術の保護——現行著作権法制定の経緯を中心として」半田正夫教授還暦記念論集『民法と著作権法の諸問題』（法学書院，1993年）580頁以下も参照。

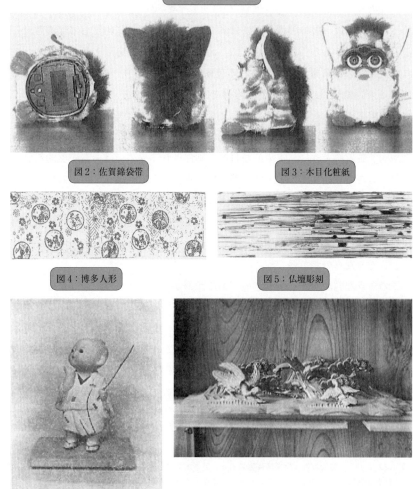

図1：ファービー人形

図2：佐賀錦袋帯

図3：木目化粧紙

図4：博多人形

図5：仏壇彫刻

〈正面図〉

---

45) 仙台高判平成14年7月9日判時1813号145頁〔ファービー人形事件〕。他方，大阪高判平成17年7月28日判時1928号116頁〔海洋堂フィギュア事件〕では，3種類のフィギュアの見本等の著作物性が争われたが，そのうち，動物フィギュア（実在動物等を精巧に模したもの）とアリスフィギュア（小説「不思議の国のアリスの冒険」等の挿絵を立体化したもの）については，実際の動物を忠実に再現等したものとして，著作物性が否定され，妖怪フィギュア（江戸時代の文献等の妖怪の絵を立体化等したもの）についてのみ，制作者の個性が強く表出しているとして，著作物性が肯定された。

　(b)　**近時の動向**　　応用美術の著作物性に関して，意匠法との関係を考慮しつつ純粋美術と同視し得る程度の美的鑑賞性を要求するという上記の判断基準については，学説上，これに対する疑問が呈され[48]，応用美術の実用的機能を分離して見た場合に美的鑑賞の対象となり得るような美的創作性を要求する見解（分離鑑賞可能性説）が提示されるようになっていたところ[49]，知財高裁において比較的短期間で応用美術に関して判断基準の異なる2つの重要な判決が出されたことから，学界等の注視するところとなった。

　まず，ファッションショーにおけるモデルの化粧や髪型のスタイリング等の著作物性に関するファッションショー事件判決は，「実用目的の応用美術であっても，実用目的に必要な構成と分離して，美的鑑賞の対象となる美的特性を備えている部分を把握できるものについては……2条1項1号に含まれることが明らかな『思想又は感情を創作的に表現した（純粋）美術の著作物』と客観的に同一なものとみることができるのであるから，当該部分を……美術の著作物として保護すべき」，「他方，実用目的の応用美術であっても，実用目的に必要な構成と分離して，美的鑑賞の対象となる美的特性を備えている部分を把握することができないものについては……同号における著作物として保護されないと解すべき」と述べ，分離鑑賞可能性説に沿った判断を示した[50]。

　他方，同判決の翌年に出された，実用目的を有する幼児用椅子の著作物性に関する TRIPP TRAPP 事件判決は，「応用美術については，著作権法上，明文の規定が存在しない」が，著作権法1条に鑑みると，「表現物につき，実用に供されること又は産業上の利用を目的とすることをもって，直ちに著作物性を

---

46)　京都地判平成元年6月15日判時1327号123頁〔佐賀錦袋帯事件〕（ただし，不法行為による謝罪広告請求は認容），東京高判平成3年12月17日知的裁集23巻3号808頁〔木目化粧紙事件〕（ただし，不法行為による損害賠償請求は認容）。

47)　長崎地佐世保支決昭和48年2月7日無体裁集5巻1号18頁〔博多人形事件〕，神戸地姫路支判昭和54年7月9日無体裁集11巻2号371頁〔仏壇彫刻事件〕。また，東京地判昭和56年4月20日無体裁集13巻1号432頁〔アメリカTシャツ事件〕も参照。

48)　例えば，作花141頁は，「『純粋美術』という概念自体に，何らかの具体的な水準や程度を特定するものはなく，『純粋美術』と同視できるか否かを問うことにどのような意味があるのか疑問がある」と述べ，高林47〜48頁は，「応用美術についてのみ何故通常の美術の著作物以上の高度の美的な鑑賞性・創作性が要求されなければならないのか，条文上に根拠のないわが国の著作権法下においては，そのような説明が理論的にできるのかには疑問を呈されていた」と述べる。

49)　高林46頁，高部324頁以下など。

一律に否定することは相当ではな」く,「例示に係る『美術工芸品』に該当しない応用美術であっても,同条1項1号所定の著作物性の要件を充たすものについては,『美術の著作物』として,同法上保護されるものと解すべき」としたうえで,「応用美術は……表現態様も多様であるから,応用美術に一律に適用すべきものとして,高い創作性の有無の判断基準を設定することは相当とはいえず,個別具体的に,作成者の個性が発揮されているか否かを検討すべきである」と述べ,従前の純粋美術同視性の判断基準を明確に否定した。さらに,被疑侵害者が主張していた分離鑑賞可能性説についても,「実用品自体が応用美術である場合,当該表現物につき,実用的な機能に係る部分とそれ以外の部分とを分けることは,相当に困難を伴うことが多いものと解されるところ……両部分を区別できないものについては,常に著作物性を認めないと考えることは,実用品自体が応用美術であるものの大半について著作物性を否定することにつながる可能性があり,相当とはいえ」ず,「加えて,『美的』という概念は,多分に主観的な評価に係るものであり,何をもって『美』ととらえるかについては個人差も大きく,客観的観察をしてもなお一定の共通した認識を形成することが困難な場合が多いから,判断基準になじみにくいものといえる」として,上記のファッションショー事件判決の判断基準とは異なる説示を行った[51)52)]。

知財高裁の上記両判決の後も応用美術の著作物性に関する裁判例[53)]は複数出されているが,その判断基準が統一されるまでには至っていない状況である。

(3) 印刷用書体の保護

印刷用書体(タイプフェイス)に対する保護のあり方についても,応用美術に類似する問題がある。

文字は情報伝達機能を有しており,特定人の独占になじまず万人が共有すべきものである。こうした文字をもとにした印刷用書体についても,それが美的な要素を有する場合もあり得るが,著作権による保護を広く認めることは著作

---

50) 知財高判平成26年8月28日判時2238号91頁〔ファッションショー事件〕。なお,同判決では,ファッションショーにおけるモデルの化粧や髪型のスタイリングのほか,モデルの着用する衣服の選択・相互のコーディネート,装着させるアクセサリーの選択・相互のコーディネート等について,これらはパーティー等で実用されることを想定するもので,全体が美的鑑賞を目的とするものでなく,また実用目的のための構成と分離して美的鑑賞の対象となり得る美的特性を備えた部分も把握できるものではないとして,著作物性が否定された。

権法の目的である文化の発展に反するおそれも生じる。このため，最高裁は，印刷用書体が著作物として保護されるためには，「従来の印刷用書体に比して顕著な特徴を有するといった独創性を備えることが必要であり，かつ，それ自体が美術鑑賞の対象となり得る美的特性を備えてい

図 6：ゴナ書体

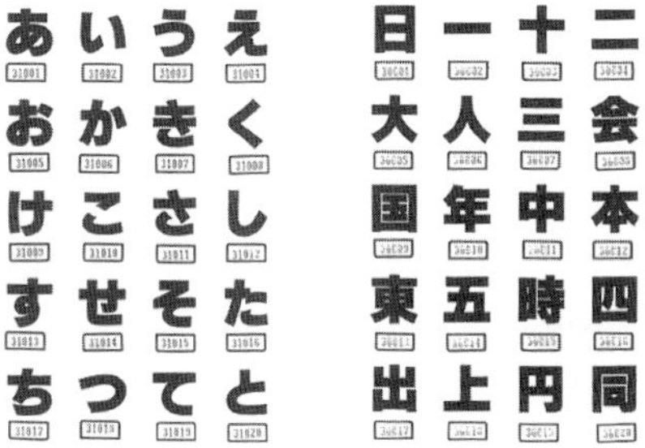

---

51)　知財高判平成 27 年 4 月 14 日判時 2267 号 91 頁〔TRIPP TRAPP 事件〕。本判決では，問題となった原告・控訴人 X の幼児用椅子について，一般家庭用の一人掛け椅子は 4 本脚が多いのに対し，X の椅子は 2 本脚であること等の形状的特徴があり，これらの特徴は幼児用椅子の機能的制約から必然的に導かれるものではなく製作者の個性が発揮されているものであることから，美術の著作物性が肯定されている（ただし，著作権侵害の有無については，4 本脚である被疑侵害者 Y の製品との対比において，脚部の本数の相違は椅子の基本構造に関わる大きな相違であり両者の共通点を凌駕するものであるから Y 製品は X の椅子の著作物性が認められる部分とは類似しないとして，侵害を否定）。

　　また，同判決では，本文記載事項以外についても，Y の主張に答える形で，①著作権法と意匠法とは趣旨・目的を異にしておりその適用の優先関係等があると解し得る合理的根拠はない点や，意匠権侵害には著作権侵害のような依拠性（⇒第 5 章第 2 節）の要件はないという点で著作権よりも保護が強いともいえる点に鑑みると，一定範囲の物品に限定して両法の重畳適用を認めることとしてもそれにより意匠法の存在意義等が一律に失われるとは考えにくく，そうであれば応用美術の著作物認定を厳格なものとすべき合理的理由は見出し難い旨，②また，応用美術の表現は実用目的等にかなう機能の発揮の範囲内に限定されるとの制約から創作者の個性が発揮される選択の幅が限定されるため，応用美術についても他の表現物と同様に，その表現に作成者の何らかの個性が発揮されていれば著作物性を認め得るようにしたとしても一般社会における利用・流通に関して，実用目的等の実現を妨げるほどの事態を招くとまでは考え難い旨を述べ，意匠法との関係での著作権法の抑制的適用や，応用美術に対して他の表現と同様に著作権保護を与えることに伴う弊害の発生といった主張を否定している。

52)　前掲注 51) 知財高判平成 27 年 4 月 14 日の判断基準（講学上「美の一体性説」と呼ばれる）を前提とする限りにおいては，従来はもっぱら意匠法の保護領域であると受け止められてきた物品の応用美術についても著作権保護が相当程度の範囲で認められる可能性があり，「ジェネリック家具」や自動車のデザインにも影響が及び得ることとなるものと思われる。本山雅弘「応用美術の保護をめぐる著作権法のインターフェイスについて」コピライト 658 号（2016 年）2 頁以下等参照。

53)　大阪地判平成 27 年 9 月 24 日判時 2348 号 62 頁〔ピクトグラム事件〕，知財高判平成 28 年 10 月 13 日（平成 28 年（ネ）10059 号）〔エジソンのお箸事件〕，知財高判平成 28 年 11 月 30 日判時 2338 号 96 頁〔加湿器事件〕，知財高判平成 28 年 12 月 21 日判時 2340 号 88 頁〔ゴルフクラブシャフト事件〕，東京地判令和 2 年 1 月 29 日（平成 30 年（ワ）30795 号）〔フラワーシェード事件〕など。なお，裁判実務上，美の一体性説に沿った知財高裁の判断は特定の裁判体である場合になされている旨の指摘があり，小倉＝金井コンメ（Ⅰ）193 頁以下〔金井重彦〕を参照。

なければならない」と判示した。そして，図6のゴナ書体が上記の独創性及び美的特性を備えているとはいえないとして，著作物性を否定した[54]。

6 建築の著作物

「建築の著作物」（10条1項5号）とは，建築物として表現される著作物である。文化的所産としての著作物である以上，建物であればすべて著作権法による保護を受けるということではなく，その外観が美的鑑賞の対象となる場合が該当するのであり[55]，宮殿・凱旋門などの歴史的建築物がその代表例とされ，身近な例では，庭園，橋，塔も建築の著作物に含まれ得るものとされる[56]。他方，住居等の建築物は実用的な要素が強く，外観上一定の美しさがあったとしても，美的鑑賞の対象となるまで評価されるものは多くないと考えられている[57]。

建築表現を著作権法によって保護する趣旨は，既に存在する建築物の模倣建築の行為を防止することにあるとされていることから[58]，このような行為には著作権が及ぶが[59]，その他の場合には著作権が大幅に制限されており，第三者

---

54) 最判平成12年9月7日民集54巻7号2481頁〔ゴナ書体事件〕。この判決では，著作権法による保護を限定的に解すべきとするもう1つの理由として，形態に一定の制約がある印刷用書体について，無方式主義（17条2項）を採用するわが国の著作権法で保護しようとすると，わずかな差異を有する無数の印刷用書体について著作権が成立してしまい，権利関係が複雑化することになるとの懸念が示されている。

55) 加戸123頁。なお，この点に関する学説上の見解の多様性につき，大鷹一郎「著作物性(1)」訴訟実務大系7頁以下を参照。

56) 加戸123頁以下，斉藤44頁。また，東京地決平成15年6月11日判時1840号106頁〔ノグチ・ルーム事件〕では，建築家と彫刻家とが議論しながらつくって配置した建物，これに隣接する庭園，同庭園内の彫刻について，すべて一体のものとして建築の著作物を構成するものとされている。他方，大阪地決平成25年9月6日判時2222号93頁〔新梅田シティ庭園事件〕では，環境面での一定のコンセプトをもって都心の複合施設内に設計・配置された緑地・散策路・噴水・水路等の庭園について，一体としての著作物性は認定されたものの，建築の著作物に該当するとの判断は示されておらず，この点において意義を有する決定であると考えられる。

57) 大阪高判平成16年9月29日（平成15年（ネ）3575号）〔グルニエ・ダイン事件〕では，建築物を建築の著作物として保護する趣旨は建築物の美的形象を模倣建築による盗用から保護する点にあるとしたうえで，一般住宅における建築の著作物の該当性につき，通常程度の美的創作性で著作権保護を認めるのは広きに失し，住宅建築の実情にもそぐわないものであり，客観的・外形的に見て，一般住宅の建築において通常加味される程度の美的創作性を上回り，居住用建物としての実用性・機能性とは別に，独立して美的鑑賞の対象となり，建築家・設計者の思想・感情といった文化的精神性を感得させるような造形芸術としての美術性を備えることが必要とされており，このような判断基準は東京地判平成26年10月17日（平成25年（ワ）22468号）〔ログハウス調木造住宅事件〕でも維持されている。

が当該建築の著作物を自由に利用できる場合が多い（46 条 2 号参照⇒第 6 章第 15 節 3(2)）。また，著作者人格権の同一性保持権についても，建築物の増改築等に関する制限が法定されている（20 条 2 項 2 号⇒第 4 章第 4 節 3(2)）。

7　図形の著作物

(1)　概　説

「地図又は学術的な性質を有する図面，図表，模型」等の「図形の著作物」である（10 条 1 項 6 号）。地図は単独で例示されており，観光地図も含め，地形を図形によって表現し，そこに記号を記入して表現したものを指している。「学術的な性質を有する図面，図表，模型」とは，平面的な設計図[60]・分析表・グラフ・数表・図解のほか，立体的な地球儀・人体模型・動物模型等が含まれ得るとされる[61]。玩具であるミニカーや鉄道模型，動物フィギュアについては，図形の著作物ではなく，美術の著作物への該当性が検討されることになる[62]。

　なお，本号の著作物についても，3 号の舞踊・無言劇の著作物と同様に，こ

---

58)　加戸 123 頁。

59)　建築の著作物の複製に関しては，「複製」の定義規定において，「建築に関する図面に従つて建築物を完成すること」も建築の著作物の複製に該当する旨が規定されている（2 条 1 項 15 号ロ⇒第 5 章第 3 節 2）。なお，この規定を巡っては，創設（みなし・拡張）規定説（加戸 55 頁，渋谷 138 頁以下，半田 138 頁）と確認規定説（田村 121 頁以下，中山 303 頁，入門 154 頁以下〔島並良〕）とが存在する（岡村久道『著作権法〔第 5 版〕』（民事法研究会，2021 年）64 頁以下も確認規定説を採用）。この点に関連して，東京地判平成 29 年 4 月 27 日（平成 27 年（ワ）23694 号）〔ステラマッカートニー青山事件 1 審〕，知財高判平成 29 年 10 月 13 日（平成 29 年（ネ）10061 号）〔同事件 2 審〕は，建築の著作物につき「現に存在する建築物又はその設計図に表現される観念的な建物である」旨判示している。

60)　機械等の実用品の設計図を例にとった場合，当該実用品の表現は著作権法の保護対象からは除外されることが多いであろうが，そのことと当該実用品に関する設計図自体の著作物性の有無とは区別して考える必要があり，ここでは後者が本号の著作物に該当し得る旨を述べているものである（大阪地判昭和 54 年 2 月 23 日判タ 387 号 145 頁〔冷蔵倉庫事件〕参照）。なお，設計図の創作性の判断においては，作図上の表現方法のみを対象とするか，設計対象の具体的な形状・寸法を含めて考えるのかについては議論がある。中山 84 頁以下，コンメ(1) 590 頁以下〔宮脇正晴〕を，また，裁判例として，知財高判平成 27 年 5 月 25 日（平成 26 年（ネ）10130 号）〔建替マンション設計図事件〕を参照。さらに，建築物と機械とで各々に係る設計図の創作性を分析的に検討する近時の論考として，大川潤子「著作物性」髙部眞規子編『最新裁判実務大系第 11 巻知的財産権訴訟 II』（青林書院，2018 年）607 頁以下を参照。

61)　加戸 124 頁。

62)　髙林 59〜60 頁。

れに特有の支分権や権利制限規定は設けられていない[63]。

(2) 図形の著作物の創作性

図形の著作物についても，事実等に即して正確に表現しようとする向きがあるため，言語・音楽・美術等の著作物に比して創作性を発揮する余地が限定的になる傾向があるが，例えば地図については，地図上で表現する素材の選択，配列，表現方法を総合したところに著作物性が認められるとされている[64][65]。学術的なグラフ等についても創作的な表現であることが必要であるので，ある研究データをグラフ化しようとする場合に，通常よく見かけるような円グラフ・棒グラフなどで単純に表現した場合には，アイデアと表現の一致やありふれた表現（⇒本章第1節4(3)）の点から著作物性が否定されることになろう[66][67]。

8 映画の著作物

「映画の著作物」（10条1項7号）については，映画そのものは定義されていないが，映像により創作的に表現したものを物に固定したものと考えられている[68]。このほか，著作権法では，映画に類似する視覚的・視聴覚的効果を生じさせる方法で表現されて有体物に固定されている著作物も映画の著作物に含むこととされており（2条3項），劇場用映画だけでなく，映像を収録したビデオソフトも映画の著作物に含まれるし[69]，ゲームソフトの映像についても，プレーヤーが映像をコントロールできるという特質はあるものの，映画の著作物に含まれる[70]。逆に，生番組は映画の著作物には該当しないものであり，この固

---

63) ただし，美術の著作物との切り分けを考えることについての実益は存する。中山112頁。

64) 富山地判昭和53年9月22日無体裁集10巻2号454頁〔富山住宅地図事件〕。

65) 地図における創作性の判断は，12条1項に規定する編集著作物（⇒本章第3節2）のそれに近似するとも考えられる。井上由里子「地図の著作物の創作性についての一考察——編集著作物の観点からみた地図」牧野利秋先生傘寿記念論文集『知的財産権——法理と提言』（青林書院，2013年）1082頁参照。

66) 知財高判平成17年5月25日（平成17年（ネ）10038号）〔京都大学工学博士論文事件〕。

67) この点については，コンメ(1)594頁以下〔宮脇〕も参照。

68) 入門55頁〔横山〕。

69) さらに，テレビCMの原版について2条3項該当性を認めた裁判例として，東京地判平成23年12月14日判時2142号111頁〔ケーズデンキテレビCM事件1審〕，知財高判平成24年10月25日（平成24年（ネ）10008号）〔同事件2審〕。

定要件の点が言語・音楽等の著作物と異なる点である。映画の著作物について
も，当然，創作性が必要であるため，例えば街頭でカメラを固定して撮影し続
けた映像は映画の著作物には該当しない。

　映画の著作物については，著作者（16条⇒第3章第5節1），著作権の帰属（29
条⇒第3章第5節2），著作権の種類（26条⇒第5章第3節4(4)），著作物の保護期
間（54条⇒第5章第5節3(3)）等に関して特別の規定が相当数設けられているの
で，注意が必要である。

9　写真の著作物

(1)　概　説

　「写真の著作物」（10条1項8号）とは，人物や風景の被写体についてカメラ
を用いてフィルム等に画像として表現されるものをいう[71]。また，写真の著作
物には，写真の製作方法に類似する方法を用いて表現した場合も含まれること
とされており（2条4項），写真染め・写真織りなどの場合も写真の著作物に含
まれる[72]。

　写真の著作物に特有の措置としては，未発行の原作品の展示権（25条⇒第5
章第3節4(5)）や，原作品の所有者による展示行為に対する権利制限（45条⇒
第6章第15節2）が規定されている。

(2)　写真の著作物の創作性

　写真の創作はカメラやレンズといった機材に依存する面が多いものの，被写
体の選択，撮影時間の選択，レンズの選択，構図の選択，露光の設定，ライテ
ィング，シャッターチャンス等の撮影過程における様々な要素において撮影者
の個性が発揮され，それが写真自体に現れることから，広く著作物性が認めら

---

70)　加戸70頁以下。ゲームソフトの映画の著作物性については，東京地判昭和59年9月28日
　　無体裁集16巻3号676頁〔パックマン事件〕において，固定要件との関係が論点の一つとされ
　　たが，同判決では，プレーヤーのレバー操作によって影像が変化するといっても，それはプロ
　　グラムの設定範囲内での有限の変化にすぎず，これらの影像はROM中に電気信号として取り
　　出せる形で収納されることにより固定されているものといえるとされた。また，最判平成14年
　　4月25日民集56巻4号808頁〔中古ゲームソフト事件〕，東京高判平成14年11月28日（平
　　成14年（ネ）1351号）〔中古ビデオソフト事件〕を参照。

71)　入門56頁〔横山〕。

72)　加戸72頁。

れている[73]。ただし，被写体を写真の著作物の創作性の要素に含めるかどうか，すなわち，ある写真に撮影された被写体について，これと同一・類似の被写体を別に写真撮影等を行った場合に権利侵害となり得るかどうかについては，判例・学説上議論が分かれている[74]。

写真の著作物の創作性にとって，その写真がプロのカメラマンによるものであると素人によるものであるとを問わないのは，他の著作物と同様である[75]。他方，撮影のプロセスがすべて自動化された自動証明写真のような写真については，その写真に撮影者の個性が現れているとはいえないため，その著作物性は否定される。また，絵画等を忠実に撮影した写真も，技術的な苦労があっても著作物性は否定される。写し出された写真に，その撮影者の個性が現れてい

---

73)　青森地判平成7年2月21日知的裁集27巻1号1頁〔石垣調査写真事件〕，知財高判平成18年3月29日判タ1234号295頁〔スメルゲット事件〕，知財高判平成19年5月31日判時1977号144頁〔東京アウトサイダーズ事件〕。

74)　東京高判平成13年6月21日判時1765号96頁〔すいか写真事件〕では，写真の著作物の創作性は最終的にその写真として示されているものが何を有するかによって判断すべきであり，被写体の選択・組合せ・配置等に創作的な表現がなされてそれに著作権法上の保護に値する独自性が与えられている場合（このような迂遠とも映る言い回しになっているのは，独特のポーズなども念頭に置いているためであろう）には，その写真の著作物の創作性を決めるものは被写体とこれを撮影するに当たっての撮影時刻・露光・陰影の付け方等の双方であるとされている。そのうえで，同判決では，著作者Xが夏の青空の下でのみずみずしいすいかを演出しようとして撮影した写真に関し，被疑侵害者Yの写真（X・Yの写真では，すいかか冬瓜かという点〔ただし，判決では，Yの写真が冬瓜を写したものと断定されているわけではない〕や，カット・配列されたすいか等の傾きが左右で逆になっている等の相違点もあるが，いずれもその中央に6切れにカットした類似のすいか等がならべられ，その背後には同じような円球・楕円球のすいかないし冬瓜・蔓・青いグラデーション用紙が人為的に配置されている等の点で全体の構図に共通部分がある）はXの写真に依拠して撮影されたものであり，Xの写真の著作者人格権を侵害するものとされた。

　　学説上は，写真の著作物の創作性に被写体を含めて考えることを被写体次第で許容する説として，加戸125頁，作花92頁以下，入門57頁以下があり，これを否定する説（撮影手法説）として，中山127頁以下，高林25〜26頁，コンメ(1)603頁以下〔井藤公量〕がある。否定説のうち中山等においては，被写体について著作権法上の保護に値するものが存する場合は，写真とは別個の著作物として保護すれば足りるとされる。他方，被写体許容説においても，被写体の決定（選択とその配置・作成）を細分化し，後者の配置・作成についてのみ写真の著作物の創作性の対象になり得るものと考えるべきとする説もある（岡村・前掲注59）72頁以下）。なお，この問題については，①被写体次第でこれを写真の著作物の創作性の要素に含めるか否かという点に加えて，②その場合に写真の著作物のどのような利用行為をその権利侵害と捉えるかという点がある。また，近時の論考として，島並良「写真の著作物の理論的構造」IPジャーナル16号（2021年）16頁以下を参照。

75)　入門57頁以下〔横山〕。

ない以上，創作性の要件を満たさないためである[76]。

10　プログラムの著作物

(1)　概　説

　プログラムは「電子計算機を機能させて一の結果を得ることができるように
これに対する指令を組み合わせたものとして表現したもの」とされている（2
条 1 項 10 号の 2）ことから，「プログラムの著作物」（10 条 1 項 9 号）は，コンピュ
ュータに対する一連の指令群として具体的に表現される著作物である。

　プログラムはプログラム言語が用いられることから，言語の著作物にも該当
すると考えられるが，人間に対する直接の情報伝達を目的としないという特殊
な性質をもつことから，昭和 60（1985）年改正において言語の著作物と区別し
て例示し，その保護の明確化を図ったものとされている[77]。ただし，プログラ
ムの著作物についても，情報処理の効率性追求等の面から，具体的な表現の創
作性が限定的にならざるを得ない場合があり，その著作物性が言語・音楽等の
著作物に比べて認められにくい傾向があると考えられる[78]。

　なお，映画の著作物と同様に，プログラムの著作物にもその性質等に応じた
特有の規定が設けられており，職務著作の成立要件（15 条 2 項⇒第 3 章第 4 節 3
(5)），著作権の制限事由（47 条の 3⇒第 6 章第 16 節 2），みなし侵害（113 条 2 項⇒
第 5 章第 4 節 3）等の各種規定に注意が必要である。

(2)　プログラムの著作物の具体例

　プログラムの著作物の具体例には種々のものがあり，大型コンピュータ用・
パソコン用のプログラム，産業用プログラムやゲームソフト，オペレーティン
グシステム（OS）やアプリケーションソフト，ソースプログラムやオブジェク
トプログラムなどが含まれ得る。ただし，プログラム言語・規約・解法につい
ては，言語の著作物に対する文字そのものや，表現に対置されるアイデア（⇒
本章第 1 節 3）の位置づけなどと同様に，プログラムの著作物に含まれない（10

76）　東京地判平成 10 年 11 月 30 日知的裁集 30 巻 4 号 956 頁〔版画写真事件〕参照。
77）　加戸 126 頁。
78）　中山 140 頁以下，大寄・前掲注 24）141 頁。また，東京地判平成 14 年 9 月 5 日判時 1811 号
　　127 頁〔サイボウズオフィス 2.0 事件〕。

条3項)。

プログラム言語は,「プログラムを表現する手段としての文字その他の記号及びその体系」とされており（10条3項1号),フォートランやベーシック,C言語,コボル等とその文法がこれに該当する。

規約は,「特定のプログラムにおける……プログラム言語の用法についての特別の約束」とされており（10条3項2号),コンピュータ・ネットワーク上でデータを伝送するためのルールやプログラムを他のプログラムと接続し機能させるために必要な約束事であって,プロトコル,インターフェースと呼ばれるものである[79]。

解法は,「プログラムにおける電子計算機に対する指令の組合せの方法」とされており（10条3項3号),プログラムが問題・仕事を処理するうえでの論理的な手順であって,アルゴリズムと呼ばれるものである[80]。

なお,これらの解法等については,新規性・進歩性があれば別途特許権によって保護され得るが,特許法はプログラムの技術的思想面を保護するのに対し,著作権法はプログラムの具体的な表現部分を保護するものであることに注意が必要である[81]。

> CASE 2-2 の考え方
> (1) 著作物は基本的に,有体物に固定されていることを要件としていないため,食事会での会話も言語の著作物に該当し得る。ただ,一定以上の会話量に達すれば,通常は著作物性が認められることとなろうが,一つひとつの会話文は著作物性が否定されることも多いであろう。
> (2) デジタルビデオカメラを用いた場合でも,その撮影・編集には撮影者の個性が発揮されるので創作性があると考えられる。また,こうした映像は,「映画の効果に類似する視覚的又は視聴覚的効果を生じさせる方法で表現され,かつ,物に固定されている著作物」（2条3項）の要件を満たすものと考えられる。以上のことから,運動会の様子をデジタルビデオカメラで撮影・編集したものは映画の著作物に該当すると解される。

---

79) コンメ(1) 625 頁 [辛島陸]。
80) 加戸 126 頁を参照。
81) 入門 61 頁 [横山]。

第 3 節　既存の著作物等を基礎とした著作物

❖ *POINT* ❖
◆　著作物の基本的な形態は，著作物の定義規定（2 条 1 項 1 号）と例示規定（10 条 1 項）によって把握されるが，著作権法では，それらを元にした二次的著作物や編集著作物，データベースの著作物といった特別の類型の著作物が規定されている。

◆　二次的著作物，編集著作物，データベースの著作物の保護は，これらの元になった著作物の保護に影響を及ぼさない。

> **CASE 2-3**　小学生 A の作文について，担任の先生 B が漢字の間違い訂正や「てにをは」の整序といった添削をした場合，修正後の作文は修正前の作文との間ではどのような関係に立つのであろうか。

1　二次的著作物

(1)　概　説

　二次的著作物とは，「著作物を翻訳し，編曲し，若しくは変形し，又は脚色し，映画化し，その他翻案することにより創作した著作物」である（2 条 1 項 11 号）。これは，既存の著作物を元に（依拠）して，その表現上の本質的な特徴の同一性を維持しながら，これに新たな創作的表現を加えることによって作成され，元の著作物の表現上の本質的な特徴がなお直接に感得できる著作物のことであり[82]，二次的著作物は，その元になった著作物（原著作物）とは別個に保護される。つまり，二次的著作物の保護は，原著作物の保護に影響を及ぼさない（11 条）。

　二次的著作物の具体例は，小説や漫画を翻訳したもの（翻訳），あるいは，これを原作として制作されたドラマや映画（脚色，映画化），ポップソングをボサノヴァ風にアレンジしたもの（編曲），二次元絵画を三次元彫刻に変形したもの（変形）である。また，翻案とは，「前人の行なった事柄の大筋をまね，細かい点を変えて作り直すこと」とされており[83]，既存の絵や文章の場合，そ

のモチーフや全体的なストーリーを維持しながら色や文言の増減修正を加えて
いくことが例として挙げられる。このほかにも，文章を要約したり，コンピュ
ータ・プログラムのバージョンアップを施したりすることも，翻案に該当する
とされる[84]。

(2) 二次的著作物の権利者等

著作者は「著作物を創作する者」であり（2条1項2号），自身が創作した著
作物に関する著作者の権利を有する点については，二次的著作物の場合であっ
ても変わらない。ポップソングの例でいえば，ボサノヴァ風にアレンジした者
はアレンジ後の曲について著作者の権利を有することになる（ただし，その権利
の及ぶ範囲については後述参照）。しかし，ボサノヴァ風のアレンジ曲は突然出来
上がったわけではなく，元のポップソングが存在するからこそ創作されたもの
である。しかも，このアレンジ曲を聴けばポップソングが元になっていること
が一般人を基準にしてもわかるのであるから，ポップソングが形を変えてアレ
ンジ曲の中に表現されているものと捉えることができる。

このような考え方から，著作権法では，二次的著作物の利用に対しては，二
次的著作物の著作者のみならず，その原著作物の著作者も同一の種類の権利を
有すると規定されており（28条⇒第5章第3節5(3)），このため，二次的著作物
を利用しようとする場合は，その著作者と，原著作物（原著作物の保護期間が存
続している場合に限る）の著作者の両方から許諾を得ることが必要となり得る。

ただし，著作権等の権利は創作的な表現について成立するものであることか

---

82) 最判平成13年6月28日民集55巻4号837頁〔江差追分事件〕参照。同判決では，言語の
著作物の翻案について，

①既存の著作物に依拠していること，その表現上の本質的な特徴の同一性を維持しながら具
体的表現に修正，増減，変更等を加えて新たに思想又は感情を創作的に表現していること，そ
して，これに接する者が既存の著作物の表現上の本質的な特徴を直接感得することのできる別
の著作物を創作する行為をいうものとされ，さらに，

②既存の著作物に依拠して創作された著作物が，思想・感情，アイデア，事実・事件など表
現それ自体でない部分又は表現上の創作性がない部分において既存の著作物と同一性を有する
にすぎない場合には翻案には当たらないとされている。

そのうえで，判例・学説上，この翻案への該当基準は言語以外の著作物にも当てはまるもの
と解されている（⇒第5章第3節5(2)）。

83) 新村編・前掲注2) 2611頁。

84) 加戸50頁，斉藤50頁。

ら，二次的著作物の著作者が自らの二次的著作物について著作権等の権利を及ぼすことができる範囲については，判例上，「二次的著作物において新たに付与された創作的部分についてのみ」であり，「原著作物と共通しその実質を同じくする部分には生じない」とされている点に注意が必要である[85]。

(3)　二次的著作物の成立範囲

　上述のような考え方からも明らかなように，二次的著作物が成立するのは，翻案等がなされて出来上がった新たな著作物（B）中に元の著作物（A）の表現上の本質的な特徴の同一性が維持され，直接感得できる場合である。何が表現上の本質的な特徴に該当するかは個々のケースに応じて判断される[86]。逆に，Aに依拠してその修正増減等を加えた結果，Aの表現上の本質的な特徴の同一性が維持されず，直接感得できない程度にまで変化した場合は，BはAとは別の独自の著作物となるため，Aの著作者はBに対して権利を有しないことになる。例えば，既存の小説に修正をあれこれと加え続けた結果，ストーリーも含めて全体の内容が違う新小説になってしまった場合には，既存の小説家に新小説に対する権利を認めることができない点は容易に理解できよう。

　また，「二次的」著作物という文字が用いられている点については，例えば原作小説が脚本化され，それをもとに映画が製作された場合，原作小説から見れば映画は三次的な著作物になるが，このような場合でも用語としてはすべて二次的著作物である[87]。そして，上記の例において原作小説から見て映画が二次的著作物に該当するかどうかは，あくまでも，映画表現から原作小説の表現上の本質的特徴の同一性が維持され，直接感得できるかどうかによって決まる

---

85)　前掲注40）最判平成9年7月17日を参照。

86)　「表現上の本質的な特徴」と創作性のある表現との関係については，①これら両者を一元化して捉える立場（田村58頁以下）と，②後者との関係で前者に独自の意義を認める立場（高部266頁以下等）とが存在する。この点は，翻案権侵害の問題に関係する（⇒第5章第3節5(2)）。これら学説の全体的な状況については，①の立場から整理するものとして，田村善之＝高瀬亜富＝平澤卓人『ロジスティクス知的財産法Ⅱ著作権法』（信山社出版，2014年）26頁以下を，他方，裁判実務の面から②を肯定的に捉えつつ整理するものとして，大須賀滋「翻案権侵害の主張立証」論究ジュリ2号（2012年）250頁以下を参照。また，「表現上の本質的な特徴」に当たるものの個別具体的な内容について言及した裁判例として，知財高判平成27年6月24日（平成26年（ネ）10004号）〔プロ野球カードゲーム事件〕参照。

87)　加戸51頁。

ものである。

2 編集著作物

(1) 概 説

　編集著作物とは，データベース以外の編集物で，その素材の選択又は配列によって創作性を有するものをいう（12条1項）。新聞・雑誌や百科事典，辞書，論文集，美術作品集などの編集物全体について，個々の記事や説明事項・解説等とは別に，著作権法では，その具体的な素材の選択・配列に表現上の創作性が認められる場合に，編集著作物として保護することとしている。ただし，法律上の効果については，一般の著作物と異なるところはない[88]。

(2) 素材の著作物性，編集著作物の創作性

　編集される対象は，著作権法上，素材と規定されているので，著作物であることを要しない。例えば，国語辞典という編集著作物をみてみると，個別の語句やその解説文は著作物性がない場合も少なくないと考えられるが，そのことによって国語辞典の編集著作物性が否定されるわけではない。

　また，編集著作物の創作性は素材の選択か素材の配列のいずれか一方にあれば，編集著作物の要件を満たすことになるため，国語辞典の場合は素材の選択に（通常は「あいうえお順」で配列される），職業別電話帳の場合は素材の配列に（特定地域の電話番号は網羅的に選択される傾向がある），各々創作性が認められる場合が典型的である。逆にいえば，素材の収集にどれだけ労力や資力が費やされたとしても，その素材の選択や配列がありふれたものであれば，創作性の要件を充足せず編集著作物たり得ないこととなる[89]。

　他方，編集著作物それ自体については，編集著作物も著作物である以上，企画や編集方針，編集方法といったもの自体が直接的に保護されるわけではなく，

---

88) 編集著作物を規定する12条1項を巡っては，著作物の定義規定（2条1項1号）との関係上，確認規定説（作花107頁，田村23頁）と創設規定説（コンメ(1)639頁［横山久芳］）とが存在する。

89) 東京地判平成11年2月25日判時1677号130頁〔松本清張作品映像化リスト事件〕では，松本清張の小説を映画化等したものに関し，その題名・封切年・製作会社名・監督名等を年代順に一覧表にまとめたリストについて，項目やその事実情報の選択・配列に独自性や創作性は認められないとして，編集著作物性が否定されている。

素材の具体的な選択・配列の点で創作性が認められる場合に保護の対象になるという点に注意が必要である。この点に関連して，ある編集著作物における具体的な選択・配列を真似つつ，個々の構成情報を別の情報に入れ替えるなどして編集物を作成した場合に権利侵害を問えるかどうかという問題があるが（例えば東京都職業別電話帳の職業分類を用いて大阪府職業別電話帳を作成するような場合），学説上の見解は分かれている[90]。具体の訴訟では各々のケースに応じて権利侵害の有無が認定されており，肯定例・否定例ともに存在するが，一例として外国の新聞（編集著作物）の記事等を抄訳してこれとほぼ同様の順序で配列した文書を作成・頒布した行為が外国新聞の編集著作権を侵害するかどうかが問われた事案について，権利侵害を肯定した判例がある[91]。

(3)　編集著作物と素材である著作物との保護関係

　編集著作物として認められても，編集物の部分を構成する著作物の権利には影響を及ぼさないこととされている（12条2項）。素材が著作物の場合（例：音楽CD中の個々の楽曲），素材と編集著作物全体とは独立して保護されるので，編集著作物全体を利用する場合は，個々の素材の著作者と編集著作物の著作者

---

90)　東京都職業別電話帳の職業分類を用いて大阪府職業別電話帳を作成するような場合の権利侵害の有無について，否定説として加戸131頁があり，肯定説として中山153頁以下，入門67頁以下［横山］がある。もっとも，否定説においては，素材が全く異なった場合は権利侵害にはならないと述べるにとどまっており（作花106頁も同様），また肯定説においても，何をもって編集著作物の素材やその選択・配列の創作性の要素と捉えるべきかという観点から考察を加えつつ，職業別電話帳のような場合については権利侵害を肯定すべきとの見解が示されているのであって，両説とも編集著作物中の情報が異なったすべての場合における権利侵害の有無を一律に論じているわけではない。肯定説においては，一つには，編集物をつくる際の編集方針が編集物における具体的な選択・配列に密接に関わるものである点に着目し，編集物の創作性（類似性）を検討するうえではそうした編集方針も考慮に加えるべき場合があるといった主張がなされるところ，このような見解に対しては著作権法の原則（表現・アイデア二分論〔⇒本章第1節3(2)〕）との関係上疑義を生ずるとする立場，両者は矛盾しないとする立場のいずれもが存在する。蘆立順美「編集著作物の創作的表現の類似」前掲注18）中山古稀528頁以下を参照。

91)　東京高判平成6年10月27日知的裁集26巻3号1151頁〔ウォール・ストリート・ジャーナル事件〕。この事件では新聞の編集著作権に対する翻案権侵害が問題とされたが，判決では，その権利侵害の成立要件として，素材の選択の面では，当該新聞に依拠して，そこで取り上げられ，記事に具現化されている情報の核心的事項である客観的な出来事の表現と共通しているものを同様に要素とすれば足りているのであって，両者の個々の素材（要素）自体の具体的表現・詳細な内容が相当程度にまで一致している必要はないとされている。

の両方から許諾を得ることが必要となるが，編集著作物のうち個々の素材だけを利用する場合には，その素材の著作者の許諾だけを得ればよいことになる。

3　データベースの著作物

(1)　概　説

　データベースも本来的には編集物の一種であるが，著作権法では，昭和 61 (1986) 年改正において編集著作物とは別条を立て，「データベースでその情報の選択又は体系的な構成によつて創作性を有するものは，著作物として保護する」と規定されている（12 条の 2 第 1 項）。編集著作物の創作性の要素は「素材の選択又は配列」と法定されており，例えば紙面上でどのような情報を選んで，それを紙面のどの部分に並べるかという点で著作物性が判断されるのに対して，データベースについては，情報の物理的な格納場所に重要性があるわけではなく，データの体系付けやキーワードの選定等の創作作業が要求されることから[92]，「情報の選択又は体系的な構成」がデータベースの著作物の創作性の要素とされている。

　データベースは，「論文，数値，図形その他の情報の集合物であつて，それらの情報を電子計算機を用いて検索することができるように体系的に構成したもの」と定義されており（2 条 1 項 10 号の 3），同じように情報の集合物であっても，コンピュータを用いて検索できるようにした創作表現がデータベースの著作物であり，それ以外の編集物の創作表現が編集著作物となる。例えば，一定の基準に従って具体的に選択等を行った関係法律の「六法」につき，書籍の形態をとるものは編集著作物に，CD-ROM の形態をとるものはデータベースの著作物に各々該当し得る。

(2)　データベースの著作物の創作性等

　データベースの著作物の場合も，情報の選択，情報の体系的な構成のいずれか一方に創作性があれば，データベースの著作物の保護要件を充足することになる。他方，これらの両方を欠く場合は，単なるデータベースであり，データベースの著作物には該当しない。

---

92)　加戸 134 頁以下，入門 71 頁以下 ［横山］。

　ただし，これは著作権法以外の法的保護が一切受けられなくなるということ
を意味するものではない点に注意する必要がある。日本に実在する自動車等に
関するデータベースを含む自動車整備用システム（A）が原告によって販売さ
れ，その後これと類似するシステム（B）が被告によって販売されていた事案
において，Aにおけるデータベースの著作物性は否定しつつも，BがAの相
当多数のデータを組み込んだものであるとしたうえで，当該データベースの作
成等に多大な費用・労力がかかっていること，原告と被告とが競業関係に立つ
ものであること等の事情から，被告の行為は著しく不公正な手段を用いて原告
の法的保護に値する営業活動を侵害するものであるとして，不法行為の成立を
認めた裁判例がある[93]。

　また，データベースの著作物を権利者以外の者が利用する場合は，その情報
の選択や情報の体系的な構成を利用しなければ著作権侵害とはならず，したが
って，データベースの中から，このような情報の選択等の創作性が及ばない範
囲で一部の情報を抽出して利用する行為には著作権が働かないと考えられる[94]。

　データベース中の情報等が著作物である場合に，これとデータベースの著作

---

93)　東京地判平成 13 年 5 月 25 日判時 1774 号 132 頁〔翼システム事件中間判決〕。なお，中山
　　167 頁以下，入門 72 頁以下〔横山〕，高林 96〜97 頁，東海林保「データベースの著作物性」
　　新・裁判実務大系 182, 191 頁等で指摘されているように，データベースの作成には多大な費
　　用・労力を要する場合が多いにもかかわらず，デジタル技術を用いて他人がコピーを行うこと
　　は容易であり，さらにデータベースとしての価値の高さ（情報の網羅性，検索のための体系付
　　けの汎用性）とデータベースの著作物性とはいわば反比例の関係にあるという問題がある。こ
　　のような状況において，創作性のないデータベースに関する法的保護をどのように図るべきか
　　という点については国際的にも大きな課題となっており，EU では，データベースの投資保護の
　　観点から 1996 年 3 月に採択されたデータベースの保護に関する指令において，データベースの
　　創作性の有無にかかわらず，その製作者に対してデータベースコンテンツの抽出・再利用に関
　　する独自の権利（sui generis）を付与すべきこととされ，これを受け EU 各国で必要な法制化
　　が行われている。この点についての詳細は，作花 112 頁以下，コンメ(1) 699 頁以下〔小川憲久〕
　　を参照。
94)　加戸 136 頁以下，入門 72 頁〔横山〕。他方，創作性の及ぶ範囲で既存のデータベースの著作
　　物を利用した場合であっても，判例においては，データベースの著作物の創作性のある表現部
　　分との間に共通性を有する部分を含む別のデータベースが作成された場合において，両データ
　　ベース全体を比較するとその情報量に大きな差があり，情報の選択・体系的な構成における共
　　通部分が一部にとどまり相当部分が異なる場合には表現の本質的特徴が直接感得することがで
　　きず，複製等には該当しない旨述べるものがある（東京地判平成 26 年 3 月 14 日（平成 21 年
　　（ワ）16019 号）〔旅行業者用データベース事件〕）。この点は編集著作物でも同様であろう。蘆
　　立・前掲注 90) 参照。

物全体との関係についても，編集著作物の場合と同様に，これらは各々独立して保護されることとなっている（12条の2第2項）。

> **CASE 2-3 の考え方**
>
> 　小学生Aの作文を担任の先生Bが添削した場合，修正後の著作物については，その修正の態様によって修正前の著作物との関係性が決まってくる。
>
> 　修正前の作文の全体的な流れ（表現上の本質的特徴）を維持しつつ，その途中に創作的な表現を挿入したような場合は，修正後の作文は修正前の作文の二次的著作物に該当し得る。
>
> 　しかし，このCASE 2-3では，担任Bは単に誤字の訂正や「てにをは」を整えたにすぎず，文章の作成行為に創作的な関与はしていない。そのため，修正後の作文は二次的著作物には当たらず，修正前の作文と全くの同一物というわけではないが，その複製物としてA単独の著作物であると解される。

第4節　保護を受ける著作物

◈ POINT ◈

◆　日本著作権法による保護を受ける著作物は，国際的な観点から一定の範囲に限定されており，
　　①日本国民の著作物，
　　②最初に日本国内において発行された著作物，
　　③条約上日本が保護義務を負う著作物
の3種類となっている。

　小説，音楽等の著作物は国境を越えて流通する性質をもっており，これまでも著作権等に関する各種の国際条約（⇒第1章第4節）を踏まえた保護が各国で行われてきている。その際，著作物の定義に当てはまるもののうち，国際的な観点からどのような著作物が日本著作権法による保護を受けるかを明らかにする必要がある。具体的には，6条において，①日本国民の著作物（1号），②最初に国内において発行された著作物（2号），③これらのほかに条約上わが国が保護義務を負う著作物（3号）の3つが規定されている。

　1号は国籍主義に基づく規定であり，日本国民の著作物が日本著作権法によ

る保護を受ける。本号の規定上，日本国民には「わが国の法令に基づいて設立
された法人及び国内に主たる事務所を有する法人」も含まれていることから，
自然人である日本国民が創作した著作物のほか，職務著作（15条⇒第3章第4
節）として，これらの法人（国や地方自治体を含む）が著作者である著作物も本
号に該当する。さらに，法人には，「法人格を有しない社団又は財団で代表者
又は管理人の定めがあるものを含む」とされているため（2条6項），国内に主
たる事務所を有する著作権法令研究会のようなものが著作者である著作物も本
号に該当する[95]。

　2号は発行地主義に基づく規定であり，日本国内で最初に発行された著作物
が日本著作権法による保護を受けるが，さらに本号では，「最初に国外におい
て発行されたが，その発行の日から30日以内に国内において発行された」著
作物も含まれるものとして規定されている。なお，発行については，「その性
質に応じ公衆の要求を満たすことができる相当程度の部数の複製物」が，複製
権（21条⇒第5章第3節2）を「有する者若しくはその許諾……を得た者……に
よつて作成され，頒布された場合」等を指すものとされている（3条1項）[96]。

　3号は1号・2号に該当するもの以外で，条約によりわが国が保護の義務を
負う著作物を定めている。日本が締結している主な国際条約については第1章
第4節に記述されているが，ベルヌ同盟国の国民等の著作物で1号・2号に該
当しないものが，本号により日本著作権法による保護を受けることとなる。た
だし，ベルヌ条約を例にとれば，ベルヌ同盟国の国民の著作物のすべてが日本
著作権法で保護されるわけではない。ベルヌ条約に近年加盟したものの，わが
国が国家承認をしていない北朝鮮において製作された映画について，最高裁は，
ベルヌ条約上の義務は普遍的価値を有する一般国際法上の義務ではない以上，
ベルヌ条約に事後加入した北朝鮮との間で同条約に基づく権利義務関係を発生
させるかどうかはわが国として選択できるものである等として，本号に該当し
ないと判断した[97]。

---

95)　加戸91頁以下。
96)　「公衆」・「頒布」については，2条5項・同条1項19号において特殊な定義が規定されてい
　　ることに注意されたい。

第5節　権利の目的とならない著作物

❖*POINT*❖

◆　日本著作権法による保護を受ける著作物であっても，法令や各種の通知等，その性質上国民に広く開放して利用されるべき著作物については，著作権法による保護の対象外とされている。

　著作物に該当するものについては，前述したように，日本国民の著作物や条約上保護義務を負う著作物等に該当する限り（6条⇒本章第4節），著作権法による保護を受けることとされているが，法令や各種の通知等，その性質上国民に広く開放して利用されるべきものについては，著作権法による保護の対象外とされている（13条）[98]。

　具体的には，以下の著作物である。

・憲法その他の法令（1号），
・国・地方公共団体の機関や独立行政法人・地方独立行政法人の発する告示・訓令・通達等（2号）
・裁判所の判決・決定・命令・審判や行政庁の行う準司法的な裁決・決定（3号）
・これらの翻訳物・編集物で国・地方公共団体の機関や独立行政法人・地方独立行政法人が作成するもの（4号）

　なお，著作権法上，編集物からはデータベースが除外されているため（12条1項），国等が作成した法令等のデータベースについては，13条4号との関係で，著作権法の保護対象となっている点に注意が必要である[99]。

---

97)　最決平成23年12月8日民集65巻9号3275頁〔北朝鮮映画放送事件〕。なお，この事件では，問題となった映画の一部をテレビのニュース番組で放送した行為について，予備的請求として不法行為の成否も争われたが，最高裁は，著作権法6条に該当しない著作物の利用行為については，同法に規律する利益とは異なる法的利益が侵害されるなどの特段の事情がない限り，不法行為を構成するものではないとして，不法行為の成立を否定した。

98)　加戸138頁。

99)　加戸140頁以下。

第 3 章　著作者

第1節　総　論

◆◆ POINT ◆◆

◆　著作者とは，著作物を創作する者であり，原則として，著作者に著作者の権利，すなわち著作者人格権及び著作権が原始的に帰属する。

◆　複数の者が共同して創作した著作物を共同著作物といい，共同著作物を創作した者を共同著作者という。

◆　職務著作が成立する場合，法人等がその著作物の著作者となる。職務著作の成立要件は，①法人等の発意に基づき，②法人等の業務に従事する者が，③職務上作成する著作物であること，④公表名義が法人等であること，⑤作成時に別段の定めがないこと，の５つである。ただし，プログラムの著作物については，④の要件はない。

◆　映画の著作物の著作権は，著作者が映画製作者に対し映画の著作物の製作に参加することを約束しているときは，映画製作者に帰属する。

CASE 3-1　派遣会社Ａの契約社員であるＸは，ソフトウェア会社であるＹ社にプログラマーとして派遣され，Ｙ社において，Ｙ社のプログラマーＢとともにプログラムαを作成した。

　プログラムαが著作物である場合，その著作者は誰か。

　著作者とは，「著作物を創作する者」であり（2条1項2号），著作者の権利の原始的帰属主体である（17条1項）。しかしながら，著作権法は，著作物を創作した自然人以外の者が著作者となり，著作者の権利を有する場合を定めている。いわゆる職務著作であり，法人等の従業員等が職務上作成する著作物につ

いては，法人等が著作者となるというものである（15条）。また，映画の著作物について，著作者が「制作，監督，演出，撮影，美術等を担当してその映画の著作物の全体的形成に創作的に寄与した者」であると規定されたうえで（16条），その著作権は，著作者が映画製作者（2条1項10号）に対し当該映画の著作物の製作に参加することを約束しているときは，著作者ではなく，映画製作者に帰属するとされている（29条⇒本章第5節）。

第2節 著作者とは

1 著作者と創作者主義

著作権法は，著作者とは，「著作物を創作する者をいう」と定義している（2条1項2号）。著作物（2条1項1号）については既に説明したが（⇒第2章），その著作物を「創作」した者が著作者であるとするのが，著作権法の原則である。そして，著作物は「思想又は感情」の創作的表現であり，「思想又は感情」を有するのは自然人だけであるため，著作者は自然人ということになる。

また，著作者は，著作者の権利，すなわち著作者人格権及び著作権を享有すると定められている（17条1項）。これは，著作者に，著作者人格権及び著作権が原始的に帰属することを意味する[1]。

この「著作物を創作した自然人が著作者である」こと，及び，「著作者に著作者人格権及び著作権が原始的に帰属する」という原則を，創作者主義という。著作権法は，創作法として，思想又は感情の創作的表現である著作物を保護するものであることから，その創作的表現を生み出した者，すなわち，創作者を著作者として扱い，この者に著作権法上の権利を帰属させるという原則を採用しているのである。

もっとも，この創作者主義は，著作権法上貫徹されているわけではなく，2

---

1) 原始的に帰属するとは，譲渡等の承継行為を介することなく，権利の発生と同時に著作者に著作者の権利が帰属するということである。なお，著作権は譲渡することができるから（61条1項⇒第8章第2節），著作者ではない者が著作権者となることができるが，著作者人格権は譲渡することができないので（59条⇒第4章第1節1），著作者人格権を有するのは常に著作者である。

つの例外がある。職務著作（15 条）と映画の著作物の著作権の帰属（29 条）であり，これらについては後述する。

2　著作者の認定

(1)　著作者の認定基準

　著作者は，著作物を創作する者であり（2 条 1 項 2 号），著作物とは，思想又は感情を創作的に表現したものであるから（2 条 1 項 1 号），創作的な表現を行った者が著作者であると考えることができる。したがって，著作者であるか否かの認定は，問題となっている著作物に関して，①創作を行ったか否か，②表現を行ったか否か，の 2 つの点から判断することができる。このいずれかを行っていないのであれば，その者は著作者ではない[2]。

　例えば，小説家から送られてきた原稿の誤植をチェックする等の校正作業を行った者やカメラマンの指示通りにポーズをとって写真の被写体となったモデルは，創作を行っていないので，著作者にはならない。また，アイデアや企画を提供しただけの者や著作物の作成の依頼をしただけの者，資金を提供しただけの者は表現に関与していないため，著作者にはならない[3]。

(2)　著作者の認定方法

　著作者の認定は，上記の基準によって行うとしても，創作及びその表現プロセスは多様にあるため，困難な場合も少なくない。その場合，問題となっている著作物がいかなる種類のものであるかを特定し，その著作物を創作する行為がいかなるものであるのかが明らかにならなければ，その著作物の著作者を認

---

　2)　ヘアスタイルコンテストのために撮影された写真の著作者が争われた事案で，写真の創作性は，被写体の組合せや配置，構図やカメラアングル，光線・印影，背景等にあり，これらの点に美容師は創作的に関与していないため，写真の著作者とは認められないと判断された事例として，東京地判平成 27 年 12 月 9 日（平成 27 年（ワ）14747 号）〔ヘアスタイルコンテスト写真事件〕がある。

　3)　詩集の編集に当たり，企画や収録する詩の提案などを行っていた編集者が編集著作物の著作者となるかが争われたが，企画案ないし構想の域にとどまるにすぎないとして否定された事例として，最判平成 5 年 3 月 30 日判時 1461 号 3 頁〔智恵子抄事件〕参照。また，建築の著作物において，外装スクリーンを立体的形状の組亀甲柄にすることを提案したものの，その具体的な配置や配列等については何ら示されていなかった事案において，かかる提案は，アイデアの提供にすぎないと判断された事例として，知財高判平成 29 年 10 月 13 日（平成 29 年（ネ）10061 号）〔ステラマッカートニー青山事件〕がある。

| 用語解説④ | 推　　定 |

民事訴訟法上，A という事実の存在が証明されたとき，B という事実の存在あるいは B という権利の存在が一応判断されることをいう。この推定により立証責任が転換されるものを法律上の推定という。みなす場合と異なり，推定の場合は，推定された事実または権利への反証が許される。

定できないことになろう。

　この点，銅像の著作者が問題となった事案[4]では，「本件各銅像のようなブロンズ像は，塑像の作成，石膏取り，鋳造という 3 つの工程を経て制作されるものであるが，その表現が確定するのは塑像の段階であるから，塑像を制作した者，すなわち，塑像における創作的表現を行った者が当該銅像の著作者というべきである」と判示し，創作過程を明らかにしたうえで，その中でどの部分が銅像の創作的表現に当たるかが検討されている。

　また，雑誌社の記者がタレントにインタビューをした内容をもとに記事を書いた場合に，その記事についての著作者が誰かが問題となった事案[5]では，口述した言葉を逐語的にそのまま文書化した場合や，原稿を口述者が閲読し表現を加除訂正して文書を完成させた場合など，文書としての表現の作成に口述者が創作的に関与したといえる場合には，口述者が単独又は文書執筆者と共同で当該文書の著作者になるものと解すべきであるが，あらかじめ用意された質問に口述者が回答した内容が執筆者側の企画，方針等に応じて取捨選択され，執筆者によりさらに表現上の加除訂正等が加えられて文書が作成され，その過程において口述者が手を加えていない場合には，口述者は，文書表現の作成に創作的に関与したということはできず，単に文書作成のための素材を提供したにとどまり，文書の著作者には当たらないと判断された。

3　著作者の推定※

　著作者が誰であるかは，著作物の創作に関わる事情から判断されることになるが，そのような事情は著作物自体からはわからないことがほとんどである。また，著作権法は，著作権の発生要件として著作者に著作物の登録や納本など

---

4)　知財高判平成 18 年 2 月 27 日（平成 17 年（ネ）10100 号）〔ジョン万次郎像事件〕。
5)　東京地判平成 10 年 10 月 29 日知的裁集 30 巻 4 号 812 頁〔SMAP インタビュー記事事件〕。

を要求していない（無方式主義）。

　そのため，他人の著作物の利用をしようとする場合に，誰に利用許諾を求めればいいのか不明確となる不都合が生じることがある。特に，複数の者が関与して創作された著作物においては，著作者が誰であるかが明確でないことも多く，紛争になった場合にはその立証活動も難しいものとなることが予想される。

　そこで，著作権法は，著作物の原作品に，又は著作物の公衆への提供・提示の際に，その氏名・名称（実名）又は実名に代えて用いられるもの（変名）として周知のものが著作者名として通常の方法により表示されている者は，その著作物の著作者と推定することを定めている（14条）。ここでいう「通常の方法」とは，書籍の表紙や奥付に「○○著」と書かれていたり，CDのジャケットや歌詞カードに「○○作詞」「○○作曲」と書かれていたりする場合や，絵画であれば作品の右下に「○○」とサインがある場合等，著作者名の表示を，一般に社会的慣行として行われている場所に表示することをいう。

　もっとも，この規定は推定規定であるので，覆すことが可能である[6]。例えば，CDのジャケットや歌詞カードには「○○作詞」と表記されているが，実際にはゴーストライターが作詞している場合，そのことを立証できれば，表記されている者が著作者であることは否定される。

　また，無名・変名で公表された著作物の著作者は，その実名の登録を受けることができ（75条1項），この実名の登録がされている場合は，登録されている者が当該登録に係る著作物の著作者と推定される（75条3項）。実名の登録による推定は，上述の14条による推定とは異なるものであるから，理論上，両者の推定が衝突する場合が考えられる。

　この点，実名の登録に関しては，登録原簿を確認する人は現実には多いとはいえず，また，僭称著作者[7]による登録はさほど困難ではないといえるのに対し，14条による表示を僭称著作者が行っていれば，真の著作者による異議が申し立てられる可能性が高く，何らの異議も申し立てられていない表示である

---

6)　推定が覆された事例として，知財高決平成28年11月11日判時2323号23頁〔著作権判例百選事件〕がある。

7)　僭称著作者とは，真実は著作者ではないにもかかわらず，あたかも著作者のように振る舞い，著作者でなければできない行為を行う者をいう。ここでは，無名・変名で公表された著作物について，真実はその著作者ではないにもかかわらず，著作者として実名の登録を受ける者をいう。

ならば，それだけ推定に信頼性も認められると考えられることから，14条の推定が優先すると考える見解もある[8]。

　しかし，14条も75条3項も法が定めた推定規定であり，重複した場合の調整規定もない以上，その効果はともに認められると考えるべきであろう。それゆえ，訴訟において14条と75条3項の推定が主張されれば，ともにその推定の効果が認められ，その結果，いずれの当事者も自己が著作者であると主張するためには，相手方の推定を覆すための立証責任を負うことになると考える[9]。

第3節　共同著作

1　共同著作物とは

　著作物の創作過程においては，複数の者が関与することも少なくない。そして，創作的な表現を行ったのが複数の者である場合もある。例えば，ピアニストとバイオリニストが，即興で演奏しながら作曲したり，大きなキャンバスに複数人で1枚の絵を描いたりすることは，複数の者が共同して創作的な表現を行っていると考えられる。このように，複数の者が共同して創作をする場合を共同著作という。この共同著作によって創作された著作物が共同著作物であり，共同著作物を創作した者を共同著作者という。

2　共同著作物の要件

　著作権法は共同著作物を，「二人以上の者が共同して創作した著作物であつて，その各人の寄与を分離して個別的に利用することができないものをいう」と定義している（2条1項12号）。すなわち，共同著作物の要件は，①2人以上の者の創作行為があること，②共同して創作されたものであること（共同性），③各人の寄与を分離して利用することができないこと（分離利用不可能性）の3つである。以下で，要件ごとに説明を行う。

---

8)　田村402頁参照。
9)　中山246〜247頁参照。

(1)　2人以上の者の創作行為

ここでいう創作行為は，著作物の成立要件である創作と同様，事実行為としての創作行為である。この事実行為としての創作行為を2人以上の者が行うことが，共同著作物の要件となる。それゆえ，2人の者が創作に関与しているが，そのうちの1名は校正作業だけを行う場合や，企画やアイデアの提供だけを行う場合は，2人以上の者の創作行為がないから，共同著作物でないことになる。

この点に関し，闘病記を執筆している者がその内容をカセットテープに口述録音し，その協力者が，これを再生し，ワープロソフトを用いて，ほぼ口述した通り文章を入力したうえで，文章構成，文体を考慮しながら，重複部分を削除したのみならず，趣旨の不明な部分は聞き質して書き改めたり，そのときの気持ちや他の出来事の有無等を尋ねたりし，その結果を自分なりに取捨選択して文章化するなどの作業をしていた事案で，この協力者は，単なる補助者としての関与にとどまらず，自らの創意を働かせて創作に従事していたと認められるとして，両者が共同して創作したものであるとした裁判例がある[10]。

(2)　共同性

次に，共同性の要件は，創作行為が共同して行われることを意味する。典型的な例としては，1枚の絵を2人で一緒に描いて完成させる場合である。他方で，ある者が日本語で書いた文章を別の者が英訳する場合のように，創作行為が別々に独立して行われているときは，共同して創作したとはいえない。

この共同性の要件に関しては，創作者間に意思の連絡や共同著作の意思が必要であるかについて見解が分かれている[11]。ただ，共同著作の意思を必要とする見解も，その意思は黙示で足りるとするため，通常は結論に相違は生じない。結論に相違が生じる場合としては，遺著補訂の場合を挙げることができる。

著者が死亡した後，その著者の弟子等がその書籍を改訂する場合があり，これを遺著補訂というが，この遺著補訂による改訂版は，共同著作物となるのか二次的著作物となるのかで見解が分かれる。裁判例には，著者は，自己の死後に遺稿をもとに第三者が著作物を完成させることを望んでいたとしても，その

10)　大阪地判平成4年8月27日知的裁集24巻2号495頁〔静かな焔事件〕。
11)　中山242〜244頁，田村371頁など参照。意思の連絡を不要とするものとして，半田59頁。また，入門89〜91頁〔上野達弘〕参照。

第三者が具体的に誰となるかを知っていたわけではない以上，その補訂者と共同して本件著作物を創作する意思を有していたと認めることはできないというべきであるとして，共同著作物であることを否定し，二次的著作物になるとしたものがある[12]。

(3)　分離利用不可能性

最後に，分離利用不可能性の要件であるが，これは 1 枚の絵を 2 人で描いて完成させた場合や，1 点の彫刻を 3 人で完成させた場合等，各人の寄与部分のみを取り出して個別に利用することができないことをいう。物理的には分離できても，それを著作物として独立して利用できないのであれば，分離利用不可能であるということになる。音楽の場合，楽曲と歌詞は通常一体のものとして利用されているが，楽曲と歌詞はそれぞれ分離しても独立に利用可能であるため，共同著作物とはならないと考えられている。

なお，楽曲と歌詞のように，共同著作物ではないが一体的に結合して利用されるものを結合著作物という。

3　共同著作物の著作者人格権

(1)　著作者人格権の帰属

共同著作物を創作した者は，全員がその著作物の著作者（共同著作者）となる。そして，共同著作者全員が，著作者人格権を有することになる。

この共同著作者の著作者人格権は，通常の著作者人格権（⇒第 4 章）と同様に，共同著作者の各人に一身専属的に帰属し（59 条），1 つの著作者人格権を共同著作者全員で共有（準共有）するわけではない。それゆえ，他人に譲渡することはできず，相続されることもない（民 896 条ただし書）。

(2)　著作者人格権の行使の制限

共同著作物の著作者人格権は，原則として著作者全員の合意によらなければ行使することができない（64 条 1 項）。ここでいう「行使」とは，著作者人格

---

12)　東京地判平成 25 年 3 月 1 日判時 2219 号 105 頁〔基幹物理学——こつこつと学ぶ人のためのテキスト事件〕。

権の積極的な実現行為であり，例えば，未公表の作品をいつ公表するかを決めることや，著作物にどのような著作者名を表示するかを決めることである。

　ただし，各共同著作者は，信義に反して合意の成立を妨げることができないと規定されている（64条2項）。例えば，他の共同著作

> **用語解説⑤　共　有**
>
> 　1個の物の所有権を数名が分有する形態。所有権以外の財産権を数名が分有する場合は，「準共有」と呼ばれ共有と区別される場合もあるが（民264条），著作権法では，著作権についても「共有」としている（65条）。各共有者の有する割合的な権利を持分（権）という。

者への嫌がらせのために，合意しないということはできない。共同著作者の中に信義に反して合意の成立を拒む者がいる場合，他の共同著作者は，この者を相手方として訴えを提起し，認容判決を得れば，民事執行法177条により，合意があったものとみなすことができると考えられる。

　共同著作者は，そのうちからその著作者人格権を代表して行使する者を決めることができる（64条3項）。代表者となった者は，代表権が存続している間は，共同著作物の著作者人格権の行使に関しては，個々に他の共同著作者の同意を得ることなく行使でき，その行使によって生じた法律効果は共同著作者全員に帰属することになる。この代表権に制限を加えている場合，その制限について善意の第三者に対抗できない（64条4項）。

　なお，第三者による著作者人格権の侵害行為に対して差止請求権を行使することは，権利の実現ではなく権利の保全行為なので，各共同著作者は，全員の合意がなくてもすることができる（117条）。

4　共同著作物の著作権

(1)　著作権の帰属

　共同著作物の著作権は，共同著作者間の共有[※]（準共有）となる（共有著作権）。共有著作権の法的性質は，通常の著作権と同じである。共有著作権も財産権であるから，著作権法に特別の定めのないものについては，民法の共有の規定（民249条以下）が適用される（民264条）。

　したがって，各共有著作権者の持分は相等しいものと推定され（民250条），共有著作権者の1人がその持分を放棄したとき，又は死亡して相続人がないと

きは，その持分は，他の共有著作権者に帰属することになる（民 255 条）。他方，次に述べるように，共有著作権の行使や持分譲渡等に関しては，著作権法が特別規定（65 条）を設けていることから，この規定によることになる。

　なお，著作権の共有は，共同著作物の場合に限らず，著作者が 1 人である場合であっても，著作権の持分が譲渡されたり，相続されたりした場合にも生じる。また，共同著作物の場合に，すべての共同著作者の持分が誰か 1 人に譲渡されたような場合には，著作権の共有ではなくなる。

(2)　著作権の行使等の制限

　共有著作権の行使も，共有者全員の合意によらなければすることができない（65 条 2 項）。ここでいう「行使」も，著作権の積極的な実現行為であり，例えば，他人に著作物の利用を許諾することである。これは，「共有著作物の創作的意図及び共有著作物の著作権の一体的行使の観点，あるいは一般財産との対比における著作物利用の性質の特殊性」[13] が考慮されたものである。

　このように共有著作権の行使には共有者全員の合意が必要とされることから，誰が共有者となるかは他の共有者の利益に影響を与えるものである。そのため，共有者の変動を生じる（可能性のある），各共有者による持分譲渡・質権設定には，他の共有者の同意が必要とされる（同条 1 項）。ただし，持分の相続その他の一般承継の場合は，他の共有者の同意は不要であると解される。

　上記のように，共有著作権の行使には共有者全員の合意が原則として必要であるが，他方で，各共有者は，正当な理由がない限り，著作権の行使に関する合意の成立を妨げ，持分譲渡・質権設定に関する同意を拒否してはならないと規定されている（同条 3 項）。共有著作権者がどのような場合でも合意を拒むことができるとすると，著作物の利用・流通が過度に制限され，文化の発展のために好ましくない事態が生じることから，合意・同意を拒むことができる場合が制限されているのである[14]。「正当な理由」としては，利用許諾を与える相手方の財政状況が悪いため，利用料（ライセンス料）の支払が滞るおそれがあることや，利用許諾の相手方が競業者であること等が考えられよう[15]。

---

13)　加戸 458 頁。
14)　中山 278〜279 頁。

共有著作権者の中に正当な理由なく合意・同意を拒む者がいる場合は，著作者人格権の行使の場合と同様に，この者を相手方として訴えを提起し，認容判決を得れば，民事執行法 177 条により，合意・同意があったものとみなすことができると考えられる[16]。

著作者人格権の行使に関して同様の制限を課す 64 条 2 項の文言は「信義に反して」とされていたのに対し，65 条 3 項は「正当な理由がない限り」と規定されているが，これは後者の方が合意を形成することに対する協力義務が強いことを意味すると考えられている[17]。

著作権に関しても，著作者人格権の場合と同様に，各共有著作権者はその著作権を代表して行使する者を定めることができる（65 条 4 項→ 64 条 3 項）。また，第三者による著作権侵害行為に対しては，各共有著作権者は，全員の合意がなくても，差止請求や自己の持分に対する損害賠償請求をすることができる（117 条）。

(3)　著作権の存続期間

著作権の存続期間は，原則として著作者の死後 70 年の経過により満了する（51 条 2 項⇒第 5 章第 5 節）。著作者が複数いる共同著作物の場合には，共同著作者のうち，最後に死亡した著作者の死後 70 年の経過により満了する（同条 2 項

---

15)　東京地判平成 12 年 9 月 28 日（平成 11 年（ワ）7209 号）〔戦後日本経済の 50 年事件〕は，正当の理由の判断基準として，「口頭弁論終結時において存在する諸般の事情を比較衡量した上で，共有者の一方において権利行使ができないという不利益を被ることを考慮してもなお，共有著作権の行使を望まない他方の共有者の利益を保護すべき事情が存在すると認められるような場合に，『正当な理由』があると解するのが相当」と判示した。

16)　著作権の共有持分権者の持分権譲渡について同意を拒んでいた他の共有持分権者に対して，「正当な理由」がないとして同意が命じられた事例として，東京地判平成 11 年 10 月 29 日判時 1707 号 168 頁〔イメージボックス事件 1 審〕，東京高判平成 12 年 4 月 19 日（平成 11 年（ネ）6004 号）〔同事件 2 審〕参照。

　これに対して，著作権を行使しようとする共有著作権者からの差止請求権不存在確認訴訟，あるいは著作権の行使に反対する共有著作権者からの差止請求訴訟において，判決の理由中で合意・同意を拒む正当な理由の存否を判断すべきことを主張する見解もある。三村量一「共同著作物」新・裁判実務大系 265, 280 頁。この見解では，著作者人格権の行使に反対する共同著作者が存在する場合においても，著作者人格権を行使しようとする共同著作者からの差止請求権不存在確認訴訟，あるいは著作者人格権の行使に反対する共同著作者からの差止請求訴訟において，信義に反して合意の成立を妨げているかどうかを判断すべきとされる。

17)　加戸 461 頁。

括弧書）。そのため，共同著作者のうち，早くに死亡した著作者の共有著作権についても，最後に死亡した著作者の共有著作権と同じ存続期間を得ることができる。

第4節　職務著作

1　職務著作とは

職務著作とは，従業員等が職務上作成する著作物については，著作者を法人等の使用者とするという制度で，15条に規定されている。

職務著作となると，法人等の使用者が著作者となることから，著作者の権利は原始的に使用者に帰属する。それゆえ，事実行為としての創作行為を行った従業員等は，著作者ではなく，著作権法上何の権利も有しないことになる。この点において，創作者主義の例外と位置づけられるのである。

2　職務著作制度の趣旨

会社などにおいては，業務として多くの著作物をその従業員が創作している。新聞社やソフトウェア会社などのように，著作物を創作することが1つの大きな業務となっていることも珍しいことではない。このような場合，会社の従業員がその職務として創作した著作物に関して，その会社がこれを利用しようとする場合，常に創作をした従業員に許諾を得なければならないとするのは，あまりに煩雑である。また，従業員がその職務として創作した著作物については，通常，会社が会社名義で公表し，これについて何か社会的経済的あるいは法的な責任や義務が生じたときは，会社がこの責任や義務を負っていると考えられる。

そこで，このような社会的実態に即して，法人等の発意により，従業員等が職務として作成し，これを法人等の名義で公表する著作物については，法人等を著作者とする職務著作制度が設けられたのである。

3 職務著作の要件

(1) 概 説

職務著作が成立する要件は，①法人等（「法人その他使用者」）の発意に基づき，②法人等の業務に従事する者が，③職務上作成する著作物であること，④公表名義が法人等であること，⑤作成時に別段の定めがないこと，の 5 つである（15 条 1 項）。ただし，プログラムの著作物については，④の要件はない（同条 2 項）。

以下で，それぞれの要件について説明をする。

(2) 法人等の発意に基づくこと

法人等の発意とは，その著作物の作成についてのイニシアティブが法人等の側にあることをいう。例えば，上司の指示で，あるキャンペーンのパンフレットを作成した場合がこれに当たることはもちろんであるが，部下が上司にキャンペーンのためのパンフレットの作成を提案し，上司がこれを了承して作成された場合も含まれると考えられている。つまり，発意は必ずしも著作物作成の企画やアイデアの提案のみを指すのではなく，著作物作成過程全体において，法人等の側とその業務に従事する者の側のどちらにイニシアティブがあったかで判断されるものである。

発意の有無は，法人等の業務内容やその業務に従事する者との雇用形態とも相関すると考えられる。ある裁判例は，「法人等と業務に従事する者との間に雇用関係があり，法人等の業務計画に従って，業務に従事する者が所定の職務を遂行している場合には，法人等の具体的な指示あるいは承諾がなくとも，業務に従事する者の職務の遂行上，当該著作物の作成が予定又は予期される限り，『法人等の発意』の要件を満たすと解するのが相当である」と判示している[18]。

(3) 法人等の業務に従事する者であること

職務著作が成立するためには，著作物を作成したのが，法人等の業務に従事する者でなければならない。法人等の業務に従事する者について，法人等と雇用関係にある者がこれに当たることに争いはない。最高裁は，雇用関係の存否

---

18) 知財高判平成 18 年 12 月 26 日判時 2019 号 92 頁〔宇宙開発事業団プログラム事件〕。

が争われた場合には，法人等と著作物を作成した者との関係を実質的にみて，
①法人等の指揮監督下において労務を提供するという実態があるか否か，②法
人等がその者に対して支払う金銭が労務提供の対価であると評価できるかどう
かを，業務態様，指揮監督の有無，対価の額及び支払方法等に関する具体的事
情を総合的に考慮して判断すべきものとしている[19]。

　法人等と雇用契約がない者も法人等の業務に従事する者に含まれるかについ
ては，見解が分かれている。上記最高裁判決以後の裁判例では，法人等と雇用
関係がない者についても，最高裁が述べた，上記 2 点に基づいて，法人等の業
務に従事する者となるかどうかが判断されている[20]。

> CASE 3-1 の場合，派遣会社 A から派遣された X と Y 社には，雇用関係はな
> いが，X はプログラマーとしてソフトウェア会社である Y 社に派遣されており，
> そこでプログラム α の作成作業を Y 社のプログラマー B とともに行うことは，
> Y の指揮監督下において労務を提供しているという実態があるといえよう。そ
> れゆえ，Y 社が A に支払っている X の派遣料の額，X が A から受け取ってい
> る給料の額などの具体的事情を総合的に考慮して，労務提供の対価であると評
> 価できる場合，X は Y 社の業務に従事する者に該当すると考えられる。

(4)　職務上作成する著作物であること

　職務著作となるための 3 つ目の要件は，職務上作成する著作物であることで
ある。「職務上作成」とは，法人等の業務に従事する者に与えられた職務とし
て著作物を作成することをいい，たとえ，勤務時間外において作成されたとして
も，職務として作成されたものであれば，この要件を満たす。

　これに対して，職務とは直接の関連なく作成された著作物や，職務を遂行し
ている過程において，職務との関連で作成され，あるいは職務から派生して作
成された著作物は，職務上作成するものとはならない。例えば，大学の教員は
講義を行うことは職務であるが，この講義のために作成する講義案等について

---

[19]　最判平成 15 年 4 月 11 日判時 1822 号 133 頁〔RGB アドベンチャー事件〕。

[20]　大阪地判平成 17 年 1 月 17 日判時 1913 号 154 頁〔セキスイツーユーホーム事件〕，知財高判
　　平成 18 年 9 月 13 日判時 1956 号 148 頁〔グッドバイ・キャロル事件〕，東京地判平成 25 年 7 月
　　19 日（平成 23 年（ワ）785 号）〔週刊ホンダ CB750FOUR 事件 1 審〕。

は，職務著作は成立しないと解されている[21]。

⑸　公表名義が法人等であること

　職務著作が成立するためには，著作物が「その法人等が自己の著作の名義の下に公表するもの」であることが必要である。したがって，職務上作成された著作物であっても，作成者本人の名義で公表される場合は，職務著作は成立しない。

　「自己の著作の名義の下」とは，自己が著作者であることを明示することを意味する。それゆえ，単に発行者として会社の名前を表示しているだけでは，この要件を充足しない。また，例えば，書籍の表紙に「A社システム部部長X」と記載されている場合，このA社という表示は，通常は単にXの肩書きを表しているだけであると考えられるため，これをもってA社名義での公表がなされたと評価することはできないであろう[22]。反対に，新聞の論説などの記名記事については，その表示が著作者名義として表示されていると評価できる場合には，この要件を充足せず，職務著作は成立しないと解されている[23]。

　また，「公表するもの」とは，既に公表された著作物だけでなく，未公表の著作物であっても，仮に公表されるとすれば，法人等の名義で公表されるものも含まれる[24]。

　プログラムの著作物については，著作者名を公表することが予定されていないものが少なくないことから，職務著作の成立に関して，公表名義の要件は不要となっている（15条2項）。そのため，プログラムの著作物を作成した従業員がこれを個人名義で公表する場合であっても，職務著作が成立し得ることになる[25]。

⑹　作成時に別段の定めがないこと

　上記4つの要件を充足していたとしても，作成の時における契約，勤務規則

---

21)　加戸147頁。

22)　知財高判平成18年10月19日（平成18年（ネ）10027号）〔計装工業会講習資料事件〕，大阪高判平成24年12月26日（平成24年（ネ）1019号）〔漢字能力検定協会事件〕参照。

23)　入門106〜107頁〔上野〕。また，加戸148頁参照。

24)　東京高判昭和60年12月4日判時1190号143頁〔新潟鉄工事件〕。

25)　加戸150頁。

等に別段の定めがある場合は，職務著作は成立しない。

　別段の定めは，その著作物の「作成の時」に存在するものだけが問題となり，作成時になければ，作成後に存在しても，職務著作の成立は否定されない。これは，既に創作された著作物の著作者を，事後の契約等によって変更することができないという意義を有する。著作者たる地位は契約等によって移転することができないことの現れでもある。

4　職務著作の効果

　職務著作が成立すると，その著作物について，法人等が著作者となるという効果が生じる。著作者は著作者人格権及び著作権の原始的帰属主体であるから（17条1項），法人等がその著作物についての著作者人格権及び著作権を有する。

　なお，職務著作の場合と必ずしも一致するわけではないが，法人その他の団体が著作の名義を有する著作物の著作権の存続期間は，その著作物の公表後70年を経過するまでの間である（53条⇒第5章第5節3(2)）。

> CASE 3-1 の場合，プログラム α に関して，B はもちろんのこと，X についても前述の要件を充足し職務著作が成立する場合，プログラム α の著作者は Y 社になると考えられる。X について職務著作が成立しない場合は，X と Y 社が共同著作者になる。

第5節　映画の著作物の著作者・著作権者

1　映画の著作物の著作者

　映画の著作物（10条1項7号⇒第2章第2節8）は，通常，多くの者が関与して創作されるものであり，誰がその著作者となるかは明確でない場合が多い。また，映画の著作物が共同著作物となる場合，その著作者人格権の行使に当たって全員の合意が必要となるため（64条1項⇒本章第3節3(2)），その利用に対する大きな制約となる。たった1人の共同著作者が合意しなかった場合であっても，膨大な予算をかけて製作された映画が公開できなくなることを考えれば，

その弊害が看過できないことは明らかであろう。

　そこで，著作権法16条は，映画の著作物の著作者となることができるものを，「制作，監督，演出，撮影，美術等を担当してその映画の著作物の全体的形成に創作的に寄与した者」（これらの者は，モダンオーサーと呼ばれる）と規定している。

　また，同条では，「映画の著作物において翻案され，又は複製された小説，脚本，音楽その他の著作物の著作者」，例えば，原作小説の小説家や映画脚本の脚本家，映画音楽の音楽家（これらの者は，クラシカルオーサーと呼ばれる）は，映画の著作物の著作者から除外されている。これらの者は，映画の著作物に翻案・複製された著作物の著作者としての権利を有することから，映画の著作物の著作者としなくても，その権利保護は足りていると考えられたためである[26]。

　なお，職務著作（15条⇒本章第4節）が成立する場合は，本条は適用されない（16条ただし書）。この場合，映画の著作物の著作者は法人等となる。職務著作の成立要件は，映画の著作物の場合であっても異ならないので，映画を法人等の名義で公表するなどの要件を充足する必要がある。

2　映画の著作物の著作権者

(1)　概　説

　29条1項は，映画の著作物の著作権は，その著作者が映画製作者に対し当該映画の著作物の製作に参加することを約束しているときは，当該映画製作者に帰属すると規定する。映画製作者とは，「映画の著作物の製作に発意と責任を有する者」（2条1項10号）と定義されており，当該映画の創作を行わない者であっても，映画製作に関しての発意と責任を有すれば，映画製作者となる。

　それゆえ，映画の著作物の著作者でない映画製作者が，一定の要件のもと，その著作権の帰属主体となることが認められるため，「著作者に著作者人格権と著作権が原始的に帰属する」とする創作者主義の例外である。

(2)　趣　旨

　29条1項の立法趣旨は，従来，映画の著作物の利用については，映画製作

---

26)　加戸152頁参照。

者と著作者の間の契約によって，映画製作者の権利行使に委ねられているという実態があったことや，映画は通常，映画製作者が巨額の製作費を投入し，企業活動として製作し公表するという形態をとる特殊な著作物であること，さらに，映画には前述の通り，著作者の地位に立ち得る多数の関与者が存在し，それらの者すべてに著作権行使を認めると，映画の円滑な流通を阻害するおそれがあることから，映画製作者へ著作権を与えることが最も適当であると考えられたためとされている[27]。

(3) 要 件

(a) 映画の著作物　29条1項の適用を受けるためには，「映画の著作物」（10条1項7号⇒第2章第2節8）であることが必要である。

(b) 映画製作者　映画製作者とは，「映画の著作物の製作に発意と責任を有する者」である（2条1項10号）。「発意と責任を有する者」とは，「映画の著作物を製作する意思を有し，著作物の製作に関する法律上の権利義務が帰属する主体であって，そのことの反映として同著作物の製作に関する経済的な収入・支出の主体ともなる者」と解されている[28]。映画製作者は，創作に寄与していなくても著作権を取得できることになることから，それに見合った特別の経済的リスクを負っていることが必要と考えられているのである[29]。

(c) 参加約束　「著作者が映画製作者に対し当該映画の著作物の製作に参加することを約束している」（29条1項）ことが必要である。

この「約束」の意義・法的性質は明らかではないが，契約がこれに含まれることは争いがない。また，書面の作成などの要式は要求されていないので，口頭による約束でもよい。約束の対象は「製作に参加すること」であるから，当該映画の著作物の著作権を製作者に帰属させる意思は不要であると解される[30]。

---

27) 加戸221頁。

28) 知財高判平成18年9月13日判時1956号148頁〔グッドバイ・キャロル事件〕，東京高判平成15年9月25日（平成15年（ネ）1107号）〔マクロス事件〕，東京地判平成18年12月27日判タ1275号265頁〔CRフィーバー大ヤマト事件〕参照。近時のテレビCM原版に関する，知財高判平成24年10月25日（平成24年（ネ）10008号）〔ケーズデンキ事件〕では，広告主が映画製作者となると判断された。

29) 入門113頁〔上野〕。

30) 入門114頁〔上野〕。

著作者が参加契約等で，映画製作者に帰属する著作権の権利行使について，条件を課すことは可能である[31]。

　(d)　職務著作でないこと　　職務著作が成立する場合には，29条1項は適用されない（29条1項括弧書）。この場合は，著作権は，著作者となる法人等に帰属する。

(4)　効　果

29条1項の要件を充足すると，映画の著作物の著作権は，映画製作者に帰属することになる。

「帰属する」とは，著作権が著作者に原始的に発生すると同時に，何らの行為又は処分を要せずして法律上当然に，その著作権が映画製作者に移転するという効果を発生させることを意味すると解されている[32]。これに対して，「帰属する」とは，映画製作者に原始的に帰属することを意味すると解する見解も有力に主張されている[33][34]。

(5)　テレビ放送用固定物

映画の著作物であっても，テレビ番組については，29条2項において特別な規定が置かれている。同項は，「専ら放送事業者が放送又は放送同時配信等のための技術的手段として製作する映画の著作物」については，映画製作者としての放送事業者には，その著作物を放送する権利，放送されるその著作物について有線放送・特定入力型自動公衆送信・受信装置を用いた公の伝達を行う権利（1号），その著作物を放送同時配信等する権利，放送同時配信等される

---

31)　加戸223頁。

32)　入門115頁［上野］参照。

33)　中山281頁，田村390頁。

34)　なお，29条1項により映画製作者が映画の著作物の著作権を取得するためには，映画の著作物として完成することが必要であるから，参加約束のみで未だに完成されていない映画の著作物について映画製作者が著作権を取得することはない。したがって，編集作業が行われていないなど，まだ映画の著作物として完成していると認められない段階における未編集のフィルムに記録されている映像については，その記録されている映像がそれ自体で創作性のある映像著作物といえる場合は，その映像著作物の著作権は，その撮影に関わった映像著作物の著作者に帰属することになると解される。東京高判平成5年9月9日判時1477号27頁〔三沢市勢映画製作事件〕参照。

その著作物について受信装置を用いた公の伝達を行う権利（2号），その著作物を複製する権利，その複製物により放送事業者に頒布する権利（3号）だけが帰属する旨を定めている。有線放送事業者についても同様の規定がある（同条3項）。

　ここで，「専ら」とは，「専ら放送事業者（有線放送事業者）」であることと，「専ら……放送（有線放送）又は放送同時配信等のための技術的手段として」であること，の2つの箇所に係っていると解されている[35]。

　このように，（有線）放送事業者には，著作権の全部ではなく，一部しか帰属しないこととされているのは，劇場用映画の映画製作者と対比してテレビ局は，番組製作に当たって莫大な投資を行っているわけではなく，また，テレビ番組は製作段階では，当該番組をDVD等で販売したり，劇場で上映したりすることが通常は予定されていないためであるとされている[36]。

---

35)　入門116頁［上野］，加戸224頁。
36)　入門117頁［上野］。

第 **4** 章
著作者人格権

第1節 総　論

❖*POINT*❖

◆　著作者人格権とは，著作者の著作物に関する人格的利益を保護する権利である。条文上は，公表権，氏名表示権，同一性保持権の３つがある。また，独立した権利としては規定されていないものの，著作者の名誉又は声望を害する方法によりその著作物を利用する行為も規制される。

◆　著作者人格権は他人に譲渡することができず，著作者の死亡により消滅する。ただし，一定の限度で死後の保護も認められている。

1　著作者人格権とは

　著作権法 17 条 1 項によれば，著作物を創作した著作者は，いかなる方式の履行をも必要とせず（17 条 2 項），著作権（⇒第 5 章）とともに，著作者人格権も有するとされている。本章では，著作者人格権について記述する。

　著作者人格権とは，著作者の自己の著作物に関する人格的利益を保護するための権利である。音楽や美術等の古典的な著作物を例に取ると，著作者である作曲家や画家は，何らかの思いを持ってそれを表現するべく楽曲を作り，あるいは絵画を描くものである。つまり著作物は，著作者の思想・感情といった内面の発露によって創作される。その意味で，著作物は著作者の人格が反映されたものということもできる。そうだとすると，著作物の取扱いによっては，著作者の人格的利益に悪影響を及ぼすことも考えられる。そのような事態を防ぎ，著作者が自分の思い入れやこだわりを守ることを認める権利が著作者人格権である[1]。

　著作者人格権は，条文上３つのものが認められている。著作物の公表に係る公表権（18条），著作者名の表示に係る氏名表示権（19条），そして著作物の完全性を維持するための同一性保持権（20条）である。

　著作者人格権は以上の３つであるが，それ以外に著作者の名誉又は声望を害する方法によりその著作物を利用する行為も著作者人格権を侵害するものとみなされる（113条11項）[2]。したがって，著作者人格権として直接規定されているわけではないものの，著作者の名誉又は声望に係る一定の利用行為も規制されることとなっている[3][4]。

　著作者人格権は著作者の人格的利益を保護するものであるから，他の一般的な人格権と同様，一身専属のものであって譲渡することができず（59条），相続も認められない（民896条ただし書）。著作者の死亡（著作者が法人の場合は解散）により消滅する。もっとも，後述の通り，著作者の存しなくなった後においても，一定の範囲で人格的利益の保護が図られている（60条）。

---

1)　もっとも，プログラム等の著作物については，必ずしも人格的な要素が強くないと考えられるため，著作者人格権の強い保護に疑問を呈する向きもある。著作者人格権の放棄に関連して，中山587～588頁等。立法論として，高林231頁注1，田村405頁も参照。

2)　なおその他，113条1項1号・2号において，著作者人格権を侵害するような行為により作成された物について，輸入や頒布等に係る一定の行為が，また113条8項では，権利管理情報の付加，除去等に関連する一定の行為が，各々著作者人格権侵害に係るみなし侵害となっている（著作権侵害に関し⇒第5章第4節2・6）。

3)　この点，ベルヌ条約6条の2においては，「著作物の創作者であることを主張する権利」と「著作物の変更，切除その他の改変又は著作物に対するその他の侵害で自己の名誉又は声望を害するおそれのあるものに対して異議を申し立てる権利」について，その保護が要求されており，各々わが国著作権法の氏名表示権と同一性保持権及び113条11項のみなし著作者人格権侵害に概ね相当するものと評価できる（コンメ(1)811頁〔松田政行〕参照）。もっとも，ベルヌ条約はミニマムスタンダードを定めるにすぎず，わが国著作権法は，これらに加えて，さらに条約が沈黙している公表権を規定し，また名誉又は声望を害することを要件としない同一性保持権を認めていることから，ベルヌ条約において要求されるよりも強い著作者人格権の保護を認めているといえる。

4)　なお，一般的な人格権と著作者人格権の関係については議論があるところであり（中山578～580頁，高林234頁，田村403～405頁等参照），これに関連して，公立図書館において閲覧に供されている著作物の著作者の有する「著作物によってその思想，意見等を公衆に伝達する利益」は「法的保護に値する人格的利益」であるとした事案がある（最判平成17年7月14日民集59巻6号1569頁〔船橋市西図書館事件〕）。

2　著作権との関係

> CASE 4-1　A は，著作物である写真 α を撮影し，そのデータを近しい友人であ
> る B と C に共有した。
> 　B は，写真 α をデコレーションするなどして勝手に改変・翻案し，さらに自分
> の公開の SNS 上に掲載した。
> 　C は，私的使用の目的で写真 α をデコレーションするなどして勝手に改変・翻
> 案して利用した。
> 　B，C の行為は，著作権法上どのような問題があるか。

　著作権と著作者人格権との関係について，わが国においては，両者は基本的
に関係がなく，別個独立に存在しているものと理解されている（いわゆる二元
論）。原則として，著作権は著作者の死後 70 年の限度で存続し（51 条⇒第 5 章
第 5 節），譲渡（61 条）等，自由に処分することができる。これに対して，著作
者人格権は，先述のように，あくまで著作者固有の人格的利益を守るための権
利であるから，一身専属のものとされ（59 条），著作者が死亡等すれば著作者
人格権も消滅する。

　したがって，権利の帰属の場面では，例えば作家が出版社にその作品の著作
権を譲渡した場合や，映画の著作物に係る著作権帰属の特例が適用される場合
（29 条 1 項⇒第 3 章第 5 節）等のように，著作権を有する著作権者と著作者人格
権を有する著作者が別人となることもあり得る。

　また，権利侵害の場面では，ある行為について，著作権侵害と著作者人格権
侵害が両方成立することもある。さらに，ある行為について，著作権の範囲に
含まれない場合，あるいは権利制限規定（⇒第 6 章）が適用された結果著作権
侵害が否定される場合等であったとしても，それとは別に著作者人格権侵害が
認められることもあり得る（後者につき 50 条参照）[5)6)]。

> **CASE 4-1 の考え方**
> 　Ｂの行為については，Ａの著作権の侵害（改変行為による翻案権侵害，公開の SNS へのアップロードによる二次的著作物に係る複製権侵害，及び送信可能化権・公衆送信権侵害）が成立する一方で，別に著作者人格権の侵害（公表権，氏名表示権，同一性保持権侵害）の成否が問題となる。
> 　Ｃの行為については，私的複製に伴う翻案（30 条 1 項，47 条の 6 第 1 項第 1 号）として，Ａの著作権の侵害（翻案権侵害）は否定されるとしても，別に著作者人格権の侵害（同一性保持権侵害）の成否が問題となる。

3　著作者の同意

　著作者人格権は著作者の人格的利益を保護するための権利であるから，著作者自身が著作者人格権の及ぶ行為について具体的に同意すれば，原則として著作者人格権侵害は生じないと考えられている[7]。

　もっとも，一般的な著作者人格権の放棄や，包括的な同意等が許されるか否かについては，著作者人格権の性質や，著作物の経済的利用の側面等を巡って，議論のあるところである[8]。

---

5)　氏名表示権につき，最判令和 2 年 7 月 21 日民集 74 巻 4 号 1407 頁〔リツイート事件〕は，「著作権法 19 条 1 項は，文言上その適用を，同法 21 条から 27 条までに規定する権利に係る著作物の利用により著作物の公衆への提供又は提示をする場合に限定していない。また，同法 19 条 1 項は，著作者と著作物との結び付きに係る人格的利益を保護するものであると解されるが，その趣旨は，上記権利の侵害となる著作物の利用を伴うか否かにかかわらず妥当する。そうすると，同項の『著作物の公衆への提供若しくは提示』は，上記権利に係る著作物の利用によることを要しない」と述べる。

6)　もっとも，私的複製（30 条⇒第 6 章第 2 節 1）や引用（32 条⇒第 6 章第 7 節）との関係で，これらの著作権に係る権利制限規定の趣旨に鑑みて，著作者人格権を制限的に解釈することを指摘するものとして，中山 593〜594 頁。引用により著作権侵害が否定される場合に，これを考慮して同一性保持権の制限規定である 20 条 2 項 4 号の適用を認めたものとして，東京地判平成 10 年 10 月 30 日判時 1674 号 132 頁〔「血液型と性格」の社会史事件〕。

7)　なお氏名表示権につき，121 条では「著作者でない者の実名又は周知の変名を著作者名として表示した著作物の複製物……を頒布」することが刑事罰の対象となっていることから，たとえ著作者であっても，公衆を欺くことは認められないとして，いわゆるゴーストライターのような，著作者でないものを著作者として著作物に表示することまでは，著作者の同意として認められていないとの指摘がある（田村 411 頁）。そのような内容の合意は 19 条，121 条の趣旨に反し無効とするものとして知財高判平成 18 年 2 月 27 日（平成 17 年（ネ）10100 号，平成 17 年（ネ）10116 号）〔ジョン万次郎像事件〕（ただし傍論か）。

4　法人と著作者人格権

　職務著作として，法人等は，その従業員等によって職務上作成された著作物について著作者になり得る（15条⇒第3章第4節）。そのため，自然人ではない法人が著作者となり（法人著作），著作権だけでなく著作者人格権を有することも認められている。

　もっとも既に触れた通り，著作者人格権は，著作物に著作者の人格の発露が認められることから付与された，著作者の人格的利益を守るためのものである。精神的活動をそれ自体としては行わない法人において，はたしてその意味での人格的利益が認められるのか，議論の余地がある[9]。そのため，法人が著作者となる場合の著作者人格権については，制限的に理解すべきとの指摘もある[10]。

5　著作者人格権侵害の効果

　著作者人格権を侵害する者に対して，著作者は，著作権侵害の場合と同様に，差止請求等（112条，侵害のおそれがある場合も含む⇒第7章第2節）や損害賠償請求（民709条⇒第7章第3節）をすることが可能である。また特徴的な救済手段として，名誉回復等の措置請求（115条⇒第7章第4節）も認められている。これは故意又は過失により著作者人格権を侵害された場合に，「損害の賠償に代えて，又は損害の賠償とともに」認められるものであるため，損害賠償請求と並行して請求することも可能である。具体的な救済方法としては，謝罪広告等が考えられる[11]。なお刑事罰も規定されている（119条2項1号⇒第7章第7節）。

---

8)　中山580〜588頁，田村409〜412頁。
9)　中山588〜590頁，渋谷519〜521頁。
10)　中山590頁，高林231頁。この点，東京地判平成10年10月29日知的裁集30巻4号812頁〔SMAPインタビュー記事事件〕は，法人著作の事案において，著作権に係る損害賠償請求と，著作者人格権に係る損害賠償請求が同時になされたものであるが，裁判所は「原告出版社らはいずれも法人であり格別の精神的損害を被ったとは認められないこと，著作権侵害と著作者人格権侵害が同一の行為により生じたものであるところ，右侵害行為による著作権侵害の損害につき……賠償請求を認容していること」を理由に，前者の請求を認めたうえで，それで足るとして，後者の請求を認めなかった。

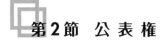

第2節　公 表 権

❖*POINT*❖

- ◆ 公表権は，著作物の公表の可否，方法，時期を決定する権利である。
- ◆ 公表権は，未公表の著作物に関してのみ認められる。
- ◆ 公表権は，一定の場合に同意が推定され，さらに行政機関情報公開法等との関係で，同意したとみなされる場合，あるいはそもそも公表権が適用されない場合が規定されている。

CASE 4-2 Aは，短編小説αを執筆し，同じ小説サークルに属するBにそのコピーを渡して意見を求め，また同じくCに渡してその英文翻訳を頼んだ。

Bは，短編小説αを勝手に公開のSNS上に掲載した。

Cは，短編小説αを翻訳した後，その翻訳した英文短編小説βを勝手に公開のSNS上に掲載した。

B，Cの行為は，Aの短編小説αに係る公表権を侵害するか。

1　趣　　旨

著作物を公表するかどうか，また公表するとして，いつ，どのように公表するかは，著作者にとって重要な関心事であろう。例えば習作だった場合や，後日修正を加える予定だった場合等，著作者にとって世に出したくない著作物や，何かの記念日に発表したい著作物等が考えられよう。このような著作物の公表に関する著作者の人格的利益を保護するため，その公表につき著作者にコントロールする権利を付与したものが，公表権（18条1項）である[12]。

---

11)　中山 594〜596 頁，779〜780 頁。なお，最判昭和 61 年 5 月 30 日民集 40 巻 4 号 725 頁〔パロディ・モンタージュ写真事件（第二次上告審）〕では，謝罪広告を認めるためには，著作者の名誉感情が害されただけでは足りず，社会的名誉声望が害されることが要求されると判断された。謝罪広告を認めた事例として，例えば東京地判平成 5 年 8 月 30 日知的裁集 25 巻 2 号 310 頁〔目覚め事件 1 審〕（東京高判平成 8 年 4 月 16 日知的裁集 28 巻 2 号 271 頁〔同事件 2 審〕でも維持），客観的な事実経緯を周知するための広告措置を認めた事例として，知財高判平成 22 年 3 月 25 日判時 2086 号 114 頁〔駒込大観音事件〕。

12)　なお，未公表の著作に係るものは差押禁止動産，差押禁止財産とされている（民事執行法 131 条 12 号，国税徴収法 75 条 1 項 11 号）。

2　公表権の内容

公表権は，未公表の著作物を公衆に提供・提示することを対象としている。具体的には，①未公表の著作物（「著作物でまだ公表されていないもの」）を公表するか否かを決定する権利，②未公表の著作物の公表方法を決定する権利，③未公表の著作物の公表時期を決定する権利を内容とするものとされている[13]。

また，未公表の著作物の著作者の公表権は，その著作物を原著作物とする二次的著作物（2条1項11号⇒第2章第3節1）についても及ぶ（18条1項後段）。二次的著作物が公衆に提供・提示されると，その元となった原著作物についても，公衆に知られ得るためである。したがって，例えば，未公表の小説を元にした映画作品の公開については，原著作物である小説の著作者の同意を得る必要がある。なお，未公表の小説のアイデアを元にした映画作品が公開された場合には，著作物の表現が公表されたわけではないので，公表権は及ばない[14]。

(1)　「著作物でまだ公表されていないもの」

公表権は，未公表の著作物を対象とするもので，一旦公表されてしまった著作物については，著作者は公表権を有しない。既に公衆に知られている以上，公表に関して著作者に守られるべき利益が認められないためである。

著作物の公表とは，発行（著作権を有する者やその者から利用許諾を受けた者等によって，その性質に応じ公衆の要求を満たすことができる相当程度の部数の複製物が作成され，頒布されること。3条1項。なお翻訳物に関する2項も参照）されるか，又は著作権を有する者やその者から利用許諾を受けた者等によって上演等の方法で公衆に提示された場合が典型である（4条1項）[15][16]。したがって，そもそもその著作物につき著作権や利用許諾を得ていない第三者が，著作物を出版したり公衆へ向けて演奏したりしても，その著作物は公表されたとはいえない。

なお，18条1項括弧書にある通り，著作者の同意を得ないで公表された著作物についても，公表権との関係では未公表のものとされている。著作者の同

---

13)　加戸164頁，コンメ(1)766〜767頁［半田正夫＝菊地史晃］。
14)　田村415頁参照。
15)　他にも一定の類型につき，公表されたものとみなす規定が存在する。4条2項・3項・4項参照。

意がなくても，著作権者の許諾を得て発行等がされれば，4 条にいう公表がされたことになるが，その場合でも，著作者の公表権を担保するものである[17]。

(2)　公衆への提供・提示

上記の定義に基づく未公表の著作物について，著作者は，公衆への「提供」（印刷物の販売等，有体物を伴う行為。なお数量的に発行のように相当程度の部数が要求されることはない），又は「提示」（上演等，有体物を伴わない無体的な行為）につき，その可否，方法，時期をコントロールする権利を有する[18]。そのため，著作者に無断で未公表の著作物を出版したり公衆に向けて上演等したりすると，その公表権を侵害することとなる[19]。

3　公表権の制限

(1)　同意の推定

既に触れたように，原則として著作者が同意をすれば公表権の侵害は生じない。この点につき，著作権や著作物に係る作品の所有権との関係で，以下の場面においては，著作者の同意が推定されている（18 条 2 項）。

まず，①未公表の著作物に係る著作権を譲渡した場合には，その著作物をその著作権の行使により公衆に提供し，又は提示することについて，同意したと推定される（18 条 2 項 1 号）。通常，著作物の利用を念頭に置いて著作権が譲渡されることに鑑みれば，原則として公衆への提供・提示を制限すべきではない

---

16)　東京地判平成 12 年 2 月 29 日判時 1715 号 76 頁〔中田英寿事件〕は，原告である著名なサッカー選手が中学校在籍当時に創作し，学年文集に掲載した詩について，無許諾でこれを収録した書籍が出版された事案であり，原告は，学年文集に掲載された程度では限定された範囲での配布しかなされていないことから，未だ公表されたとはいえないと主張したが，裁判所は，この文集が学校の教諭及び同年度の卒業生に合計 300 部以上配布されたものであるから，多数の者の要求を満たすに足りる部数の複製物が作成されて頒布されたものといえ，その詩は公表されたものと判断した。

17)　加戸 163〜164 頁参照。

18)　加戸 164 頁。

19)　公表権侵害が問題となった事例として，例えば，近時の東京地判平成 30 年 12 月 11 日判時 2426 号 57 頁〔ASKA 事件〕や，後述の 60 条に係るもの（⇒本章第 6 節）であるが，東京地判平成 11 年 10 月 18 日判時 1697 号 114 頁〔三島由紀夫手紙事件 1 審〕，東京高判平成 12 年 5 月 23 日判時 1725 号 165 頁〔同事件 2 審〕。なお，公表権侵害が問題になる場面の大半は，著作権侵害も同時に問題となるため，公表権だけが問題となる場面は限られる（田村 420〜421 頁参照）。ただし，損害賠償額の算定につき実益も指摘される（中山 598 頁参照）。

という趣旨である。ここでいう著作権の譲渡は，著作権全体だけでなく，その一部の支分権の譲渡も含まれ，その権利の行使の限りで同意が推定される[20]。

また，②未公表の美術や写真の著作物について，その原作品を他人に譲渡した場合には，その原作品による展示の方法で公衆に提示することについて，同意したと推定される（18条2項2号）。美術品等の原作品を購入するなどして所有権を取得した者がいる場合等を念頭に，原則としてその所有権を尊重し，その原作品たる美術品等自体を展示する方法で公にすることができるよう，設けられた推定規定である。展示の方法のみが規定されており，その他の方法による公衆への提示については同意の推定が認められない。

さらに，③著作権法29条により映画の著作物の著作権が映画製作者に帰属した場合（⇒第3章第5節2）は，その著作権の行使により，その映画の著作物を公衆に提供し，又は提示することについて，監督等の著作者が同意したと推定される（18条2項3号）。映画の著作物の円滑な利用を確保するための規定である[21]。

もっとも，これらはあくまで同意が推定されるというだけであり，反対約束の存在により，この推定は破られることとなる。

(2) 行政機関情報公開法等との関係

さらに，行政機関情報公開法等との関係から，公衆への提供・提示に同意したとみなされる場合（18条3項。ただし著作者は開示・利用の決定までに別段の意思表示をすることで適用を避けることができる。各号括弧書参照）や，強度の公益上の必要性等により，そもそも公表権が適用されない場合がある（18条4項）[22]。

---

20) 加戸166頁。なお，利用許諾がされた場合については規定されていないが，写真の利用について包括的許諾のあった事例において，その公衆への提供についても包括的に同意されていたとして，18条2項1号を「参照」し，公表権侵害を否定した裁判例もある（知財高判平成25年12月25日（平成25年（ネ）10076号）〔週刊ホンダ CB750FOUR 事件〕）。

21) コンメ(1)768頁〔半田＝菊地〕。

22) なお，いずれの場合も4条にいう「公表」には該当しないことから，18条3項や4項により未公表の著作物が公衆に提供・提示されたとしても，著作者は引き続き公表権を保持すると指摘される。加戸168頁。

CASE 4-2 の考え方

　Aは，短編小説αを創作したので，その著作者となる。短編小説αは，その
コピーがBとCの手に渡っているものの，限られた仲間内で2人に渡っただ
けであるから，未だ発行されたとはいえないため，未公表の著作物といえる。
したがって，Aは短編小説αにつき公表権を有する。

　Bは，未公表の著作物である短編小説αをAに無断で公開のSNS上に掲載
し，公衆に提示していることから，Bの行為はAの公表権を侵害するものと
いえる。

　Cは，未公表の著作物である短編小説αを，Aの許諾を得て翻訳して英文短
編小説βを創作しており，英文短編小説βは短編小説αの二次的著作物といえ
る。CはこれをAに無断で公開のSNS上に掲載し，公衆に提示しているが，
Aは，原著作物たる未公表の短編小説αのみならず，二次的著作物である英文
短編小説βについても公表権を有することから，Cの行為はAの公表権を侵
害するものといえる。

第3節　氏名表示権

◆POINT◆

- ◆　氏名表示権は，著作者名の表示の有無，及び表示する場合の氏名を決
定する権利である。
- ◆　著作者名の表示について，既存の表示を維持すればよい場合がある。
- ◆　一定の場合に，著作者名の表示を省略できる。
- ◆　行政機関情報公開法等との関係で，氏名表示権の制限が存在する。

CASE 4-3　Aは小説αを執筆し，これを小説サークルBに投稿した。小説サ
ークルBを主催するCは，Aの小説αを掲載することに決め，他の投稿者の小
説等もまとめて，一冊の同人誌として頒布した。しかし，その同人誌には，表紙
に小説サークルBの名前のみが記載されており，各小説には著作者の氏名は記
載されておらず，あとがきに協力者としてAら著作者の氏名が記載されていた。
Cの行為は，Aの氏名表示権を侵害するか。

1　趣　旨

　世の中に存在する著作物の多くには，著作者の名前が付されている。著作物が誰の創作によるものかを明らかにすることは，その著作者にとって極めて重要な人格的利益であろう。自分の作曲した曲が勝手に別人の名義で公開されれば，著作者の人格的利益が害されることは容易に想像できる。著作者名として実名を表示するか，ペンネームやハンドルネーム（変名）にするか，そもそも著作者名を表示せず無名とするか，こういった事項は著作者のこだわりの最たるものであり，著作者の判断に委ねるべき事項である。

　このような著作物に付される著作者名の表示をコントロールする権利が，氏名表示権（19条1項）である。

2　氏名表示権の内容

　氏名表示権は，具体的には，①著作者名を表示するか否かを決定する権利，②著作者名を表示する場合に，どのような氏名を付けるかを決定する権利を内容とするものとされている[23]。

　また，公表権について述べたのと同様に（⇒本章第2節2），二次的著作物についても，原著作物の著作者の氏名表示権が及ぶ（19条1項後段）。したがって，例えば，小説を元にした映画作品については，原著作物である小説の著作者名の表示にも注意する必要がある。

(1)　氏名表示権の2つの場面

　氏名表示権は，2つの場面を対象としている。

　まず，①著作物の原作品に著作者名を表示する場面であり，公衆に提供・提示することが要件となっていないため，私的な領域においても（例えば，自宅で勝手に原作品に付されている著作者名を書き換えても）氏名表示権が及ぶ。典型的には，絵画や彫刻の原作品に著作者名を表示することが挙げられよう。もっとも，条文上著作物の種類は限定されていないため，論文の手書き原稿等についても氏名表示権が及ぶことになる[24]。

---

23)　加戸170頁，中山602頁。

　次に，②（原作品に限らず複製物も含めた）著作物の公衆への提供・提示に際
して著作者名を表示する場面であり，例えば出版物に著作者名を表示すること
が挙げられる。

　なお，著作物の原作品への，あるいはその著作物の公衆への提供若しくは提
示に際しての著作者名の表示が対象であるから，著作物と関係ない場面では氏
名表示権は働かない。したがって例えば，著作物のタイトルに係るデータベー
スを作成して公衆に公開するに際し，作品の著作者名を間違えてしまったとし
ても，著作物自体を提供・提示する際に付しているわけではないため，氏名表
示権侵害の問題は生じない[25]。

(2)　著作者名の表示

　著作者は上記の2つの場面において，表示されるべき著作者名について，実
名を表示するか，変名を表示するか，又はそもそも著作者名を表示しないかを
選択する権利が与えられている。したがって，例えば著作者の実名を表示した
としても，著作者がペンネームによる公表を望んでいた場合には，実名は著作
者の選択した著作者名ではないため，氏名表示権を侵害するものとなる。

　表示の態様としては，本の表紙に著作者の名前を印字する場合もあれば，絵
画の落款，音楽の著作物について演奏前に作品紹介をする際の作曲家の名前の
紹介等，多様な態様がある[26]。

　また，たとえ著作者の望む氏名が表示されていても，それが「著作者名とし
て」表示されていなければならない。したがって例えば，著作者の氏名の表示
自体はあっても，その表示が監修，協力といった名目のものであれば，著作者
名として表示されているわけではないため，多くの場合氏名表示権の侵害が認
められるだろう[27]。

---

24)　田村 428 頁。
25)　中山 604 頁参照。
26)　19 条 2 項に関する事例であるが，前掲注 5）最判令和 2 年 7 月 21 日では，著名な SNS であ
る Twitter 上のリツイート（インラインリンクの一種）により，著作物たる写真の画像上の氏
名表示部分がトリミングされ，その氏名表示部分のない写真の画像が表示されたことをもって，
（たとえ当該トリミングされた画像をクリック等することで，元の氏名表示部分を含む写真の画
像全体が表示されるとしても）著作者名が表示されているとは言えないとして，氏名表示権侵
害が認められた。

3　氏名表示権の制限

(1)　既存の著作者名の表示

　もっとも，著作物の利用の度に著作者に著作者名の表示をどうするか確認するということは実際上困難である。そこで，著作権法19条2項は，いったん著作者が一定の著作者名の表示をした場合には，原則として利用者はそれに従って著作者名を表示することができると規定している。これは，既に著作者が一度表示される著作者名を選択していることから，それに従う限りは著作者の人格的利益を害するものではないと考えられるためである。ただし，著作者が別段の意思表示をした場合は別である（19条2項）。とはいえ，これについても，わざわざ利用者が著作者に確認する必要があるというものではなく，著作者から著作者名の表示に係る別段の指示があれば，それに従えばよいというものである[28]。

(2)　著作者名の表示の省略

　また，著作物を公衆に提供・提示する際には常に著作者名の表示が必要であるとすると，不都合が予想される。例えば喫茶店で多数のBGMをメドレー形式で流す場合，それぞれの音楽の作詞者や作曲者を毎回アナウンスすることは，社会通念上期待できないであろう[29]。そこで，①「著作物の利用の目的及び態様に照らし著作者が創作者であることを主張する利益を害するおそれがないと認められるとき」であって，かつ，②「公正な慣行に反しない限り」，著作者名の表示を省略することが認められている（19条3項）。

　裁判例では，広告写真の利用について，撮影者の氏名を表示しないことは通例であって，目的態様に照らし，撮影者が創作者であることを主張する利益を害することはなく，公正な慣行にも合致するものとして，19条3項の適用を認めた事例がある[30]。他方で，著作者を誤解しかねない場合（①に違反）や，

---

27)　協力者や参考文献の著者としては著作者の氏名が表示されていたが，氏名表示権侵害が肯定された事例として，東京地判平成25年3月14日（平成23年（ワ）33071号）〔日航機墜落事故書籍事件1審〕（知財高判平成25年9月30日判時2223号98頁〔同事件2審〕でも維持）。ただし，東京地判平成27年2月25日（平成25年（ワ）15362号）〔歴史小説事件〕も参照。
28)　加戸171頁。
29)　中山606頁，田村431頁参照。

あるいはテレビ放送におけるテロップのような形での著作者名の表示が公正な
社会慣行として成立している場合（②に違反）等では，著作者名の表示の省略
は認められない[31]。

(3)　行政機関情報公開法等との関係

　さらに，行政機関情報公開法等との関係でも，適用除外の場合として，（2項
と異なり，著作者の別段の意思表示を考慮しない）既存の著作者名の表示や（19条4
項1号・3号），著作者名の省略（2号）が認められている。

> CASE 4-3 の考え方
> 　A は，著作物である小説 α を創作しているので，著作者として，小説 α に係
> る氏名表示権を有する。
> 　同人誌 B には，確かにあとがきに A の名前が載っているものの，小説 α の
> 著作者としてではない。したがって，著作者としての表示を欠いていることか
> ら，C の行為は，A の同意がない限り，氏名表示権を侵害するものといえるだ
> ろう。

---

30)　大阪地判平成 17 年 1 月 17 日判時 1913 号 154 頁〔セキスイツーユーホーム事件〕。近時の前
　掲注 27）東京地判平成 27 年 2 月 25 日は，テレビ番組における小説の利用に際して，著作物の
　利用の程度が小さいことや，参考文献として著作者の実名を含む字幕表示をしたこと等を理由
　として，（そもそも氏名表示を認定したこととは別に予備的に）本項の適用を認めた（知財高判
　平成 28 年 6 月 29 日（平成 27 年（ネ）10042 号）〔同事件 2 審〕でも維持）。
31)　加戸 172 頁。国語の教科用図書に準拠した教材において，著作者名の表示を欠いたことが問
　題となった，東京地判平成 16 年 5 月 28 日判時 1869 号 79 頁〔教科書準拠国語問題集事件〕では，
　「教科用図書に……著作者名が掲載されるからといって，それとは別個の書籍である本件各教材
　に著作者名表示の必要性がないということはでき」ないし，教材において「容易に著作者名を
　表示することができるから」，19 条 3 項の適用が否定された。

第 4 節　同一性保持権

❖ *POINT* ❖
- ◆ 同一性保持権は，著作物やその題号の完全性を保護する権利である。
- ◆ 著作者の意に反する改変が規制される。
- ◆ 一定の場合に同一性保持権の制限がなされており，その中でも概括的なものとして「やむを得ないと認められる改変」が許容されている。

CASE 4-4　A は，写真 α を撮影し，B の主催する写真コンクールに応募した。
B は，入賞作品として写真 α を選定したが，その発表に当たり，A に無断で，写真 α の一部を切除した。そのうえで B は，入賞作品として改変を加えた写真 α をウェブサイトで公開した。
B の行為は，A の写真 α に係る同一性保持権を侵害するか。

1　趣　　旨

　著作者は著作物を創作した者である。その著作物が他人によって改変されると，著作者にとって好ましくない事態が生じ得る。著作者の書いていないことを勝手に書き加えられたり，シリアスな作品を勝手にコメディや卑猥なものに変えられたりしては，著作者のこだわりや評判が害されることとなろう。著作者にとって，自分の著作物の完全性を維持することは重要な人格的利益である。
　このような著作物の完全性を保護する権利が，同一性保持権（20 条 1 項）である。

2　同一性保持権の内容

(1)　改変の客体

　同一性保持権の侵害には，著作物に対する改変（例えば絵画に筆を入れる，あるいは小説の後半を書き換える等）が含まれるだけではなく，20 条 1 項に規定されている通り，題号に対する改変も含まれる。したがって，題号が著作物と評価されない場合であっても，著作物の本文部分には改変がない場合であっても，

著作者に断りなく改題すれば，同一性保持権の侵害が成立し得ることとなる[32][33]。なお，著作者自身が採用したのではない著作物の通称等については，著作者の人格の発露を伴わないため，同一性保持権の対象とならない[34]。

(2) 「意に反して」

同一性保持権は，著作者の意に反して改変が行われることを阻止する権利である。ここでいう「意に反して」とは，文言に忠実に解釈するならば，著作者の主観的意図に反するものと理解されよう[35][36]。そのため，改変の結果の良し悪しはそれ自体として判断に影響しないことになる[37]。もっとも，著作者の主観的意図を尊重するとしても，その濫用までをも認めるべきではない。裁判例においても，同一性保持権侵害に基づく損害賠償請求を権利濫用として否定した事例がある[38]。

(3) 「改　変」

同一性保持権を侵害する行為とは，判例上，「他人の著作物における表現形

---

32) 題号の改変について同一性保持権侵害を認めた事例として，大阪地判平成13年8月30日平成12年（ワ）10231号〔毎日がすぷらった事件〕，東京地判平成16年5月31日判時1936号140頁〔XO醤男と杏仁女事件1審〕（東京高判平成16年12月9日（平成16年（ネ）3656号）〔同事件2審〕でも維持），東京地判平成27年6月25日（平成26年（ワ）19866号）〔コラムタイトル事件〕等。

33) なお，題号も本体と合わせて著作物の一部を構成すると考えると，本文に付する題号の改変に関しては，条文の文言は確認的なものと整理されるとする指摘がある（田村437〜438頁。なお，彫刻の題号等の例につき，中山614頁も参照）。田村善之＝高瀬亜富＝平澤卓人『プラクティス知的財産法Ⅱ著作権法』（信山社，2020）247頁も参照。

34) 加戸175頁，渋谷540頁参照。

35) 加戸176頁，中山620頁等。この点，90条の3第1項に規定されている実演家の同一性保持権（⇒第9章第2節3(3)）については，名誉又は声望を害することが要件とされている。また，ベルヌ条約との比較につき，前掲注3)参照。

36) 他方で，法的安定性の見地から，その分野の著作者の立場からみて，常識的にその改変が著作者の意に反するものと通常いえるか，といった基準を定立するものとして，作花230頁。著作物の表現の変更が「客観的にみて，通常の著作者であれば，特に名誉感情を害されることがないと認められる程度のもの」であるときは，意に反する改変とはいえないと指摘するものとして，高部377頁。田村436頁，裁判例として，東京地判平成18年3月31日判タ1274号255頁〔小学生用国語教科書テスト事件〕等も参照。また，伊原友己「著作権侵害訴訟における著作者人格権の保護とその限界」訴訟実務大系216頁も参照。

37) 入門132頁〔上野達弘〕。

38) 東京地判平成8年2月23日知的裁集28巻1号54頁〔やっぱりブスが好き事件〕。

式上の本質的な特徴を維持しつつその外面的な表現形式に改変を加える行為を
いい，他人の著作物を素材として利用しても，その表現形式上の本質的な特徴
を感得させないような態様においてこれを利用する行為は，原著作物の同一性
保持権を侵害しない」と解されている（具体的な事例は後述）[39]。

同一性保持権は，あくまで著作物の改変行為自体を規制するものとして規定
されている。したがって，例えば改変後の著作物の出版，放送等，改変された
後の著作物の利用については，同一性保持権による規制の対象として直接規定
されていない。

この点，「国内において頒布する目的をもつて，輸入の時において国内で作
成したとしたならば著作者人格権……の侵害となるべき行為によつて作成され
た物を輸入する行為」（113条1項1号），及び「著作者人格権……を侵害する行
為によつて作成された物（前号の輸入に係る物を含む。）を，情を知つて，頒
布し，頒布の目的をもつて所持し，若しくは頒布する旨の申出をし，又は業と
して輸出し，若しくは業としての輸出の目的をもつて所持する行為」（2号）は，
みなし侵害として規制されている（著作権侵害に関し⇒第5章第4節2）。したが
って，他人の同一性保持権を侵害するような書籍を，情を知つて出版するよう
な場合は，著作者人格権侵害とみなされる[40]。他方で，例えば改変後の著作物
の放送等，みなし侵害として規定されていない利用行為が行われた場合，その
行為を同一性保持権侵害と評価できるかは，議論がある[41]。

---

[39] 最判平成10年7月17日判時1651号56頁〔雑誌諸君事件〕。最判昭和55年3月28日民集
34巻3号244頁〔パロディ・モンタージュ写真事件〕も参照。

[40] ここでいう「情を知つて」とは，著作者人格権を侵害する行為によって作成された物である
ことを知っていることを指す。加戸743頁参照。

[41] 東京地判平成15年12月19日判時1847号95頁〔記念樹フジテレビ事件〕は，改変後の音
楽の著作物の放送について，みなし侵害規定（113条1項）に該当しない態様による行為であ
って，同一性保持権侵害に該当しないとした。また，同一性保持権侵害による差止請求の範囲
に関してではあるが，知財高判平成28年12月26日（平成27年（ネ）10123号）〔性犯罪被害
にあうということ事件〕は，同一性保持権侵害の認められた映画の上映，複製，公衆送信及び
送信可能化の差止めを求めることはできないと判示した（ただし傍論か）。知財高判平成22年
8月4日判時2096号133頁〔「北朝鮮の極秘文書」大学図書館事件〕も参照。他方で，東京地
判平成19年4月12日（平成18年（ワ）15024号）〔創価学会写真ウェブ掲載事件〕は，改変
後の写真の著作物をホームページに掲載した行為について，「著作物を一部改変して作成された
同一性保持権を侵害する複製物をそのまま複製し，……自らのホームページに掲載する行為も，
客観的には，著作物の改変行為であり，……同一性保持権侵害行為に当たる」と判断した。立
法的解決の必要性にも言及するものとして，作花232頁，田村441頁参照。

左：元の著作物，右：侵害者作品

　また，同一性保持権として規定されているのは，あくまで著作物や題号を改変する行為である。したがって，著作物を破壊・破棄する行為については，ともすれば改変よりも悪質な場合もあり得るが，同一性保持権は及ばないと理解されている[42]。もっとも特に絵画や彫刻等の原作品を破壊する行為が何の問題もないとされてよいのかという点は，議論がある[43]。

(4)　実 際 の 例

　同一性保持権侵害の一例を明らかにした最高裁判決として，前掲パロディ・モンタージュ写真事件最高裁判決がある。この事件においては，雪山とスキー

---

42)　加戸178頁，中山638頁，作花231頁，田村438頁等。
43)　みなし侵害（113条11項⇒本章第5節）の適用の余地を指摘するものとして，中山639頁。
　　民法上の不法行為が成立する余地を指摘するものとして，加戸178頁。

(小林よしのり『新ゴーマニズム宣言』第30章80頁より引用)

上：元の著作物，下：侵害者書籍

ヤーを対象とした写真を原作品として，タイヤをその上に合成したパロディ目的のモンタージュ写真（侵害者作品）が作成・発行された点について，原作品である写真の著作物に係る同一性保持権の侵害であると認められた。

　また，裁判例として，漫画を批評する書籍に漫画のカットの一部を採録した事例において，漫画のコマの配置を変更したことが改変に当たるとされ，同一性保持権侵害が肯定されたものがある[44]。

　さらに，論文を雑誌に掲載する際に行われた，送り仮名の変更や改行の省略等の改変であっても，著作者の意に反する限りは同一性保持権の侵害であるとされた事例がある[45]。もっとも，この判断は行き過ぎであるとの指摘もある[46]。

---

44)　東京高判平成12年4月25日判時1724号124頁〔脱ゴーマニズム宣言事件2審〕。
45)　東京高判平成3年12月19日知的裁集23巻3号823頁〔法政大学懸賞論文事件〕。

　加えて，恋愛シミュレーションゲームにおいて，メモリーカードの特殊なセーブデータを用いて，本来出てくるはずのないタイミングで女生徒を登場させる等のゲームのストーリーを改変することについて，著作物であるゲーム影像に係る同一性保持権侵害を認めた事例もある[47]。ゲーム画面に流れる影像の展開が，当初のプログラムとデータによって予定されていた範囲を超えたものであり，改変が認められたのである。この事例では，そのような特殊なセーブデータを記録したメモリーカードを輸入，販売した者の不法行為責任が問題となったが，最高裁は「専ら本件ゲームソフトの改変のみを目的とする本件メモリーカードを輸入，販売し，他人の使用を意図して流通に置いた上告人は，他人の使用による本件ゲームソフトの同一性保持権の侵害を惹起したものとして，被上告人に対し，不法行為に基づく損害賠償責任を負うと解するのが相当である」と指摘して，その不法行為責任を肯定した。この点については，私的領域における同一性保持権侵害の成否といった問題[48]や，それに加担した者の責任との関係で，様々な議論のあるところである[49]。

3　同一性保持権の制限

　著作物の利用者に対して与える影響の大きさに鑑みて，一定の場合に同一性保持権を制限する規定が存在している。なお，特定の条文に当たらない場合であっても，黙示の承諾や事実たる慣習を根拠に，投稿俳句の添削行為について同一性保持権侵害を否定した事例もある[50]。

(1)　学校教育の観点からの制限

　まず，教科用図書等への掲載（33 条 1 項・4 項），教科用図書代替教材への掲載等（33 条の 2 第 1 項），教科用拡大図書等の作成のための複製（33 条の 3 第 1

---

46)　髙部 378 頁。伊原・前掲注 36) 217 頁も参照。なお，知財高判平成 27 年 10 月 6 日（平成 27 年（ネ）10064 号，平成 27 年（ネ）10078 号）〔通信と放送の融合に伴う著作権問題の研究事件〕では，原告論文と被告論文の対応箇所に係る改変について，「本質的特徴に関わらない部分に関するもので，軽微な変更にとどまる」として，同一性保持権侵害が否定された。

47)　最判平成 13 年 2 月 13 日民集 55 巻 1 号 87 頁〔ときめきメモリアル事件〕。

48)　中山 591〜593 頁，高林 242 頁，田村 451〜452 頁等。

49)　入門 136〜137 頁〔上野〕。

50)　東京地判平成 9 年 8 月 29 日判時 1616 号 148 頁〔俳句添削事件 1 審〕，東京高判平成 10 年 8 月 4 日判時 1667 号 131 頁〔同事件 2 審〕。

項）及び学校教育番組の放送等（34条1項）に係る権利制限規定（⇒第6章第8節2・3・4・5）が適用され，著作物の利用が認められる場合に，学校教育の目的上やむを得ない範囲で，用字又は用語の変更その他の改変が認められている（20条2項1号）。例えば，言語の著作物を小学生向けの教科書に掲載する過程で，難しい漢字を平仮名に直す等の改変を認めようとするものである。

(2)　建築物の増改築等に係る制限

次に，建築物の増築・改築・修繕・模様替えによる改変についても，同一性保持権が制限されている（20条2項2号）。建築物は住居等としての実用性が強いものであるから，その増改築等に関連して生じる改変について，同一性保持権を制限するものである。この規定は，典型的には，建築の著作物である建築物の修繕等に際して，その建築の著作物に係る改変について適用されるが，例えば建築物の修繕等に伴って生じる建築物の壁画（美術の著作物に該当しよう）の改変についても，適用の余地があろう[51]。裁判例においては，20条2項2号が予定しているのは「経済的・実用的観点から必要な範囲の増改築であって，個人的な嗜好に基づく恣意的な改変や必要な範囲を超えた改変が，同号の規定により許容されるものではない」と指摘するものがあるが[52]，異論もある[53]。

(3)　プログラムの著作物に係る制限

さらに，プログラムの著作物については，大幅な制限が認められており，「特定の電子計算機においては実行し得ないプログラムの著作物を当該電子計算機において実行し得るようにするため，又はプログラムの著作物を電子計算

---

51) 前田哲男「複合的な性格を持つ著作物について」牧野利秋先生傘寿記念論文集『知的財産権法理と提言』（青林書院，2013年）977頁，中山632頁参照。
52) 東京地決平成15年6月11日判時1840号106頁〔ノグチ・ルーム事件〕。加戸179～180頁，田村447頁も参照。
53) 大阪地決平成25年9月6日判時2222号93頁〔新梅田シティ庭園事件〕は，著作物である庭園への工作物の設置が問題となった事案において，著作物性のある建築物の所有者が，同一性保持権の侵害とならないよう増改築等ができるのは，経済的，実用的な観点から必要な範囲の増改築であり，かつ，個人的な嗜好に基づく恣意的な改変ではない場合に限られるとの主張に対して，同号の文言上，そのような要件が課されていないことに加え，建築物所有者の権利に不合理な制約を加えるものであり，相当ではないと述べ，20条2項2号（模様替え）の類推適用を認めた。中山630～632頁も参照。

機においてより効果的に実行し得るようにするために必要な改変」が許容されている（20条2項3号）。プログラムについては，その実用的な機能こそが重要であることに加え，特に著作者の名誉・人格といった要素が反映されにくいであろうと考えられたことから認められた制限である。これにより，利用者は著作者の同意を得ずに，バグを修正したり，プログラムを他のコンピュータに適応するよう改変したり，より処理速度を向上させるように改善を加えたりすることが可能である。

⑷　やむを得ない改変に係る制限

　そして，こういった特定のケースでの改変以外に，概括的なものとして，20条2項4号により，「著作物の性質並びにその利用の目的及び態様に照らしやむを得ないと認められる改変」も許容されている。しかし，「やむを得ない」という文言があることから，原則として，1号から3号に列挙された場合に準じるような制限的なものとして解釈されてきた[54]。具体的には，音楽の著作物について，技術的な問題から，極めて高音のパートや低音のパートが収録できず，著作物を完全に再現できなかった場合や，演奏が下手で，結果として元の著作物とは少々違ったものとなってしまっている場合等，限定的な場面が指摘されてきた[55]。しかし，このような限定的な理解を批判し，4号による権利制限を活用すべきとする意見もかなり有力である[56]。

　裁判例においては，映画のビデオ化においてトリミングを行ったこと等が，本件事情の下では4号によって認められる改変とされた事例[57]や，漫画を批評する書籍に漫画のカットの一部を採録したことが問題となった事案において，その漫画のカットが実在の人物を醜く描いたものであったため，目隠しを付した改変行為が問題となったが，描かれた人の名誉感情に鑑みたものとして，4号の適用が認められた事例[58]等がある。

　この点で議論されるものの例に，パロディとしての著作物の利用が挙げられ

---

54)　前掲注45）東京高判平成3年12月19日，前掲注31）東京地判平成16年5月28日。
55)　加戸181頁。コンメ⑴854〜860頁［松田］も参照。
56)　中山636〜638頁，高林245頁，入門135頁［上野］。
57)　東京高判平成10年7月13日知財裁集30巻3号427頁〔スウィートホーム事件〕。
58)　東京地判平成11年8月31日判時1702号145頁〔脱ゴーマニズム事件1審〕（前掲注44）東京高判平成12年4月25日でも維持）。

る。パロディは一般に，原作品（著作物であることが多い）を改変して創作する
ものであるが，パロディとしての利用が原作品である著作物に係る同一性保持
権侵害となるのか否かが議論されている。先述のパロディ・モンタージュ写真
事件において，最高裁は，同一性保持権侵害の成否については，本質的特徴が
直接感得される態様で利用されているか否かを基準としている。パロディの多
くは，原作品を，その本質的特徴を感得できる態様で利用していると評価され
得よう。その場合に，4号によって一定の範囲で同一性保持権侵害を否定でき
るとする立場もある[59]。

> **CASE 4-4 の考え方**
>
> 　Aは，著作物である写真 α を創作したので，写真 α に係る同一性保持権を有
> する。
> 　Bは，Aに無断で，写真 α の一部を切除する改変を加えており，それがA
> の意に反する場合には，その改変行為は同一性保持権侵害となる。なお，応募
> 規定等において著作者人格権の不行使が約されているかについても，留意する
> 必要があろう。

第5節　著作者の名誉又は声望を害する方法により著作物を利用する行為

❖ *POINT* ❖

◆　特定の著作者人格権の侵害に該当しなくても，著作者の名誉又は声望
　　を害する方法により著作物を利用する行為は，著作者人格権を侵害する
　　ものとみなされる。

◆　「名誉又は声望」とは主観的なものではなく，社会的評価としての名
　　誉又は声望が対象となる。

1　趣　　旨

著作権法は，著作者人格権として，3つの明示的な権利を著作者に付与して

---

59)　中山 509～511 頁。

いる。しかしそれ以外にも，113 条 11 項は，「著作者の名誉又は声望を害する方法によりその著作物を利用する行為は，その著作者人格権を侵害する行為とみなす」と定め，著作者に特定の権利を付与するわけではないが，一定の行為について著作者人格権とみなすものとしている。これは，著作者の意図をねじ曲げるような形での利用等を阻止することで，著作者の人格的利益の保護を全うしようとするものであり，特定の著作者人格権の侵害に該当しない行為であっても（もちろんこれに該当する行為であってもよい）[60]，それが著作者の名誉や声望を害する方法によって著作物を利用するものであれば，著作者人格権を侵害するものと取り扱われる[61]。

2　名誉又は声望

他の著作者人格権と違って，この規定が適用されるためには，著作者の名誉又は声望が害されることが必要である。これは，著作者の主観的な感情が害されるか否かではなく，社会的評価としての名誉又は声望が害されるようなものか否かがポイントとなる[62]。

---

60)　例えば，同一性保持権侵害と本項のみなし侵害を両方認めた前掲注 11) 東京地判平成 5 年 8 月 30 日を参照。このような場合，著作者人格権侵害と重ねて，後述のように名誉又は声望を害するとの加重要件を負担する必要のある本項のみなし侵害に係る主張をすることには，実益はないとするものとして，高林 247 頁。

61)　近時の例として，東京地判平成 25 年 7 月 16 日（平成 24 年（ワ）24571 号）〔天皇似顔絵事件 1 審〕（知財高判平成 25 年 12 月 11 日（平成 25 年（ネ）10064 号）〔同事件 2 審〕でも維持）は，漫画家の描いた当時の天皇の似顔絵等をアップロードし，一般人から見て一定の政治的傾向ないし思想的立場に基づくものと評価される可能性の高いサイトに，漫画家自身が投稿してきたかのようにした行為につき，一般人から見てその漫画家が一定の政治的傾向ないし思想的立場に強く共鳴，賛同するものと評価され得る結果となることから，その行為は，漫画家やその作品がこのような政治的傾向ないし思想的立場からの一面的な評価を受けるおそれを生じさせるものであり，著作者人格権を侵害するものとみなされると述べた。

62)　加戸 755-756 頁，田村 452 頁等参照。近時の裁判例として，知財高判平成 28 年 6 月 9 日（平成 28 年（ネ）10021 号）〔催眠術の掛け方事件〕は，第三者発行の DVD の販売にあたり，原告著作物たる DVD をオマケとして頒布する旨記述されたうえで頒布されたことについて，原告の名誉感情が害されたことは理解できるとしても，通常人が「原告著作物の価値についてまで思いを巡らせ，それが価値のないもの，あるいは著しく価値の低いものであるなどと認識することが通常であるとはいえず，更には，原告著作物の著作者に対する評価を低下させることが通常であるともいえない」から，原告の社会的評価を低下させるものではないとして，当時の 113 条 6 項（現在の 11 項）に係る請求を認めなかった。

3　名誉又は声望を害する方法により著作物を利用する行為

　この規定は，著作物の利用がある場合に限って適用される[63]。また，著作物の利用が著作者の名誉又は声望を害する方法によるものか否かを問題とするものであるから，その利用態様に着目して適否の検討がなされるべきものである。

　この点，裁判例においては，他人の言語の著作物の一部を引用した事案において，その引用が全体として正確性を欠くものでなく，引用される著作物の趣旨を損なうものとはいえない場合には，たとえ引用される著作物を批判・非難する内容を含むものであっても，名誉毀損の成否はさておき，少なくとも当時の113条5項（現在の11項）の適用は否定されるとした事例がある[64]。あくまで利用行為の態様自体が名誉又は声望を害するものでなければならないという趣旨であろう。

第6節　著作者の死後における人格的利益の保護について

❖POINT❖

◆　著作者の死後は，著作者人格権は消滅するが，著作者の人格的利益は一定の範囲で保護され得る。

◆　その保護を求める請求権者は，原則として一定の遺族に限定される。

◆　請求権者が行うことのできる請求は，差止請求等（112条）や名誉回復等の措置請求（115条）のみであり，損害賠償請求は認められていない。

---

63)　田村453頁。中山641頁，水戸地判平成11年5月17日判タ1031号235頁〔飛鳥昭雄の大真実事件〕，大阪高判平成18年4月26日（平成17年（ネ）2410号）〔初動負荷理論事件〕も参照。譲渡権消尽後の複製物に係る不適切な販売行為等の例を挙げるものとして，小倉＝金井コンメ（Ⅲ）465〜466頁，484頁注73〔小倉秀夫〕も参照。

64)　東京高判平成14年11月27日判時1814号140頁〔古河市兵衛の生涯事件〕。関連して，東京地判平成28年8月19日（平成28年（ワ）3218号）〔なぜ東京国際映画祭は世界で無名なのか事件1審〕（知財高判平成29年1月24日（平成28年（ネ）10091号）〔同事件2審〕でも維持）も参照。

1　趣　旨

　既に述べたように，著作者人格権は著作者の人格的利益を保護するものであって，一身専属的なものであるから，著作者が亡くなれば，著作者人格権は消滅するのが原則である。しかし，著作権法は 60 条において，著作者の死後も一定の範囲で著作者の人格的利益を保護することを認めている（ベルヌ条約 6 条の 2 (2) も参照）。

　著作者の死後にまでこのような保護を認める理由については，著作物が国家的に見て貴重な文化的所産であり，著作者の死後においても何らかの保護が必要だからであるとする考えが指摘されているが[65]，人格的利益の保護を万全のものとするための規定であるとの指摘もある[66]。

　なお，「死後においても」（101 条の 3 参照）ではなく「存しなくなつた後においても」という文言に見られるように，本条は自然人だけでなく法人が著作者となる場合（15 条参照）も念頭に置いている[67]。

2　保護の内容

　既に触れた通り，著作者の死後においても，著作者が生存していればその著作者人格権を侵害することになる行為は禁止される。なお，ここでは 3 つの著作者人格権を侵害する行為に加えて，著作者人格権侵害とみなされる，著作者の名誉又は声望を害する方法により著作物を利用する行為も含まれる。また，60 条による保護の期間については制限がなく，未来永劫となっている。

　一方で，保護の内容については，著作者の生存中と比較して，いくつかの制限が課せられている。まず，①著作物を公衆に提供・提示する場合にのみ禁止されるという点である。例えば，著作物の原作品に表示された著作者名を勝手に変更したとしても，それが公衆の目に触れないところで行われる分には，本条の対象とはならない[68]。著作者の生存中におけるよりも，著作物の利用の便

---

65)　加戸 432 頁。
66)　田村 459 頁。小倉＝金井コンメ（Ⅱ）482 頁［小倉秀夫］では，「自分がもつ著作者人格権は自分の死後も保護され続けるのだという生者の信頼感という一種の社会的法益を保護するため」のものと指摘される。コンメ(2)731〜732 頁［伊藤真］も参照。
67)　加戸 432 頁。関連箇所においてまとめて「死後」と言及することがある。
68)　田村 460 頁。

100

宜を優先させたものと考えられる[69]。

　また，②「その行為の性質及び程度，社会的事情の変動その他によりその行為が当該著作者の意を害しないと認められる場合」(60条ただし書) は禁止されない。具体的にどのような場合がこれに当たるのかは明確ではないが，行為の性質として，その主体性の有無や，行為の程度として，侵害品の数量等，社会的事情の変動として，用語法や価値観の変化等，さらにその他の事情を考慮して判断することになろう[70]。例えば，古くなった絵画の補修や，仮名遣いの変更に応じた表記の改変等が考えられよう[71]。

3　請求権者

　先述の通り，60条による保護は，その期間に制限がない。もっとも，著作者は既に死亡等しており，またこの保護は著作者の人格的利益に根ざすものであるから，相続等される類の権利でもない。しかし誰かがこの保護を求め，侵害行為を阻止できるようにしておく必要があるため，原則として著作者に近しい一定の遺族がこれを担当することとされている (116条1項)。具体的には，死亡した著作者の配偶者，子，父母，孫，祖父母又は兄弟姉妹を指す。この順序は請求順位に合致する (同条2項)。なお，著作者は遺言によりこの順位を変更することも可能である (同条2項ただし書)。

　著作者は遺言により，遺族に代えて請求権者を指定することもできる (同条3項)。ただしこの場合，請求期間は，遺族が生存中か，著作者の死後70年が経過するか，どちらか長い方の期間とされている。これは，遺言により指定された請求権者が性質上死亡しない法人だった場合等に，遺族本来の請求できる期間とアンバランスになってしまうことから，これを是正するため，著作物の保護期間と同様の期間制限を設けたものである。ただし，遺族の生存中は，本来請求可能であったはずなので，いずれか長い方と規定されている[72]。なお，途中で遺言により指定された請求権者が死亡等した場合，原則に戻り遺族が請求権を行使できるか，議論がある[73]。

---

69)　田村460頁。中山653頁も参照。
70)　加戸433〜434頁。
71)　田村460頁。傍論ではあるが肯定例として，前掲注52) 東京地決平成15年6月11日。
72)　加戸798〜799頁。

4　救　　済

　遺族等の請求権者が行うことのできる請求は，差止請求等（112 条）や名誉
回復等の措置請求（115 条）のみであり，損害賠償請求は認められていない。
もっとも，問題となる行為が遺族固有の精神的利益を害するような場合には，
一般民事上の不法行為として，慰謝料請求を行うことは可能である（民 709
条)[74]。

　また，これら民事上の救済以外に，非親告罪である刑事罰（500 万円以下の罰
金。120 条）も規定されている。特に上記の請求をすることができる者がすべ
て存しなくなった後は，もっぱらこの刑事罰によってのみ保護されることにな
る。著作者である法人の解散の場合についても同様である。

---

73)　これを肯定するものとして，加戸 799 頁。著作者が遺族とは別の請求権者を指定した趣旨を
　　　重視し，これを否定するものとして，田村 463 頁。
74)　遺族固有の損害賠償請求を認めた裁判例として，例えば，東京地判平成 12 年 8 月 30 日判時
　　　1727 号 147 頁〔エスキース事件 1 審〕（東京高判平成 13 年 9 月 18 日（平成 12 年（ネ）4816 号）
　　　〔同事件 2 審〕でも維持），東京地判平成 25 年 3 月 1 日判時 2219 号 105 頁〔基幹物理学事件〕
　　　を参照。

第 5 章 著 作 権

第1節 総　論

◈*POINT*◈

> ◆　著作権は，著作者の財産的利益を保護する権利である。
> ◆　著作権の享有には，いかなる方式の履行をも要しない（無方式主義）。
> ◆　著作権は，一定の利用行為を対象とする権利（支分権）の束である。

　著作者は，著作物を創作することによって，当該著作物について著作権を享受する。著作権は，著作者の財産的利益を保護するものであり，「著作財産権」と呼ぶこともある。

　著作者人格権と同様に，著作権の享有には，いかなる方式の履行をも要しない（無方式主義。17条2項）。創作することによって直ちに著作権の成立が認められ，特許権等のように国家が法的な保護に値する創作か否かを審査して権利を付与するものではない。

　著作権の存続期間は，著作物の創作の時に始まり，原則として著作者の死後70年をもって終了する（51条）。

　著作者人格権と異なり，財産権としての著作権は，譲渡することができ（61条1項），相続の対象にもなる。したがって，著作権は原始的には著作者に帰属するが（ただし，映画の著作物の著作権については，29条参照⇒第3章第5節），譲渡・相続されることによって，著作者以外の者が著作権者となることがある。

　特許権の場合は，同一の発明については1つの特許しか付与されず（特許39条），特許発明と同一の発明が実施されると，その発明が特許発明を模倣したものではなく，実施者が独自に開発したものであっても，その実施は特許権を侵害することになる。つまり，特許権はその対象である発明について絶対的に

排他的な効力を有する（絶対的排他的独占権）。これとは異なり，著作権は相対的に排他的な効力しか有しない（相対的排他的独占権）。すなわち，著作権は模倣のみを禁止するものであり，他者が独自に創作した作品の利用には及ばない。ある著作物の著作権の侵害が成立するためには，当該著作物に依拠したことが必要である（依拠性の要件）。

　著作権は，著作物の複製，上演，展示など一定の利用行為を対象とする権利（複製権，上演権，展示権など）から構成される。これらの権利は「支分権」と呼ばれ，著作権は「支分権の束」と捉えられる。

　著作権は排他的独占権であるため，著作権者の許諾（63条⇒第8章第3節）を得ずに無断で支分権の対象となる利用行為を行うと，著作権の侵害となり，著作権者は差止め（112条）や損害賠償（民709条）を請求することができる（⇒第7章第2節・第3節）。これに加えて，著作権法には，支分権の対象となる利用行為ではないが，著作権侵害とみなす行為が規定されており（113条），実質的に著作権の内容が拡充されている。

第2節　依 拠 性

❖*POINT*❖

- ◆　依拠性の要件とは，ある著作物の著作権侵害が成立するためには，利用される作品が当該著作物に依拠して作成されたものでなければならないことである。
- ◆　当該著作物に接する機会（アクセス）があり，偶然の暗合で生じる可能性を超えて相当程度類似していれば，依拠性が推認される。

CASE 5-1　Aは川柳の名人であり，Aが創作した川柳αは，全国的な川柳大会
で優勝し，新聞に取り上げられただけでなく，テレビコマーシャルにも使われ，
社会において広く知られている。Bは，川柳の愛好家で，好んで川柳を作成して
は，自己が開設したウェブサイトに掲載しているが，普段からメディアが大嫌い
で全く接しないため，αを知らなかった。Bが川柳βを創作し，自己のウェブサ
イトに掲載したが，βはαと完全に同一のものであった。Bは，Aの著作権を侵
害するか。

1　概　　説

　既存の著作物と同一の作品が利用されても，それが既存の著作物に依拠して
作成されたものでないときは，著作権侵害の問題を生ずる余地はない[1]。つま
り，ある著作物の著作権侵害が成立するためには，利用される作品が当該著作
物に依拠して作成されたものでなければならない。これを依拠性の要件という。
　ある作品が独自に創作されたものであっても，既存の著作物と同一であるだ
けで，その作品を利用する行為が著作権侵害とされてしまうとすれば，作品創
作の過程で創作者は既存の著作物にどのようなものがあるか，自分が創作しよ
うとする作品が既存の著作物と同一かどうかを調査しなければならなくなり，
創作活動が抑制されることになる。しかも，著作権は無方式主義で発生し，権
利の発生が公示されないことから考えれば，創作者が既存の著作物を網羅的に
調査することがそもそも不可能といわなければならない。そこで，依拠性がな
いと著作権の侵害が成立しないとすることによって，創作者が安心して創作活
動に取り組むことができるようにし，もって創作が活発に行われ文化の発展に
寄与するようにしているのである。

2　依拠性の要件の根拠

　依拠性の要件と現行法の文言との関係についていえば，複製権に関しては，
複製を定義する2条1項15号にいう「再製」という語に，依拠性が含まれて

---

[1]　最判昭和53年9月7日民集32巻6号1145頁〔ワン・レイニー・ナイト・イン・トーキョー事件〕。

いると解される。つまり，独自に創作した作品であれば，それを印刷，写真，複写，録音，録画その他の方法により利用することは，既存の著作物の再製ではなく，よって複製とはいえない。また，他の支分権に関しては，条文（22条〜27条）上「その著作物」を対象としている点からも，依拠性の要件を導き出すことができる。すなわち，他人が，自らが独自に創作した作品を利用しているのであれば，著作者が創作した「その著作物」を利用しているのではないから，著作権が及ばないことになる。

3 依拠とは

以上のように，依拠性の要件の趣旨は，独自の創作に著作権を及ぼさないことにあり，依拠とは，利用する作品が既存の著作物に基づいて作成されたものであることを意味すると解される。

ある作品が既存の著作物に依拠したことを直接に証明することは，困難である場合が多い。そこで，問題となる作品を作成した者が当該既存の著作物に接する機会（アクセス）があり，偶然の暗合で生じる可能性を超えて相当程度類似していれば，依拠性が推認されるものと扱われている。その後は，侵害を主張された者が問題となる作品が独自に創作されたことを立証すべきことになる。問題となる作品が既存の著作物と酷似している場合や，既存の著作物中の誤記やトラップを含んでいる場合には，偶然の暗合を主張することは通常困難である。

4 二次的著作物・共同著作物の場合の依拠

二次的著作物（2条1項11号⇒第2章第3節1）にのみ依拠し，その原著作物に接したことがなくても，二次的著作物を介して原著作物に依拠したものとなる[2]。例えば，既存の著作物 A に依拠して作成された作品 B に依拠して作成された作品 C を利用する行為は，作品 C の作成者が著作物 A を知らなくても，著作物 A の著作権が及ぶことになる。二次的著作物である作品 B にその原著作物 A の表現が表れており，作品 B に依拠する作品 C は作品 B を通じて間接的に原著作物 A にも依拠していると考えられるからである。

---

2) 大阪地判平成21年3月26日判タ1313号231頁〔マンション読本事件〕。

　利用する作品がAとBが共同して創作した共同著作物（2条1項12号⇒第3章第3節）である場合，Aが既存の著作物に基づいて創作したならば，その作品は当該著作物に依拠したものであり，Bが当該著作物を知っているか否かや，Aの創作が当該著作物に基づいて行われたことを知っているか否かは問題とならないと解される[3]。共同著作物が分離不可能なものであるため，Aが創作した部分に依拠性が認められれば，共同著作物全体に依拠性があるといわなければならない。

> **CASE 5-1 の考え方**
> 　BはAの川柳αに基づかずに独自に川柳βを創作したのであり，αに依拠していない。そのため，βがαと完全に同一であるとしても，著作権の侵害は生じない。

---

[3]　中山714頁。ただし，東京高判平成8年4月16日知的裁集28巻2号271頁〔目覚め事件2審〕は，原著作物に接する機会のない共同制作者については，他の共同制作者が原著作物に依拠していることを知っているような場合に，依拠性の要件を充足すると述べている。

第3節　支分権

❖*POINT*❖

◆　著作権法に定められる各支分権：

　　①　著作物の有形的な再製に関する権利

　　　　複製権（21条）

　　②　著作物の無形的な利用に関する権利

　　　　上演権・演奏権（22条）

　　　　上映権（22条の2）

　　　　公衆送信権（23条1項）

　　　　公の伝達権（23条2項）

　　　　口述権（24条）：言語の著作物のみ

　　③　著作物の有形物を通じた利用に関する権利

　　　　展示権（25条）：美術の著作物・未発行の写真の著作物の原作品

　　　　頒布権（26条）：映画の著作物の複製物

　　　　譲渡権（26条の2）：著作物（映画の著作物を除く）の原作品・複製物

　　　　貸与権（26条の3）：著作物（映画の著作物を除く）の複製物

　　④　二次的著作物の創作・利用に関する権利

　　　　翻訳権・翻案権等（27条）

　　　　二次的著作物の利用に関する原著作者の権利（28条）

CASE 5-2　Bは，芸術大学に通っている画家志望の友人Aの絵画αを大変気に入り，より多くの人に見てもらうために，Aに無断でαをデジタル化し，デジタル化した情報を電子ファイルβとして記録し，そして，βをインターネット上に開設した自己のウェブサイトにアップロードした。Bは，Aのいかなる支分権を侵害するか。

1　概　　説

　著作権は，一定の利用行為を対象とする権利（支分権）から構成され，支分権の束と捉えられる。支分権は，①著作物の有形的な再製に関する権利，②著作物の無形的な利用に関する権利，③著作物の有形物を通じた利用に関する権

利，④二次的著作物の創作・利用に関する権利，に分けることができる。

　著作権法に定められる支分権のうち，①に当たるのは，複製権（21条）である。②に当たるのは，上演権・演奏権（22条），上映権（22条の2），公衆送信権（23条1項），公の伝達権（23条2項），口述権（24条）である。③に当たるのは，展示権（25条），頒布権（26条），譲渡権（26条の2），貸与権（26条の3）である。④に当たるのは，翻訳権・翻案権等（27条），二次的著作物の利用に関する原著作者の権利（28条）である。

2　著作物の有形的な再製に関する権利

(1)　複　製　権

　著作権法は，著作物の有形的な再製に関する権利として，著作物を複製する権利すなわち複製権を定め，著作者がこの権利を専有すると規定している（21条）。

　「複製」とは，2条1項15号に定義されているように，「有形的に再製すること」であり，著作物を具体的に存在する物の中に固定することである。複製の方法としては，条文上，印刷，写真，複写，録音，録画が例示列挙されている。複製が印刷や写真，複写の方法による場合は，固定された著作物を直接に知覚することができる。これに対して，録音や録画の方法による場合は，著作物を直接に知覚することができないが，機械や装置を用いることによって知覚することができる。ここでいう「録音」，「録画」は，音や影像を物に固定することだけでなく，その固定物を増製することを含む（2条1項13号・14号）。CASE 5-2において，BがAの絵画αをデジタル化し，デジタル化された情報を電子ファイルβとして記録する行為は，絵画αを有形的に再製することであり，複製に該当し，Aの複製権を侵害する。

　また，2条1項15号は，「脚本その他これに類する演劇用の著作物」については，「当該著作物の上演，放送又は有線放送を録音し，又は録画すること」が，また，「建築の著作物」については，「建築に関する図面に従つて建築物を完成すること」が，それぞれ複製に該当すると定めている。つまり，脚本等に基づく演劇の上演・放送を録音・録画することが脚本等の演劇用著作物の複製となり，建築設計図に従って建築物を完成することが建築の著作物の複製となる。前者は，演劇用著作物を，上演・放送を通じて記憶媒体に固定する行為で

あり，後者は，設計図に表れている建築の著作物を，建築物として固定する行
為と考えられるからである。

(2) 複製の判断

　複製は，作成される有形的作品が既存の著作物と完全に同一のものである場
合に限定されない。多少の修正増減があっても，また表現の形式が異なっても，
両者が実質的に同一と評価できれば複製が認められる。

　例えば，講演を録音したうえ，一字一句テープ起こしによって文章にするこ
とは，表現の形式が異なるが，創作的な表現が同一であるため複製に該当する。
また，文章にする際に明らかな言い間違いの修正を施しても，実質的に同一で
あるため複製になる。しかし，既存の著作物に施した修正増減に創作性が認め
られる場合には，もはや複製ではなく，翻案（⇒本章本節5(2)）となり，創作
的な修正増減が施された作品は二次的著作物（2条1項11号⇒第2章第3節1）
となる。

　なお，複製と翻案の区別について，裁判例では，複製とは，既存の著作物に
依拠し，これと実質的に同一のものを有形的に再製することをいい，翻案とは，
既存の著作物に依拠し，かつ，その表現上の特徴の同一性を維持しつつ，具体
的表現に修正，増減，変更等を加えて，新たに思想又は感情を創作的に表現す
ることにより，これに接する者が既存の著作物の表現上の特徴を直接感得する
ことのできる別の著作物を創作する行為をいう，と述べられている[4]。

　他人の論文の一段落を利用するように，著作物の全体ではなく，その一部を
有形的に再製することも，複製となり得る。もっとも，著作権法は，思想又は
感情の創作的な表現を保護するものであり，複製権を含む支分権は「著作物」
を対象にしているため，利用された部分に創作的な表現が含まれず，それ自体
独立して著作物となり得ない場合には，複製権の侵害は否定される。

(3) プログラム等の一時的蓄積

　コンピュータにおいてプログラムを実行する際に，コンピュータ内のRAM

---

　4)　例えば，知財高判平成23年5月26日判時2136号116頁〔データ復旧技術サービス事件〕，
　　知財高判平成22年7月14日判時2100号134頁〔箱根冨士屋ホテル事件〕。

(Random Access Memory) にプログラムが一時的に蓄積されるが，電源を切れば消去される。また，近時では，デジタル視聴機器において著作物を視聴する際に，データがバッファ，RAM へ一時的に蓄積され，コンピュータ等においてウェブサイトを閲覧する際に，受信したウェブ情報がキャッシュとして保存される。このように，情報技術の発展に伴い，恒久的ではなく，後で消去することが予定されているという意味での一時的蓄積は，コンピュータ等による情報処理の過程において様々な形態で行われるようになっている。これらの形での蓄積も，物理的には著作物であるプログラム等を有形的に再製することに間違いはないが，一時的蓄積が著作物の使用に不可避的に伴うものであり，複製権が及ぶとすると，著作物の使用にまで権利者がコントロールすることができる結果をもたらしてしまう[5]。また，一時的蓄積という形の複製は，権利者の利益を害することは少ないと考えられる。そのため，従来，複製概念を規範的に捉えて，RAM への一時的蓄積が複製に該当しないとする説が有力であった。立法では，平成 21 年改正は 47 条の 8 を新設し，電子計算機による情報処理を円滑・効率的に行うために必要な複製が許容される旨を明確にした。さらに，平成 30 年改正は同条を削除し，電子計算機における著作物の利用に付随する利用の一形態として，47 条の 4 第 1 項に整理統合した（⇒第 6 章第 16 節 3）。

(4)　複製物の目的外使用等

　30 条以下の著作権制限規定（⇒第 6 章参照）が適用される場合には，権利者に無断で著作物を複製しても，複製権が制限され侵害とならない。しかし，著作権を制限する各規定の適用を受けて作成された複製物を，当該規定に定める目的以外の目的のために頒布し，公衆に提示する等の行為は，もはや著作権を制限すべき範囲から逸脱しているといえるので，そのような行為を行った者は複製を行ったものとみなされる（49 条 1 項⇒第 6 章第 1 節 6）。つまり，当初の複製行為が許されるものであるにもかかわらず，複製物の目的外使用等を行った時点で，複製があったとみなされるのであり，他の著作権制限規定の適用がない限り，複製権の侵害となる。

---

5)　なお，113 条 5 項は，プログラムの使用を，一定の要件を満たす場合に侵害とみなしている（⇒本章第 4 節 4）。

3　著作物の無形的な利用に関する権利

(1)　概　説

　著作物の無形的な利用に関する支分権には，上演権・演奏権（22条），上映権（22条の2），公衆送信権（23条1項），公の伝達権（23条2項），口述権（24条）がある。これらの権利のうち，公衆送信権以外はすべて「公に」，すなわち「公衆に直接見せ又は聞かせることを目的として」（22条）行うことを要件としている。また，公衆送信権は公衆送信を対象とする支分権であり，公衆送信とは，「公衆によつて直接受信されることを目的として」送信を行うこと（2条1項7号の2）であるから，やはり公衆に向けられていることを前提にしているといえる。

　このように，有形的な再製に関する複製権と異なり，無形的な利用に関する権利は，いずれも公衆に向けられる場合にのみ働くものである。複製の場合，有形物である複製物が外部に流出し権利者の利益が害されてしまう可能性があるから，あらゆる複製を複製権の対象とし，そのうえで，私的使用目的での複製に複製権が及ばないと規定している（30条⇒第6章第2節）。これに対して，上演などの無形的な利用はその場で消滅し外部に流出することがないため，利用が公衆に向けていなければそもそも著作権の権利範囲内とする必要はないからである。

(2)　公衆概念

　上演権・演奏権，上映権，公の伝達権，口述権に関しては，これらの権利が及ぶ行為は，典型的には，権利の対象である上演等の行為が公衆の面前で行われることであるが，公衆に対して上演等の行為を行う目的があれば足りる。公衆に開かれた場所で行われるのであれば，実際に公衆がそこで存在していなかったとしても，公衆に向けられていることに変わりはない。

　公衆送信権に関しては，著作物が伝達される場所に公衆が存在しているかどうか，あるいはその場所が公衆に開かれた場所であるかどうかは関係なく，著作物を公衆にとって使用可能な状態に置くように伝達することが問題となる。したがって，公衆送信権についても，公衆に受信されることを目的としていればよく，実際には誰も受信していなくても権利は及ぶ。

　2条5項は，「『公衆』には，特定かつ多数の者を含む」と定義しているため，「公衆」とは，不特定の者又は特定かつ多数の者を意味すると解される。利用行為が向けられる対象が公衆であるか否か，すなわち特定の者か不特定の者か，また多数か少数かは，それによって著作権が働くかどうかの結論が左右されることになるから，著作権者の保護と円滑な著作物利用の双方の利益を考慮して判断されるべきである。ここでいう特定とは，利用行為者とその行為の相手方との間に人的結合関係が存在することであり，両者の間に契約関係が成立していても特定に当たるとは限らない。例えば，誰でも容易に利用行為者と契約を締結することができる場合には，不特定であるといえる。

　裁判例では，社交ダンス教室においてCDに録音された音楽の著作物を再生して演奏する行為は，受講を希望する者が所定の入会金さえ支払えば誰でも受講生の資格を得てレッスンを受けることができる場合に，教室の経営主体と受講生との間に契約関係が成立しているといっても，また著作物利用の時点における実際の受講生が少数であっても，社会通念上，不特定かつ多数の者すなわち公衆に向けたものと評価するのが相当であると述べられている[6]。

(3)　上演権・演奏権・口述権

　上演権，演奏権，口述権とは，それぞれ，著作物を公衆に直接見せ又は聞かせることを目的として上演，演奏，口述する権利である（22条・24条）。

　演奏には，歌唱が含まれ，上演は，「演奏（歌唱を含む。以下同じ。）以外の方法により著作物を演ずること」と定義され（2条1項16号），口述は，「朗読その他の方法により著作物を口頭で伝達すること（実演に該当するものを除く。）」と定義されている（同項18号）。言語の著作物でなければ口述できないため，口述権は言語の著作物のみを対象とする。これに対して，上演権，演奏

---

[6]　名古屋地判平成15年2月7日判時1840号126頁〔社交ダンス教室事件1審〕，名古屋高判平成16年3月4日判時1870号123頁〔同事件2審〕。また，知財高判令和3年3月18日（令和2年（ネ）10022号）〔音楽教室事件〕では，音楽教室の生徒について，音楽教室事業者に対して受講の申込みをして音楽教室事業者との間で受講契約を締結すれば，誰でもそのレッスンを受講することができ，このような音楽教室事業が反復継続して行われており，この受講契約締結に際しては生徒の個人的特性には何ら着目されていないことから，音楽教室事業者からみて，その生徒は，その人数に関わりなく，いずれも「不特定」の者に当たり，「公衆」になると述べた。

権はその対象とする著作物に制限はなく，あらゆる著作物について認められる。典型的には，演劇，落語等が上演権の対象，音楽が演奏権の対象として挙げることができる。

　また，「上演」，「演奏」又は「口述」には，「著作物の上演，演奏又は口述で録音され，又は録画されたものを再生すること（公衆送信又は上映に該当するものを除く。）及び著作物の上演，演奏又は口述を電気通信設備を用いて伝達すること（公衆送信に該当するものを除く。）を含む」と定められているから（2条7項），生上演や生演奏に限らず，著作物をCDやDVDに一旦固定して（この固定には複製権が及ぶ）から再生する行為にも，これらの支分権が及ぶ。ただし，その録音，録画されたものを再生することが公衆送信に該当する場合には，公衆送信権（23条1項⇒本章本節3(5)）が働き，上映に該当する場合には，上映権（22条の2⇒本章本節3(4)）が働く。また，著作物の上演，演奏又は口述を電気通信設備を用いて伝達することにも上演権等が及ぶが，著作物の上演，演奏，口述が公衆送信され，それが受信装置を用いて公に伝達される行為には，公の伝達権（23条2項⇒本章本節3(6)）が働くことになる。もっとも，著作物の伝達が公衆送信に該当するものとして除かれるのは，後述のように公衆送信の同時伝達の場合だけである。

　なお，実演家が著作権者の許諾を得ないで著作物を上演，演奏，口述した場合に，上演等の行為が上演権等の支分権を侵害することになるが，実演家は著作隣接権及び実演家人格権を取得することができる（⇒第9章第2節）。

(4) 上 映 権

　上映権とは，著作物を公に上映する権利である（22条の2）。上映とは，「著作物（公衆送信されるものを除く。）を映写幕その他の物に映写することをいい，これに伴つて映画の著作物において固定されている音を再生することを含むものとする」と定義されている（2条1項17号）。

　「映写幕その他の物」とは，映画館のスクリーンをはじめパソコンのモニター，ビル壁面の大型ディスプレー，超大型テレビ等である。平成11年改正までは，上映権は映画の著作物についてのみ認められていたが，同改正によりすべての著作物について認められることとなった。したがって，プロジェクターを使い講義用資料等をスクリーンに映し出すことも上映に当たる。また，公衆

送信されるものが除かれている点は，上演権，演奏権，口述権と同様で，公衆送信される著作物を上映する行為は公の伝達権の対象となる。

(5) 公衆送信権

(a) **公衆送信とは** 23条1項は，「著作者は，その著作物について，公衆送信（自動公衆送信の場合にあつては，送信可能化を含む。）を行う権利を専有する」と規定する。公衆送信とは，「公衆によつて直接受信されることを目的として無線通信又は有線電気通信の送信……を行うこと」（2条1項7号の2）と定義されているが，後述のように，同一構内での電気通信の送信は除外されている。

(b) **公衆送信の構成——放送，有線放送，自動公衆送信** 公衆送信のうち，公衆によって同一の内容の送信が同時に受信されることを目的として行う送信であって無線通信の送信が，放送であると定義されている（2条1項8号）。これに対して，そのような送信であって有線電気通信によるものは，有線放送である（同項9号の2）。また，公衆送信のうち，公衆からの求めに応じ自動的に行うもの（放送又は有線放送に該当するものを除く）は，無線通信か有線電気通信かを問わず，自動公衆送信であり（同項9号の4），公衆を対象としたオンデマンド送信がその例である。

以前は，無線送信についての「放送権」，有線送信についての「有線送信権」が区別して設けられていたが，平成9年改正において，公衆に対する著作物の送信をすべて包括した「公衆送信権」という権利に統合された。

> **公衆送信（2条1項7号の2）**
> | 放送 | ：同一内容の同時送信。無線通信（2条1項8号） |
> | 有線放送 | ：同一内容の同時送信。有線電気通信（2条1項9号の2） |
> | 自動公衆送信 | ：公衆からの求めに応じ自動的に行う送信（2条1項9号の4） |
> | その他 | |

(c) **送信可能化権** 公衆送信権は，実際に公衆に送信することだけでなく，自動公衆送信の場合には，現に自動公衆送信が行われるに至る前の準備段

階の行為である送信可能化にも及ぶ（23条1項括弧書）。いわゆる送信可能化権である。

　送信可能化とは，ひと言でいえば，著作物を自動公衆送信し得るようにする行為である。具体的には，ネットワークに接続された自動公衆送信装置[7]に情報を記録・入力する行為（2条1項9号の5イ）と，情報が記録・入力されている自動公衆送信装置をネットワークに接続する行為（同号ロ）である。裁判例は，ファイル交換サービスにおいて，他人の著作物を複製した電子ファイルを，自己のパソコンの共有フォルダに蔵置してサーバに接続する行為は，送信可能化に該当すると判断している[8]。

　CASE 5-2 において，BはAの絵画αを電子ファイルβにデジタル化することが，複製権の侵害となることは既に述べたが，βをインターネット上のウェブサイトにアップロードすることは，著作物を複製する行為である（よって，複製権を侵害する）と同時に，自動公衆送信が可能な状態にする行為であり，実際に送信されたかどうかにかかわりなく，公衆送信権（送信可能化権）を侵害する。

　なお，最高裁は，利用者からの求めに応じ自動的に送信する機能を有する機器を用いて放送番組を送信するサービスに関して，「公衆の用に供されている電気通信回線に接続することにより，当該装置に入力される情報を受信者からの求めに応じ自動的に送信する機能を有する装置は，これがあらかじめ設定された単一の機器宛てに送信する機能しか有しない場合であっても，当該装置を用いて行われる送信が自動公衆送信であるといえるときは，自動公衆送信装置に当たるというべきである」と判示したうえ，何人もサービス提供者との関係等を問題にされることなく，問題となるサービスを利用する契約を締結することにより同サービスを利用することができるのであって，サービス提供者からみて，サービス利用者は不特定の者として公衆に当たるから，当該装置を用いて行われる送信は自動公衆送信であり，したがって，当該装置が自動公衆送信装置に当たり，当該自動公衆送信装置に放送番組を入力する行為が送信可能化

　7）「自動公衆送信装置」とは，公衆の用に供する電気通信回線に接続することにより，その記録媒体のうち自動公衆送信の用に供する部分に記録され，又は当該装置に入力される情報を自動公衆送信する機能を有する装置である（2条1項9号の5イ括弧書）。

　8）　東京地中間判平成15年1月29日判時1810号29頁〔ファイルローグ事件中間判決〕。

に当たると判断した[9]。

　　(d)　同一構内での送信の除外　　2条1項7号の2括弧書は，公衆送信から，「電気通信設備で，その一の部分の設置の場所が他の部分の設置の場所と同一の構内（その構内が二以上の者の占有に属している場合には，同一の者の占有に属する区域内）にあるものによる送信（プログラムの著作物の送信を除く。）」を除外している。同一構内での送信とは，一般的に有線 LAN・無線 LAN を指すが，これを公衆送信から除外する趣旨である。同一構内での送信は，上演権，演奏権，口述権，上映権によって捉えるべき行為と考えられてきたからである。

　　ただし，プログラムの複製物を1つだけ購入して，事業所のホスト・コンピュータから同一の事業所における各端末に送信して，そこで一時的に蓄積して使用することは[10]，プログラムの著作権者の利益に悪影響を与えるものと考えられるため，プログラムの著作物の送信については，公衆送信の対象から除外されないことになっている。したがって，プログラムの著作物の送信には，同一構内での送信であっても，公衆送信権が及ぶことになる。

⑹　公の伝達権

　　公の伝達権とは，「公衆送信されるその著作物を受信装置を用いて公に伝達する権利」である（23条2項）。例えば，公衆の面前あるいは公衆に開かれた場所にテレビ受信機を設置し，放送される著作物を受信して視聴させる行為に，公の伝達権が及ぶ。

　　前述したように（⇒本章本節3⑶・⑷），著作物の上演，演奏，口述を電気通信設備を用いて伝達することは，公衆送信に該当する場合には，上演，演奏，口述に当たらず，著作物を映写することも，公衆送信される著作物の場合には，上映に当たらない。これらの場合には，公の伝達権が働くことになる。ただし，公の伝達権は，「公衆送信された」ではなく，「公衆送信される」と規定されていることから，公衆送信の同時伝達を対象とするものであり，公衆送信された著作物を一旦複製する行為には複製権が及び，その複製物を再生することによ

---

　　9)　最判平成23年1月18日民集65巻1号121頁〔まねき TV 事件〕。なお，送信の主体に関する判断については，後述（⇒第7章第2節4⑵(c)）参照。

　10)　プログラムの一時的蓄積に複製権が及ばないことについては，既述（⇒本章本節2⑶）した。

り公に伝達する行為には上演権等が及ぶ。

公の伝達権は大幅に制限されている。放送・有線放送され，特定入力型自動公衆送信が行われ，又は放送同時配信等（放送又は有線放送が終了した後に開始されるものを除く）が行われる著作物を非営利かつ料金を徴収しないで公に伝達する行為には，公の伝達権が及ばず，侵害とならない（38条3項前段）。この点は，上演権等の場合（38条1項⇒第6章第10節2）と同様であるが，公の伝達権については，さらに，営利目的又は有料であっても，これらの著作物を「通常の家庭用受信装置を用いて」公に伝達する行為も，侵害とならない（38条3項後段⇒第6章第10節4）。飲食店等に市販されている通常の家庭用テレビ受信機を置いて客にテレビ放送を見せることが広く行われているという社会実態があり，このような行為を公の伝達権の対象とすれば社会に大きな影響を及ぼすと考えられるからである。実際にも，通常の家庭用受信装置を用いてこれらの著作物を同時伝達することは，本来の放送等とは別個の新たな需要を生み出すことはあまり考えられず，この権利制限によって著作権者が大きな不利益を受けることはないであろう。

> **CASE 5-2 の考え方**
> BはAの絵画αを電子ファイルβにデジタル化することが，複製権の侵害となることは既に述べたが，βをインターネット上のウェブサイトにアップロードすることは，著作物を複製する行為である（よって，複製権を侵害する）と同時に，自動公衆送信が可能な状態にする行為であり，実際送信されたかどうかにかかわりなく，公衆送信権（送信可能化権）を侵害する。

4 著作物の有形物を通じた利用に関する権利

> **CASE 5-3** Bは，Aの著作物を違法に複製して販売している。Cは，無過失でこれを適法な複製物と信じて，Bから購入し販売しているが，Aからの警告により違法複製の事実を知った。しかし，Cは，その後も価格を下げて当該違法複製物の販売を続けている。他方，Dは，新聞報道により上記違法複製の事実を知ったが，安い販売価格に釣られて当該違法複製物を購入し，他人に転売している。
> B，C，Dのうち，Aの譲渡権を侵害するのは誰か。

> **CASE 5-4** A は，日本アカデミー賞の最優秀作品賞を受賞した歴代の映画の
> DVD を毎年購入し，10 セット揃えた。A は，これらの DVD を自分が経営する
> 電器屋の店頭に並べて，セットで販売するとともに，貸出しにも応じている。A
> の行為は，映画の著作権者の頒布権を侵害するか。

(1) 総 説

著作物の有形物を通じた利用に関する権利は，著作物の有形物を通じた提供
に関する権利と，著作物の有形物を通じた提示に関する権利に分けることがで
きる。前者には，頒布権（26条），譲渡権（26条の2），貸与権（26条の3）が含
まれ，後者に当たるのは，展示権（25条）である。

有形物を通じた利用に関する権利も，公衆に向けられた場合にのみ働くもの
である（ただし，映画の著作物に関する頒布権は公衆に対する提供以外のものを含む）。
例えば，貸与権は著作物（映画の著作物を除く）をその複製物の貸与により公衆
に提供する権利であり（26条の3），特定少数の者への貸与には貸与権は及ばない。

有形物を通じた提供に関する権利は，現行法制定時には，映画の著作物の譲
渡と貸与の両方を対象とした頒布権のみが規定されていた（また，113条1項⇒
本章第4節2）。その後，貸レコード業が出現しレコード業界の売上げを大きく
減少させたため，その対応として，昭和59年改正により，映画の著作物以外
の著作物について貸与権が新設された。また，1996年に採択されたWIPO著
作権条約（著作権に関する世界知的所有権機関条約⇒第1章第4節5）6条に著作物
一般についての譲渡権が規定されたことを受けて，平成11年改正により，映
画の著作物以外の著作物について新たに譲渡権が設けられた。

(2) 譲 渡 権

(a) **譲渡権とは** 譲渡権は，映画の著作物以外の著作物を，その原作品
又は複製物の譲渡により公衆に提供する権利である（26条の2第1項）。

譲渡権は，違法に複製したものも含め，すべての複製物を対象としている。
もっとも，複製権を制限する規定により作成された複製物について，譲渡権に
よってその譲渡を禁止することになると，複製を許容する意義が失われること
になり適切ではない。よって，この場合には譲渡権が制限され，そのような複

製物を譲渡により公衆に提供することができる（47 条の 7 本文⇒第 6 章第 1 節 5）。ただし，権利制限規定に定める目的以外の目的のために公衆に譲渡する場合には，譲渡権が働く（同条ただし書）。

CASE 5-3 において，B は自ら違法複製物を作成して譲渡しているため，A の複製権とともに譲渡権を侵害することになる。

(b) **譲渡権の消尽**　著作物の円滑な流通を保護し，権利者の二重利得を防止するため，適法に譲渡された著作物の原作品・複製物については，譲渡権を行使することができないとされている。いわゆる権利の消尽である。26 条の 2 第 2 項は，次の場合に譲渡権が消尽すると定めている。①譲渡権者又はその許諾を得た者により公衆への譲渡が行われた場合（1 号），②裁定（⇒第 8 章第 7 節）等を受けて公衆への譲渡が行われた場合（2 号），③ 67 条の 2 第 1 項（裁定申請中の著作物の利用⇒第 8 章第 7 節 2(3)）の適用を受けて公衆への譲渡が行われた場合（3 号），④譲渡権者又はその承諾を得た者により特定少数の者に譲渡が行われた場合（4 号），⑤外国において，譲渡権に相当する権利を害することなく，又は譲渡権に相当する権利を有する者若しくはその承諾を得た者により譲渡が行われた場合（5 号）。5 号は，外国での譲渡権に相当する権利を有する者が国内の譲渡権者と同一人であることを要件としていないから，両者が別人であっても，譲渡権の消尽が生じると解される。

26 条の 2 第 2 項各号に該当する譲渡が行われた場合において，当該譲渡の当事者間で消尽を否定する契約を締結しても，譲渡権の消尽を阻止することはできないと解されている。例えば，著作権者が著作物の複製物の譲受人との間で転売禁止の合意をしたが，譲受人がこの合意に反して当該複製物を転売しても，その転売行為は譲渡権侵害とはならない。ただし，消尽を否定する契約であっても当事者間では原則として有効であるから，譲受人は契約違反の責任を問われることがあり得る。

26 条の 2 第 2 項各号のうち，5 号は，外国において譲渡された著作物の原作品・複製物に関するもので，いわゆる譲渡権の国際消尽を定めるものである。しかし，これでは外国で適法に頒布された低価格の CD が国内に還流してきた場合に譲渡権をもって対応することができないため，113 条 10 項は，商業用レコードに関して例外を定めている（⇒本章第 4 節 7）。

なお，26 条の 2 第 2 項によって消尽するのは譲渡権のみであって，適法に

譲渡された複製物であっても，そ
れを用いて上演等をする行為には
上演権等が及ぶし，そのような複
製物を複製する行為には複製権が
及ぶ。また，貸与権も消尽せず，
適法に譲渡された複製物を公衆に

> **用語解説⑥　善意と悪意**
>
> 　善し悪しとは関係なく，ある事実を知
> らないことを「善意」といい，ある事実
> を知っていることを「悪意」という。

貸与する行為には，後述する貸与権が働く。

　　(c)　**善意*者に係る譲渡権の特例**　　不適法な譲渡によっては譲渡権は消尽
しないが，第三者からみれば適法な譲渡であるかどうかは明瞭ではない。その
ため，取引の安全が損なわれないように，著作物の原作品・複製物の譲渡を受
けた時に，譲渡権が消尽していないことにつき善意無過失の者が，それらの原
作品・複製物を公衆に譲渡する行為は，譲渡権を侵害しないと規定されている
（113条の2）。譲渡を受けた時に善意無過失の者であれば，事後的に権利者等か
ら違法譲渡である旨の告知を受けたとしても，本条による保護を受ける[11]。

　もっとも，本条の目的は善意無過失の者を保護することであって，譲渡権自
体の消滅をもたらすものではない。善意無過失の者が譲渡を受けることによっ
て，その後の一切の譲渡について譲渡権が制限されるわけではなく，善意無過
失の者から譲渡を受けた者が，譲渡を受けた時に悪意又は善意有過失であった
場合には，その者による譲渡は譲渡権を侵害することとなると解されている。

　CASE 5-3 において，譲渡されている複製物は違法複製物であって，Bによ
る譲渡は不適法な譲渡であるため，譲渡権は消尽しない。しかし，Cは複製物
の譲渡を受けたときに善意無過失であったため，事後的に違法複製の事実を知
っても，113条の2の適用により，他人に譲渡する行為はAの譲渡権を侵害
しない。

　他方，Dは違法複製物と知りながら譲渡を受けたため，113条の2は適用さ
れず，他人に譲渡する行為はAの譲渡権を侵害する。

---

11)　ただし，113条1項2号により，違法複製物を公衆に譲渡する行為は著作権侵害となり得る
　　（⇒本章第4節2）。

(3) 貸 与 権

　貸与権は，映画の著作物以外の著作物を，その複製物の貸与により公衆に提供する権利である（26条の3）。「貸与」には，「いずれの名義又は方法をもってするかを問わず，これと同様の使用の権原を取得させる行為」が含まれる（2条8項）。その趣旨は，脱法的行為を規制することであり，これにより，売買契約の形式をとっていても，その実態をみれば貸与に当たる行為にも貸与権が及ぶことになる。例えば，買戻特約付の売買であっても，その実態が貸与と何ら変わらないとなれば，貸与権が及ぶことになる。

　貸与権は，貸レコード店の普及に対応して，昭和59年改正によって新設されたものである。貸与を受けた個人の多くが私的使用目的の複製（30条1項⇒第6章第2節）を行い，そのような形式上合法な複製が総体として大量に行われた結果，権利者に著しい不利益を及ぼしたため，貸与権が導入されたという経緯があることから，貸与権は複製権を補完する機能を果たすものと考えられていた。もっとも，著作物を享受するのに短期間の貸与で十分な場合も多く，現在では，複製が行われなくても，複製物の貸与を受けて著作物を享受するという利用形態が広まっている。つまり，著作物の貸与は，複製を誘発するのみならず，短期間の貸与が繰り返し行われて多くの需要を満たすことにより，複製物の販売量を大きく減少させるおそれがある一方，貸与自体が経済的価値のあるものとなっている。したがって，貸与権は，複製権の補完にとどまらず，貸与から得られる利益を権利者に還元させる役割を果たすようになっている。

　前述したように，適法な譲渡により，譲渡権は消尽するが，貸与権は消尽しないと解される。そうでないと，貸与権を定めたことが無意味になってしまうし，上述したような貸与の特質を無視することになるからである。

　譲渡権については，「原作品又は複製物」の譲渡が権利の対象と規定されているのに対し，貸与権では，「複製物」の貸与のみが権利の対象と定められており，原作品が除かれている。これは，原作品の貸与においては，権利者は相手方との契約により利益を確保することが可能であり，また，原作品を貸与権の対象とすると，所有権との調整の問題があるからと説明されている[12]。

　ところで，自動車の電子制御装置のように，工業製品にはプログラムが内蔵

12）作花272頁。

されていることが多い。そのため，レンタカーのように，工業製品を貸与する
と，結果的に内蔵のプログラムも貸与することになるが，そのような貸与は権
利者に不利益をもたらすことは通常ないと考えられ，また，貸与権が及ぶこと
とすると，商品の円滑な流通が阻害されることになる。そこで，学説において
は，権利者が当該著作物の公衆への貸与を黙示的に許諾しているとみるか[13]，
あるいは著作物が貸与の本質的な対象ではない[14] として，貸与権の侵害を否
定する見解が主張されている。なお，この点に関して，WIPO著作権条約7条
は，1項において，コンピュータ・プログラムについて著作者が公衆への商業
的貸与を許諾する排他的権利を享受すると定める一方，2項において，当該コ
ンピュータ・プログラム自体が貸与の本質的な対象でない場合には，1項が適
用されないと規定している。

(4) 頒 布 権

(a) 頒布とは　　頒布権は，映画の著作物について特に認められている権
利である。頒布とは，①「有償であるか又は無償であるかを問わず，複製物を
公衆に譲渡し，又は貸与すること」であり，②「映画の著作物又は映画の著作
物において複製されている著作物にあつては，これらの著作物を公衆に提示す
ることを目的として当該映画の著作物の複製物を譲渡し，又は貸与することを
含む」，と定義されている（2条1項19号）。通常，①は前段頒布，②は後段頒
布と呼ばれている。譲渡権，貸与権は公衆に対する譲渡，貸与に及ぶ権利であ
るが，頒布権については，公衆に対する譲渡，貸与に加え，後段頒布により，
映画フィルムを公衆ではなく特定少数の者に対して譲渡，貸与する行為であっ
ても，その目的が公衆への提示すなわち映画の上映であれば，頒布権が及ぶこ
とになる。

このように，頒布権は譲渡と貸与の両方を対象にし，かつ，上映に至る前の，
特定少数の者に対する譲渡，貸与にも及ぶため，非常に強力な権利である。頒
布権は，映画の著作物についてのみ，しかも後から追加された譲渡権，貸与権
と違い，現行法制定当初から認められていた。その理由は，①ベルヌ条約（⇒

13)　小倉＝金井コンメ（Ⅰ）566頁［小倉秀夫］。
14)　中山341〜342頁。

第1章第4節2）ブラッセル改正条約にその旨の規定があったこと，②多額の資金が投資される映画については，流通をコントロールして効率的に資本を回収する必要があったこと，③劇場用映画の取引については，少数の映画フィルムのみ作成して，譲渡ではなく貸与という形で，映画館の間を転々と移転させるという「配給制度」の慣行が存在していたこと，④著作権者の意図しない上映行為を規制することが困難であるため，その前段階である頒布行為を規制する必要があったことなどである。

　(b)　**頒布権を有する者**　　26条1項は，「著作者は，その映画の著作物をその複製物により頒布する権利を専有する」と規定している。つまり，映画の著作物の著作権者は，その映画の著作物につき頒布権を専有する。

　また，同条2項は，映画の著作物において複製されている著作物の著作権者は，当該映画の著作物の複製物について頒布権を専有すると定めている。2項の頒布権は本来，映画の著作物において複製されている音楽等の著作物の著作権者が，音楽等の著作物について有する権利であるが，この場合音楽等の著作物の頒布は映画を通じて行われるため，結果的に権利は映画の著作物の複製物の頒布に及んでいる。

　さらに，映画の著作物において翻案されている著作物については，映画の著作物は当該著作物を原著作物とする二次的著作物であるから，当該著作物の著作権者は，後述する28条（⇒本章本節5(3)）を介して，26条1項により映画の著作物についての頒布権を有することになる。

　(c)　**頒布権の消尽**　　頒布権は劇場用映画の配給制度を考慮して設けられたものであり，明文規定はないが，一般に，映画フィルムの流通によっても消尽しないと解されてきた。しかし，映画の著作物には，「映画の効果に類似する視覚的又は視聴覚的効果を生じさせる方法で表現され，かつ，物に固定されている著作物を含む」（2条3項）と定義されており，配給制度を前提としないDVDなどのビデオソフトや，ゲームソフトも映画の著作物に含まれるところ（⇒第2章第2節8），これらの著作物について，映画フィルムと同様に，複製物の適法な譲渡によっても頒布権が消尽しないかが争われるようになった。この点について，最高裁は，「公衆に提示することを目的としない家庭用テレビゲーム機に用いられる映画の著作物の複製物の譲渡」については，市場における商品の円滑な流通を確保することや二重利得の防止の観点から，「当該著作物

の複製物を公衆に譲渡する権利は，いったん適法に譲渡されたことにより，その目的を達成したものとして消尽し，もはや著作権の効力は，当該複製物を公衆に再譲渡する行為には及ばないものと解すべきである」と述べ，ゲームソフトの適法な譲渡により，頒布権のうち譲渡する権利が消尽すると判断している[15]。

　したがって，頒布権のうち譲渡する権利に関しては，映画フィルムの配給制度を前提とする後段頒布の場合には，消尽は生じないが，DVD化した映画の著作物や，映画の著作物として扱われるゲームソフトの市場における流通等，配給制度を前提としない前段頒布の場合には，消尽が成立し，適法に譲渡された複製物を譲渡する行為は頒布権の侵害とならないと解される[16]。国際消尽についても認められよう[17]。

　他方，頒布権のうち貸与する権利に関しては，前述した26条の3の貸与権と同様な理由で，権利の消尽は認められない。

　CASE 5-4 において，Aが適法な譲渡により手に入れた映画のDVDは，公衆に提示することを目的としない映画の著作物の複製物であり，これを販売する行為は，配給制度を前提としない前段頒布に該当するため，頒布権は適法な譲渡により消尽し，侵害とはならない。これに対して，映画のDVDを公衆に貸し出す行為は，頒布権が対象とする貸与に該当し，権利の消尽もないため，頒布権を侵害する。

(5) 展　示　権

　25条は，「著作者は，その美術の著作物又はまだ発行されていない写真の著

---

15)　最判平成14年4月25日民集56巻4号808頁〔中古ゲームソフト事件〕。

16)　東京高判平成14年11月28日（平成14年（ネ）1351号）〔中古ビデオソフト事件〕は，中古ビデオソフトの販売について頒布権侵害を否定した。なお，東京地判平成24年7月11日判時2175号98頁〔韓国TV番組DVD事件〕は，頒布権は一旦適法に譲渡（第一譲渡）されることにより消尽するが，本件では，複製物の譲渡契約が債務不履行により有効に解除されたことから，適法な第一譲渡があったとはいえず，消尽を論ずる余地はないと述べた。

17)　なお，上記最高裁判決以前の裁判例であるが，映画の著作物は他の著作物と違って，各国の映画市場における劇場公開時期，DVD発売時期を計画的に調整して興行収入を上げる方法が通常採られていることに鑑み，外国における映画DVDの適法な譲渡によっても頒布権は国際消尽せず，国内に並行輸入されたDVDの販売に頒布権が及ぶと判断したものがある。東京地判平成6年7月1日知的裁集26巻2号510頁〔101匹わんちゃん事件〕。

作物をこれらの原作品により公に展示する権利を専有する」と規定している。つまり，展示権の対象となるのは，美術の著作物，未発行（発行については，3条参照）の写真の著作物の原作品であり，原作品でない複製物の展示には展示権は及ばない。

　「原作品」について，著作権法に定義規定は設けられていない。絵画の場合，原作品は通常1個しかなく，その特定は容易である。版画や鋳型に基づいて制作される彫刻作品の場合には，同じ作品が複数存在し得るのであるが，これらすべてが原作品であると解される。ただ，写真については，原作品はネガフィルムではなく，印画紙にプリントされたものとされているため，版画の場合よりも大量になる可能性があり，これらをすべて展示権の対象とすると，美術作品とのバランスを欠くことになる。そのため，未発行の写真，すなわち未だ公衆の需要が満たされていないものに限定して，美術の著作物の原作品と同様に取り扱い，展示権の対象としたのである。

　展示権は著作権者が有する権利であるが，その対象となる原作品は流通され著作権者の支配を離れることがあり，展示権と原作品の所有権との間に抵触が生じる場合があるため，展示権は所有権との調整により，次のように制限されている。美術の著作物，写真の著作物の原作品の所有者又はその同意を得た者は，その原作品を自由に展示することができる（45条1項）。ただし，美術の著作物の原作品を屋外に恒常的に設置する場合は除かれている（同条2項）。美術の著作物の原作品が屋外に恒常的に設置されると，46条各号に掲げられる特定の利用を除き自由に利用することができることになり，著作権者への影響が大きいからである（⇒第6章第15節2・3）。

> **CASE 5-3の考え方**
> 　Bは自ら違法複製物を作成して譲渡しているため，Aの譲渡権を侵害する。また，Dは違法複製物と知りながら譲渡を受けたため，113条の2は適用されず，他人にさらに譲渡することは，Aの譲渡権を侵害する。
> 　他方，Cは複製物の譲渡を受けた時に善意無過失であったため，事後的に違法複製の事実を知ったとしても，113条の2の適用により，他人に譲渡してもAの譲渡権を侵害しない。

CASE 5-4 の考え方
　問題となる映画の DVD は，公衆に提示することを目的としない映画の著作物の複製物であり，これを販売することは，いわゆる前段頒布に該当し，頒布権のうち譲渡する権利は適法な譲渡により消尽する。そして，A は適法な譲渡により当該映画の DVD を取得しているため，頒布権は既に消尽し，A の販売行為は侵害とはならない。他方，A が映画の DVD を公衆に貸し出す行為は，頒布権が対象とする貸与に該当し，貸与する権利は消尽しないため，頒布権を侵害する。

5　二次的著作物の創作・利用に関する権利

(1)　総　説

　複製権をはじめ，これまで説明した著作権の支分権は，著作物をその元の表現のままで利用する行為を対象としている。著作権法は，これらの権利以外に，二次的著作物を創作する行為，すなわち原著作物の本質的な特徴を維持しつつ，具体的表現を改変して新たな創作性を加えることについて，翻訳権，翻案権等を定め（27条），さらに，翻訳や翻案により創作された二次的著作物を利用する行為についても，原著作者が有する権利を定めている（28条）。

(2)　翻訳権，翻案権等

　27条は，「著作者は，その著作物を翻訳し，編曲し，若しくは変形し，又は脚色し，映画化し，その他翻案する権利を専有する」と規定している。翻訳とは，ある特定の言語により表現された言語の著作物を別の言語に直すことである。編曲とは，音楽の著作物を改編することである。変形とは，美術の著作物等の形を変えることである。また，翻案とは，狭義には脚色，映画化などの例示のように，著作物の大筋をまねて，細かい点を直すことであるが，原著作物を改変して二次的著作物を創作することを広く指す意味で用いられることが多い。
　著作権侵害訴訟において，問題となる作品が著作物の翻案に該当するか否かが争われることは少なくない。判例は，「言語の著作物の翻案（著作権法27条）とは，既存の著作物に依拠し，かつ，その表現上の本質的な特徴の同一性を維持しつつ，具体的表現に修正，増減，変更等を加えて，新たに思想又は感

情を創作的に表現することにより，これに接する者が既存の著作物の表現上の
本質的な特徴を直接感得することのできる別の著作物を創作する行為をいう。
そして，著作権法は，思想又は感情の創作的な表現を保護するものであるから
（同法 2 条 1 項 1 号参照），既存の著作物に依拠して創作された著作物が，思想，
感情若しくはアイデア，事実若しくは事件など表現それ自体でない部分又は表
現上の創作性がない部分において，既存の著作物と同一性を有するにすぎない
場合には，翻案には当たらない」と判示している[18]。この判決は「言語の著作
物」の翻案と限定して述べているが，この判決が述べる翻案の定義は他の著作
物についても通用すると解されている。

　前述した複製の判断（⇒本章本節 2 (2)）と比較すると，既存の著作物に依拠
し実質的に同一のものを有形的に再製することが複製であるのに対し，既存の
著作物に依拠しながら，その表現上の本質的な特徴の同一性を維持しつつ，具
体的表現を改変して新たに創作し，その結果これに接する者が既存の著作物の
表現上の本質的な特徴を直接感得することのできる著作物を創作することが翻
案に当たる。ただし，著作権法は創作的な表現を保護するものであるため，創
作的な表現でない部分において，既存の著作物と同一であっても，複製権ない
し翻案権の侵害には該当しない。

　既存の著作物の表現上の本質的な特徴を直接感得することができるかが翻案
の判断基準となるが，その判断に際して，既存の著作物の著作権者が問題とな
る作品の一部が翻案であると主張する場合に，当該作品のその他の部分も含め
て既存の著作物と比較することができるかについては議論がある。これを肯定
する立場によると，問題となる作品に既存の著作物の創作的な表現と類似する
ものが認められても，これ以外に新たな創作部分が大きく，当該作品に接する
者が既存の著作物の表現上の本質的な特徴を直接感得できない場合には，翻案
が否定されることになり，この立場を採用したと解される裁判例がある[19]。こ
れに対して，あくまで既存の著作物の著作権者が主張する範囲を審理の対象と
すべきであって，当該部分以外の創作的表現部分の存否と影響を審理判断すべ
きではないという立場もある[20]。

---

18)　最判平成 13 年 6 月 28 日民集 55 巻 4 号 837 頁〔江差追分事件〕。
19)　知財高判平成 24 年 8 月 8 日判時 2165 号 42 頁〔釣りゲーム事件〕。
20)　高林 81 頁。

　なお，翻訳権について，附則 8 条は，現行法の施行前に発行された著作物については，旧法 7 条と 9 条がなお効力を有すると規定しているため，現行法が施行された昭和 46 年以前に発行され，それから 10 年以内にその翻訳著作物が発行されていないものは，上記旧法の規定により翻訳権が消滅し自由に翻訳することができることとなる。

(3)　二次的著作物の利用に関する原著作者の権利

　(a)　**原著作者が有する権利**　　二次的著作物とは，「著作物を翻訳し，編曲し，若しくは変形し，又は脚色し，映画化し，その他翻案することにより創作した著作物」である（2 条 1 項 11 号⇒第 2 章第 3 節 1）。

　28 条は，「二次的著作物の原著作物の著作者は，当該二次的著作物の利用に関し，この款に規定する権利で当該二次的著作物の著作者が有するものと同一の種類の権利を専有する」と規定している。つまり，原著作物の著作者は，前述したように，27 条に基づいて原著作物を改変して二次的著作物を創作する翻訳権，翻案権等を専有するとともに，創作された二次的著作物の利用についても，28 条により，二次的著作物の著作者が有するものと同一の種類の権利を専有する。これにより，原著作物と二次的著作物の種類が異なる場合に，原著作物の著作者は，原著作物には認められていない権利であっても，二次的著作物の利用に関しては有することがある。例えば，小説の著作者は，当該小説について頒布権を有していないが，当該小説を原作とする映画の著作物についての頒布権を有することとなる。

　なお，二次的著作物の成立には，適法に原著作物を改変したということが要件とされていないため，無断で原著作物を改変して創作された二次的著作物の利用にも，原著作物の著作者の権利が及ぶ。

　(b)　**原著作者の権利の存続期間と範囲**　　「二次的著作物に対するこの法律による保護は，原著作物の著作者の権利に影響を及ぼさない」（11 条）ため，二次的著作物の利用について，原著作物の著作者の権利と，二次的著作物の著作者の権利とが併存する。もっとも，原著作物の著作者が有するのは，二次的著作物の著作者が有するものと「同一の種類の権利」（28 条）であって，同一の権利ではない。したがって，二次的著作物の利用に関して，原著作物の著作者が有する権利と，二次的著作物の著作者が有する権利の存続期間は同じでは

なく，例えば，小説を翻訳した翻訳作品の利用に関して，小説の著作者の著作権が既に消滅していれば，翻訳者の許諾だけを受ければよく，翻訳者の著作権が既に消滅していれば，小説の著作者の許諾だけを受ければよいことになる。

　また，二次的著作物について原著作者が有する権利の及ぶ範囲に関して，キャンディ・キャンディ事件最高裁判決[21]は，問題となる連載漫画が漫画の原作原稿を原著作物とする二次的著作物であるとしたうえ，原著作者の権利が二次的著作物の全部について及ぶと判断している。しかし，二次的著作物の著作者の権利が及ぶ範囲を判断したポパイ・ネクタイ事件最高裁判決[22]は，「二次的著作物が原著作物から独立した別個の著作物として著作権法上の保護を受けるのは，原著作物に新たな創作的要素が付与されているため」であるから，「二次的著作物の著作権は，二次的著作物において新たに付与された創作的部分のみについて生じ，原著作物と共通しその実質を同じくする部分には生じない」と述べて，二次的著作物において，原著作物のみを利用している部分と，新たに加えられた創作の部分を区別している。

　上記2つの判例の関係をどのように理解するかが問題となるが，著作権法の基本は創作をした者を保護することであるため，原著作物に依拠せず，二次的著作物の著作者が独自に創作した部分に，原著作者の権利が及ぶと解することは妥当ではなく，原著作者の権利は，二次的著作物のうち，原著作物の創作的表現が感得できる部分に限られると理解すべきであろう[23]。

---

21)　最判平成13年10月25日判時1767号115頁〔キャンディ・キャンディ事件〕。
22)　最判平成9年7月17日民集51巻6号2714頁〔ポパイ・ネクタイ事件〕。
23)　中山186〜187頁，高林83頁。

第4節　みなし侵害

◈*POINT*◈

著作権侵害とみなされる行為（みなし侵害）等の規制：

◆　違法複製物の頒布目的での輸入，頒布等（113条1項）

◆　リーチサイト・リーチアプリによる侵害著作物等の利用容易化（同条2～4項）

◆　プログラムに係る違法複製物の業務上の使用（同条5項）

◆　技術的保護手段・技術的利用制限手段の回避（同条6項・7項）

◆　権利管理情報の改ざん（同条8項）

◆　商業用レコードの還流防止措置（同条10項）

CASE 5-5　建築設計士事務所Bは，Cから3D製図用ソフトウェアαを購入し，顧客に設計案を説明するための図面作成に使用している。αは，Aが著作権を有するプログラムを，Cが違法に複製したものであったが，Bはαを購入した時点ではこの事実を知らなかった。その後，Cが警察に逮捕されたことがニュースに取り上げられたことをうけ，Bは，自主調査した結果，αが違法複製物であることを知った。しかし，Bは，それ以降もαを使用し続けている。Bがαを使用する行為は，Aの著作権を侵害するか。

1　概　　説

　113条は，著作権をはじめ著作者人格権，出版権，実演家人格権，著作隣接権の侵害とみなされる行為（みなし侵害）について規定している。同条は，違法複製物の頒布目的での輸入，頒布等（1項），リーチサイト・リーチアプリによる侵害著作物等の利用容易化（2～4項），プログラムに係る違法複製物の業務上の使用（5項），技術的保護手段・技術的利用制限手段の回避（同条6項・7項），権利管理情報の改ざん（8項），などの行為を規制し，商業用レコードの還流防止措置（10項）を設けている。

2　違法複製物の頒布目的での輸入，頒布等

　著作物の有形物を通じた提供に関して，113条1項は，譲渡権が創設される以前から，頒布権以外に，一定の輸入・頒布を著作権等の侵害とみなしている。

(1)　違法複製物の頒布目的での輸入

　日本の著作権等の効力は国外に及ばないため，その侵害となるような行為を外国で行っても，日本の著作権等を侵害することはない。しかし，このような行為によって作成された複製物等の国内への輸入を認めると，結果的に国内で違法な複製等が行われることを容認するのに等しい。そこで，113条1項1号は，①国内において頒布する目的をもって，②輸入の時において国内で作成したとしたならば著作権等の侵害となるべき行為によって作成された物を，③輸入する行為，を著作権等の侵害とみなしている。

　本号は，外国での複製等を違法とみなすのではなく，そのような行為による複製物等の輸入を防止しようとする規定であり，いわゆる水際措置（⇒第7章第6節）の一環をなすものである。上記②の要件が定めるように，本号によって輸入が禁止される物は，国内で作成したとしたならば著作権等の侵害となるべき行為によって作成された物であるため，外国において，日本の権利者により又はその許諾を得て作成された複製物はこの要件を満たさず，その輸入は禁止されない。なお，この要件の判断基準時は，「輸入の時」である。

(2)　違法複製物の頒布等

　113条1項2号は，①著作権等を侵害する行為によって作成された物（1号の輸入に係る物を含む）を，②情を知って，③頒布し，頒布目的で所持し，頒布する旨の申出をし，業として輸出し，業として輸出目的で所持する行為，を著作権等の侵害とみなしている。この規定は，違法複製物の拡散を防止し著作権等の実効性を確保するためのものであるが，著作物等の円滑な流通を確保するために，「情を知って」が要件とされている。

　ここでいう「情」とは，①にいう「著作権等を侵害する行為によって作成された物」であることを指すものである。その判断基準時は，③にいう頒布等各行為の行為時である。また，過失の有無が問題とされていないため，情を知ら

ないことにつき過失があったとしても，情を知らなかった以上，侵害とはみなされない。

どの程度に明確に知っていれば「情を知って」と評価できるかは解釈の問題であるが，裁判例では，侵害を認める判決が確定したことを知る必要はなく，仮処分や未確定の1審判決等であっても侵害を認める判断がされたことを知れば，この要件を満たすと解されている[24]。

譲渡権（26条の2⇒本章第3節4(2)）と本号を比較すると，譲渡権の侵害の成立には「情を知って」という主観的要件が要求されていないため，違法複製物を情を知らずに譲渡する行為であっても譲渡権侵害となる。もっとも，113条の2により，違法複製物を，譲渡権が消尽していないことにつき善意無過失で譲り受けた者が譲渡する行為は譲渡権を侵害しない。しかし，この場合であっても，その者が違法複製物を譲り受けてから譲渡する時までに情を知った場合には，その者の譲渡は，113条1項2号により著作権侵害とみなされることになろう。

3 リーチサイト・リーチアプリによる侵害著作物等の利用容易化

近年，インターネット上の海賊版による被害が深刻さを増してきている。前述したように（⇒本章第3節3(5)），著作権者の許可なく著作物をインターネット上にアップロードすることは，公衆送信権の侵害に当たる。しかし，侵害著作物等へのリンク情報等を集約して提供するいわゆる「リーチサイト」や「リーチアプリ」は，海賊版被害を格段に拡大させているにもかかわらず，従来，これを直接に規制することが困難であった。そこで，令和2年改正は，113条2項〜4項を新設し，リーチサイト・リーチアプリを用いてユーザーを侵害著作物等に誘導する一定の行為を著作権等の侵害とみなしている。

(1) リーチサイト・リーチアプリの定義

113条2項は，侵害著作物等に係る送信元識別符号等（URLなど）の利用を促す文言が表示されていること，そのURLなどが強調されていることその他

のURLなどの提供の態様に照らし，公衆を侵害著作物等に殊更に誘導するものであると認められるウェブサイト等およびプログラムを，それぞれ，侵害著作物等利用容易化ウェブサイト等（いわゆるリーチサイト）及び侵害著作物等利用容易化プログラム（いわゆるリーチアプリ）と定義している（同項1号イ・2号イ）。ほかにも，提供されているURLなどの数，総数に占める割合，利用に資する分類又は整理の状況その他の状況に照らし，主として公衆による侵害著作物等の利用のために用いられるものであると認められるウェブサイト等及びプログラムが，それぞれ，リーチサイト・リーチアプリに該当すると定められている（同項1号ロ・2号ロ）。

　ここでいう侵害著作物等は，二次的著作物である場合には，翻訳著作物に限る。著作物等の送信可能化が国外で行われた場合であっても，国内で行われたとしたならば著作権等の侵害となるべきものは，侵害著作物等に該当する（113条2項柱書の括弧書）。

　また，「公衆を侵害著作物等に殊更に誘導するもの」として，サイト運営者・アプリ提供者が，侵害著作物等へ誘導するために，デザインや表示内容等を作り込んでいるような場合が想定されている。

　なお，「送信元識別符号等」とは，URL又はそれ以外の符号その他の情報であってその提供がURLの提供と同一若しくは類似の効果を有するものをいう（113条2項柱書）。また，「ウェブサイト等」とは，URLのうちインターネットにおいて個々の電子計算機を識別するために用いられる部分が共通するウェブページの集合物をいう（113条4項）。

(2) リーチサイト・リーチアプリにおける URL などの提供行為

　まず，113条2項は，リーチサイト又はリーチアプリを用いて，URLなどの提供により侵害著作物等の他人による利用を容易にする行為について，当該行為に係る著作物等が侵害著作物等であることを知っていた場合（故意）又は知ることができたと認めるに足りる相当の理由がある場合（過失）には，著作権等を侵害する行為とみなす旨を定めている。

(3) リーチサイト運営者・リーチアプリ提供者による侵害著作物等利用容易
　　化の放置行為

　さらに，著作権等の侵害とみなされる行為として，113条3項では，リーチ
サイト運営者又はリーチアプリ提供者が，①当該リーチサイト又はリーチアプ
リを用いて，侵害著作物等利用容易化に係るURLなどの提供が行われている
場合であって，かつ，②当該URLなどに係る著作物等が侵害著作物等である
ことを知っている場合（故意）又は知ることができたと認めるに足りる相当の
理由がある場合（過失）において，③当該侵害著作物等利用容易化を防止する
措置を講ずることが技術的に可能であるにもかかわらず当該措置を講じない行
為が定められている。

　なお，直接的にリーチサイトの運営やリーチアプリの提供を行っていない汎
用的なプラットホーム・サービス提供者（例えば，YouTube全体を管理運営する
Google）は，原則的に規制の対象から除外されるが，著作権者等からのURL
などの削除請求に正当な理由なく相当期間にわたり応じない場合など，著作権
者等の利益を不当に害すると認められる特別な事情がある場合は規制対象とな
る（113条3項括弧書）。

4　プログラムに係る違法複製物の業務上の使用

　コンピュータ・プログラムの利用の中心は電子計算機において使用すること
であるが，プログラムの使用を対象とする使用権のような支分権は，著作権法
上定められていない。しかし，プログラムの違法複製物の使用を完全に放置す
ることは，著作権者の正当な利益の保護という観点からみれば適切ではない。
そこで，113条5項は，プログラムに係る違法複製物を電子計算機において使
用する一定の行為を著作権侵害とみなすことによって，権利者の適正な利益の
確保を図っている。

　すなわち，113条5項は，①プログラムの著作物に係る違法複製物を，②業
務上電子計算機において使用する行為は，③これらの複製物を使用する権原を
取得した時に情を知っていた場合に限り，著作権を侵害する行為とみなすと規
定している。

　①プログラムの著作物に係る違法複製物には，「プログラムの著作物の著作
権を侵害する行為によつて作成された複製物」（いわゆる海賊版）のほか，113

条1項1号の輸入に係るプログラムの著作物の複製物と，これらの複製物の所有者によって47条の3第1項（⇒第6章第16節2）により作成された複製物が含まれる。

本項は，プログラムの円滑な流通を阻害しないように，使用が侵害とみなされるためには，②業務上の使用であることと，③複製物を使用する権原を取得した時に情を知っていたことが必要であるとしている。ここでいう「業務」とは，人がその社会的地位に基づいて反復継続して行う事務や事業であり，営利を目的とする場合に限られない。また，「複製物を使用する権原」とは，プログラムが格納されている CD-ROM や USB メモリなどの有体物である複製媒体の所有権や貸借権を指すと解されている。そして，「情を知っていた」とは，当該複製物が①の違法複製物であることの認識を指している。

「情を知っていた」の判断基準時は複製物を使用する権原を取得した時であるため，購入，借受け等により権限を取得した後に情を知ったとしても，本項の適用はなく，著作権侵害とみなされない。CASE 5-5 において，B は，C から 3D 製図用ソフトウェア α を購入した際に，違法複製物である事実を知らなかったため，その後に情を知るようになっても，113条5項の適用はなく，A の著作権の侵害とみなされない。

5 技術的保護手段・技術的利用制限手段の回避

侵害行為に対する事後的な法的救済とは別に，侵害行為を技術的な方法で防止する技術的保護手段をあらかじめ著作物等に施すことが行われているが，そのような技術的保護手段を回避する技術も生み出されている。従前，著作権法は，技術的保護手段の回避自体を規制する代わりに，技術的保護手段を回避して行う複製が，その事実を知りながら行う場合は，私的使用目的の複製であっても複製権侵害とすることや（30条1項2号⇒第6章第2節1(2)），技術的保護手段の回避を行う一定の行為に対して刑事罰を科すこと（120条の2第1号・第2号⇒第7章第7節4）により，規制の目的を達成していた。平成30年のTPP11協定整備法（⇒第1章第4節7）により，アクセスコントロール機能を有する保護技術について，新たに「技術的利用制限手段」を定義したうえで，その回避が著作権侵害行為とみなされることになった。さらに，令和2年改正は，アクセスコントロールに関する保護の強化を図った。

(1)　技術的保護手段・技術的利用制限手段の定義

技術的保護手段とは，①電磁的方法により，著作権等を侵害する行為の防止又は抑止をする手段であり，②著作権等を有する者の意思に基づくことなく用いられているものではなく，③著作物等の利用に際しこれに用いられる機器が特定の反応をする信号を記録媒体に記録，送信する方式又は当該機器が特定の変換を必要とするよう著作物等を変換して記録媒体に記録，送信する方式によるもの，である（2条1項20号）。③にいう方式として，具体的には，著作物のコピーを制限するコピーコントロール信号方式や，著作物を暗号化（スクランブル）する暗号方式等が実用されている。

技術的利用制限手段とは，いわゆるアクセスコントロールであり，①電磁的方法により，著作物等の視聴（プログラム著作物の実行行為を含む）を制限する手段であり，②著作権等を有する者の意思に基づくことなく用いられているものではなく，③著作物等の視聴に際し，これに用いられる機器が特定の反応をする信号を記録媒体に記録，送信する方式又は当該機器が特定の変換を必要とするよう著作物等を変換して記録媒体に記録，送信する方式によるもの，と定義されている（同項21号）。前述したように，この定義は平成30年TPP11協定整備法によって新たに導入されたものであるが，当初の定義における③の部分は，信号を「著作物等とともに」記録媒体に記録，送信する方式を対象としていたため，信号を著作物とは別に記録，送信するライセンス認証方式が含まれるかは不明確であった。令和2年改正は，「著作物等とともに」の部分を削除することにより，ライセンス認証の方式も保護対象に含まれることを明確にした。

(2)　技術的利用制限手段の回避

113条6項は，技術的利用制限手段の回避，すなわちその手段により制限されている著作物等の視聴を当該手段の効果を妨げることにより可能とすることを，権限なく行う行為を著作権侵害行為とみなす旨を定めている。もっとも，技術的利用制限手段に係る研究又は技術の開発の目的上正当な範囲内で行われる場合その他著作権者等の利益を不当に害しない場合は除外される。

⑶ **技術的保護手段・技術的利用制限手段の回避を行う不正なシリアルコードの提供等**

113条7項は，技術的保護手段の回避又は技術的利用制限手段の回避を行うことをその機能とする指令符号（不正なシリアルコード）を公衆に譲渡，貸与し，譲渡・貸与目的で製造，輸入，所持し，若しくは公衆の使用に供し，又は公衆送信し，若しくは送信可能化する行為を，著作権侵害行為とみなす旨を定めている。これは，アクセスコントロールに関する保護の強化を図った令和2年改正によるものであり，ライセンス認証などの技術的利用制限手段を回避するための不正なシリアルコードの提供等を侵害行為とみなすとともに，コピーコントロールなどの技術的保護手段の回避についても同様の規制を行うこととした。

6 権利管理情報の改ざん

113条8項は，権利管理情報の改ざん等を，著作権等を侵害する行為とみなしている。権利管理情報とは，デジタル著作物等に埋め込まれる著作権者名や利用許諾条件等の情報を指すものである。具体的には，2条1項22号の定義によると，①著作者人格権，著作権等に関する情報であって，著作物名，著作権者名，利用許諾条件又はこれらの事項を特定するための情報であり，②電磁的方法により著作物等とともに記録媒体に記録，送信されるものであり，③著作物等の利用状況の把握，著作物等の利用許諾に係る事務処理等，電子計算機による著作権等の管理に用いられるもの，である。②にいう電磁的方法とは，電子的方法，磁気的方法その他の人の知覚によって認識することができない方法を指すものである（2条1項20号）。実際には，いわゆる電子透かし技術を用いて情報をデジタル著作物に埋め込む方法が採られている。

権利管理情報を著作物に付することによって，例えば，著作権者に関する情報を目印により容易に違法複製物を発見することができ，また，利用許諾条件に基づき自動的な権利処理を可能とすることができる。しかしながら，権利管理情報の改ざん等が行われると，著作物の円滑な流通が阻害されることになるため，113条8項は，そのような行為を禁止しているのである。具体的に同項が著作権等の侵害とみなしているのは，①「権利管理情報として虚偽の情報を故意に付加する行為」，②「権利管理情報を故意に除去し，又は改変する行為（記録又は送信の方式の変換に伴う技術的な制約による場合その他の著作物又

は実演等の利用の目的及び態様に照らしやむを得ないと認められる場合を除く。）」，③①と②の「行為が行われた著作物若しくは実演等の複製物を，情を知つて，頒布し，若しくは頒布の目的をもつて輸入し，若しくは所持し，又は当該著作物若しくは実演等を情を知つて公衆送信し，若しくは送信可能化する行為」，である。

7　商業用レコードの還流防止措置

前述したように，26条の2第2項5号は外国における適法な譲渡による譲渡権の消尽（国際消尽）を定めているが（⇒本章第3節4(2)(b)），商業用レコードに関する例外規定が設けられている。すなわち，日本の音楽文化の積極的な海外普及を促進する一方，物価水準の異なる地域で，現地市場の物価水準に応じて安価に製造・販売されている商業用レコードが国内に還流し流通することによって権利者の経済的利益が損失を被ることを防ぐために，平成16年改正で，新たに国外頒布目的商業用レコードの還流防止措置が設けられた。

113条10項は，次の要件が満たされる場合には，商業用レコードを輸入等する行為が著作権侵害とみなされる旨を規定している。

①国内で先又は同時に発行されている商業用レコード（国内頒布目的商業用レコード）と同一の商業用レコードであって，もっぱら国外において頒布することを目的とするもの（国外頒布目的商業用レコード）であること，

②国外頒布目的商業用レコードを，情を知りながら国内において頒布する目的で輸入し，国内で頒布し又は国内において頒布する目的で所持する行為であること，

③国外頒布目的商業用レコードが国内で頒布されることにより，権利者の得ることが見込まれる利益が不当に害されることとなる場合であること，

④国内頒布目的商業用レコードが，国内で最初に発行されてから7年を超えない範囲内において政令で定める期間を経過していないこと。

②にいう「情」は，①の事実を指すものである。③にいう「権利者の得ることが見込まれる利益」に関して，実務上の運用では，この利益は商業用レコードの売上額そのものではなく，いわゆるライセンス（使用許諾）料をいい，国外頒布目的商業用レコード1枚当たりのライセンス料を，それと同一の国内頒布目的商業用レコード1枚当たりのライセンス料で除した数が0.6以下である

場合は，当該利益が不当に害されるものとして取り扱うとされている[25]。また，④にいう政令で定める期間は，4年と定められている（著作権法施行令66条）。

> CASE 5-5 の考え方
> 　B は，C から α を購入した際に，これが A のプログラムの著作物の違法複製物である事実を知らなかったため，その後に情を知るようになっても，113条5項の適用はなく，B が α を業務上電子計算機において使用する行為は，A の著作権の侵害とみなされない。

第5節　保護期間

❖*POINT*❖

著作権の存続期間：
- ◆原則：著作者の死後 70 年（51条）
- ◆例外：無名又は変名の著作物——公表後 70 年（52条）
   団体名義の著作物——公表後 70 年（53条）
   映画の著作物——公表後 70 年（54条）
- ◆算定：暦年主義。翌年の 1 月 1 日から計算される（57条）。

CASE 5-6 　小説 α は，日本人である著作者 A が創作し，実名で公表したものである。A が 2012 年 10 月 30 日に死亡した場合に，α についての著作権の存続期間はいつまでか。

1　概　説

　著作権の享有には，いかなる方式の履行をも要せず（17条2項），その保護は，著作物の創作の時に始まり（51条1項），原則として著作者の死後 70 年を経過

---

[25]　「還流防止措置を行使するに当たっての実務上の留意事項について（通知）」（平成 16 年 12 月 6 日付け 16 庁房第 306 号社団法人日本レコード協会会長あて文化庁次長通知）。

するまでの間存続する（同条2項）[26]。共同著作物（2条1項12号⇒第3章第3節）については，共同著作者のうち最後に死亡した著作者の死後70年まで著作権が存続する（51条2項括弧書）。保護期間が過ぎた著作物は，パブリックドメインに帰し誰でも自由に利用することができるようになる。

　ただし，著作権法に別段の定めがある場合，著作権の存続期間は異なる。その別段の定めとしては，無名又は変名の著作物の保護期間（52条），団体名義の著作物の保護期間（53条），映画の著作物の保護期間（54条）等がある。

2　保護期間の算定

　著作物の保護期間の計算について，暦年主義が採用されており，終期計算の基準が原則である著作者の死亡（51条2項）の場合であっても，例外である著作物の創作・公表（後述する52条～54条）の場合であっても，その翌年の1月1日から計算される（57条，民143条）。これは，著作者の死亡や創作・公表の日を確認することが困難な場合が多いことを考慮して設けられた簡略な計算方法である。

> CASE 5-6 の考え方
> 　著作者 A が 2012 年 10 月 30 日に死亡した場合に，αの保護期間は 2013 年 1 月 1 日より起算して，2082 年 12 月 31 日に満了することになる。

3　保護期間の例外

(1)　無名又は変名の著作物の保護期間

　無名又は変名の著作物の著作者は不明である場合が多く，その死亡日を確定することが困難であることから，その著作権は当該著作物の公表後70年を経過するまで存続すると規定されている（52条1項本文）。

　もっとも，次の事情がある場合には，上記規定が適用されず，原則である死後70年ルールに戻って保護期間が計算される。

　①著作物が著作者の死後に公表されることにより，公表後70年より著作者

---

[26]　平成30年のTPP11協定整備法により，起算点から50年という保護期間が70年に延長された。

の死後 70 年が早く到来する場合，その著作者の死後 70 年を経過したと認められる時に，保護期間が満了する（52 条 1 項ただし書）。

②変名の著作物における著作者の変名が，その者のものとして周知のものである場合，その著作者の死後 70 年で保護期間が満了する（52 条 2 項 1 号）。

③著作物の公表後 70 年以内に，著作者の実名登録（75 条 1 項）があったとき，その著作者の死後 70 年で保護期間が満了する（52 条 2 項 2 号）。

④著作物の公表後 70 年以内に，著作者の実名又は周知の変名を示して著作物を公表したとき，その著作者の死後 70 年で保護期間が満了する（52 条 2 項 3 号）。

(2)　団体名義の著作物の保護期間

法人その他の団体は，自然人の死亡という観念がなく，他方，法人の解散等を基準にすると，事実上保護期間の永続を容認することになるため，適切ではない。そこで，著作権法は，団体名義の著作物の著作権は，その著作物の公表後 70 年を経過するまで存続すると定めている（53 条 1 項）。ただし，その著作物が創作後 70 年以内に公表されなかったときは，著作権は創作後 70 年を経過するまで存続する（同項括弧書）。

団体名義の著作物には，15 条によって法人その他の団体の職務著作（⇒第 3 章第 4 節）とされる著作物以外に，実際の著作者が個人であっても，団体名義が付された著作物も含まれる。もっとも，一旦団体名義で公表された著作物であっても，53 条 1 項の期間内に実際の著作者である個人が実名又は周知の変名を著作者名として表示してその著作物を公表したときは，1 項は適用されず，死亡時起算の原則に戻って保護期間が計算される（53 条 2 項）。

さらに，職務上作成するプログラムの著作物は，法人等が自己の著作の名義の下に公表するものでなくても，著作者は原則的にその法人等とされるため（15 条 2 項），法人その他の団体が著作者である場合には，著作名義がどのようなものであるかを問わず，当該団体が著作名義を有するものとみなされ，その保護期間は 53 条 1 項に従って計算される（53 条 3 項）。

(3)　映画の著作物の保護期間

映画の著作物の著作権は，その著作物の公表後 70 年を経過するまで存続す

る（54条1項）。ただし，その著作物が創作後70年以内に公表されなかったときは，著作権は創作後70年を経過するまで存続する（同項括弧書）。

　映画の著作物の著作者は，「その映画の著作物において翻案され，又は複製された小説，脚本，音楽その他の著作物の著作者を除き，制作，監督，演出，撮影，美術等を担当してその映画の著作物の全体的形成に創作的に寄与した者」（16条⇒第3章第5節1）とされるところ，具体的に誰が著作者に含まれるかが明確ではなく，共同著作物として51条2項括弧書に従って保護期間を計算すると，最後に死亡した著作者を確定するという容易でない作業をしなければならなくなる。そこで，著作権法は，映画の著作物の円滑な流通と利用を図るため，著作権を映画製作者に帰属させる一方（29条⇒第3章第5節2），保護期間の終期についても，著作者の死亡時ではなく，公表時より起算することとしている。

　映画の著作物の著作権が存続期間の満了により消滅したとき，原作，脚本等の当該映画の著作物の利用に関する原著作物の著作権は，当該映画の著作物の利用に関する限り，映画の著作物の著作権とともに消滅したものとされる（54条2項）。このように定めないと，映画の著作物の著作権が消滅してパブリックドメインに帰しても，原著作物の著作権が存続している限り，結局映画の著作物を自由に利用することができないことになってしまうからである。なお，後述する著作権者の相続人の不存在等の事由により映画の著作物の著作権が消滅した場合にも，上記規定が準用されている（62条2項）。

　また，映画の著作物の特殊性を考慮して，無名又は変名の著作物の保護期間を定めた52条，団体名義の著作物の保護期間を定めた53条は，映画の著作物の著作権については適用されないこととなっている（54条3項）。

(4)　継続的刊行物等の公表の時

　52条1項，53条1項，54条1項により著作物の公表を保護期間の起算点とする場合において，冊，号又は回を追って公表するいわゆる継続的刊行物については，毎回の公表時から起算し，他方，一部ずつを逐次公表して完成する著作物（逐次公表著作物）については，最終部分の公表時から起算する（56条1項）。もっとも，逐次公表著作物であって，継続すべき部分が直近の公表の時から3年を経過しても公表されないときは，既に公表された最後の部分を最終部分と

みなして，その公表時から起算する（56 条 2 項）。

　判例[27]は，一話完結形式の連載漫画について継続的刊行物として各漫画ごとに個別にその保護期間を起算することを前提に，後続の漫画は先行する漫画を翻案した二次的著作物であり，その著作権は，二次的著作物において新たに付与された創作的部分のみについて生じ，原著作物と共通する部分には生じないと解したうえ（⇒本章第 3 節 5 (3)(b)），「後続の漫画に登場する人物が，先行する漫画に登場する人物と同一と認められる限り，当該登場人物については，最初に掲載された漫画の著作権の保護期間によるべき」と判断した。

(5)　外国を本国とする著作物又は外国人の著作物の保護期間

　(a)　保護期間の相互主義　　ベルヌ条約（⇒第 1 章第 4 節 2）7 条(8)は，保護期間は保護が求められる各同盟国の法令によるとしながら，ただし書において，「保護期間は，著作物の本国において定められる保護期間を超えることはない」と定めている。ただし書のような考え方は，「保護期間の相互主義」と呼ばれている。

　これを受けて[28]，日本では，ベルヌ条約の加盟国，WIPO 著作権条約の締約国，WTO の加盟国である外国を本国とする著作物，すなわち，これらの国において最初に発行された著作物又はこれらの国の国民の未公表の著作物について，その本国における著作権の保護期間が 51 条から 54 条までの期間より短いものについては，その本国の保護期間によるとされている（58 条）[29]。例えば，ベルヌ条約の加盟国において最初に公表された映画の著作物について，その国における保護期間が公表後 50 年であれば，日本においても，公表後 70 年の保護期間を定めた 54 条 1 項にかかわらず，保護期間が著作物の本国の保護期間である公表後 50 年に限定される。ただし，6 条 1 号に該当する日本人（法人を含む）の著作物については，これらの外国において最初に公表され，当該外国を本国とする著作物であるとしても，58 条の例外とされ，なお 51 条から 54

---

27)　前掲注 22）最判平成 9 年 7 月 17 日。

28)　WIPO 著作権条約 3 条（⇒第 1 章第 4 節 5），WTO 設立協定の附属書 1C である TRIPS 協定（⇒第 1 章第 4 節 4）9 条は，ベルヌ条約遵守義務を定めている。

29)　万国著作権条約（⇒第 1 章第 4 節 3）の施行法である「万国著作権条約の実施に伴う著作権法の特例に関する法律」3 条 1 項に，58 条と同旨の規定が設けられている。

条までの保護期間が適用される（58 条括弧書）。

　(b)　**戦時加算の特例**　　外国人の著作物の保護期間に関する特別扱いとして，ほかに戦時加算の特例がある。これは日本との平和条約（サンフランシスコ条約）15 条(C)が定めるもので，第二次世界大戦の間，連合国国民の著作権が日本において実質的に保護されていなかったとして，戦時期間を保護期間に加算することを日本に義務づけ，これを受けて，「連合国及び連合国民の著作権の特例に関する法律」4 条において戦時加算が規定されている[30]。

　上記法律 4 条 1 項によれば，太平洋戦争の開戦前日である昭和 16 年 12 月 7 日までに発生していた著作権について，開戦日とされる昭和 16 年 12 月 8 日から平和条約締結日の前日までの間が保護期間に加算される。各連合国との平和条約の締結日が異なるため，加算される期間は国によって異なるが，例えば米国，英国，フランス，カナダ，オーストラリアに関して，3794 日が保護期間に加算される。

第 6 節　その他の著作権の消滅事由

```
❖ POINT ❖
　保護期間の満了以外の著作権の消滅事由：
◆　相続人の不存在
◆　放棄
◆　取得時効の成立
```

　著作権は，保護期間の満了によって消滅する以外に，相続人の不存在，著作権者による放棄，取得時効の成立によっても消滅する。

　なお，映画の著作物の著作権が消滅した場合において，その原著作物の著作権が，当該映画の利用に関する限り消滅することについては，前述した通りである（54 条 2 項，62 条 2 項⇒本章第 5 節 3 (3)）。

---

30)　上野達弘「戦時加算」中山信弘先生古稀記念論文集『はばたき ── 21 世紀の知的財産法』（弘文堂，2015 年）679 頁参照。

用語解説⑦ 時 効

時効とは，ある事実状態が一定期間継続した場合，その事実状態を尊重するため，真実の権利関係にかかわらず，その事実状態に沿った権利の取得又は消滅の効果を認める制度。取得時効は所有の意見をもって他人の物を占有した状態が一定期間継続した場合に，その事実状態を尊重するため，当該権利を取得させる制度をいう。

1 相続人の不存在

著作権は，著作権者が死亡した場合において，相続人の不存在により著作権が民法959条に基づき国庫に帰属すべきときに消滅する（62条1項1号）。この場合，著作権は国庫に帰属せず，パブリックドメインに帰することになる。また，著作権者である法人が解散した場合において，著作権が「一般社団法人及び一般財団法人に関する法律」239条3項その他の法律により国庫に帰属すべきときも同様である（62条1項2号）。

2 放 棄

特許権，実用新案権，意匠権について，特許法等にそれぞれ権利放棄の規定が設けられている（特許97条1項，実用26条，意匠36条）。著作権法には同様な規定はないが，著作権も財産権であるため，著作権者が著作権の全部又は一部を放棄することができると解される。もっとも，特許権等と異なり，著作権者は著作権を維持するために登録料を支払う必要はないうえ，広く一般に対して利用許諾を宣言したり，単に権利を行使しなかったりすることも可能であるため，積極的に著作権を放棄する場面は考えられにくい。いずれにしても，著作権の放棄があったと認められるためには，明示の意思表示が必要である。

3 取得時効*の成立

著作権は財産権であるため，著作権者が20年間権利を行使しない場合に，民法166条2項の消滅時効が成立し，著作権が消滅すると解する立場があり得る。しかし，著作権は著作物の利用行為に対する排他的支配を内容とする権利であることや，著作権の保護期間が法定されていることを考えれば，著作権を行使しないとしても，消滅時効が進行することはないであろう[31]。

他方，著作権について民法163条の取得時効が成立すると解され，その反射

的効果として，原著作権者が有していた著作権が消滅することになる。最高裁
は，取得時効について，「複製権は，民法163条にいう『所有権以外ノ財産権』
に含まれるから，自己のためにする意思をもって平穏かつ公然に著作物の全部
又は一部につき継続して複製権を行使する者は，複製権を時効により取得する
と解することができるが，複製権が著作物の複製についての排他的支配を内容
とする権利であることに照らせば，時効取得の要件としての複製権の継続的な
行使があるというためには，著作物の全部又は一部につきこれを複製する権利
を専有する状態，すなわち外形的に著作権者と同様に複製権を独占的，排他的
に行使する状態が継続されていることを要し」，同条の「『自己ノ為メニスル意
思』は，財産権行使の原因たる事実によって外形的客観的に定められるもので
あって，準占有者がその性質上自己のためにする意思のないものとされる権原
に基づいて財産権を行使しているときは，その財産権行使は右の意思を欠くも
のというべきである」と述べた[32]。

---

31)　このように判断した裁判例として，東京高判平成13年9月18日（平成12年（ネ）4816号）
〔エスキース事件〕がある。

32)　前掲注22）最判平成9年7月17日。

第 6 章 著作権の制限

第1節 総 論

❖POINT❖

◆ 著作権法は，30条以下に著作権を制限する規定を定めており，その規定が適用されると，著作物をその著作権者の許諾なしに利用することができる。

◆ 著作権制限規定には様々なものがある。利用行為・利用主体・対象著作物等を限定するものや限定しないもの，補償金の支払を要求するものや要求しないものがある。

1 概 説

　既存の著作物を利用するためには，その著作権者から許諾を受ける必要があるが，いかなる場合にも著作権者の許諾がないと既存の著作物を利用できないとすることは，文化の発展に寄与するという著作権法の目的に沿わないことがある。著作権法の目的を定める1条それ自体，「文化的所産の公正な利用に留意しつつ」と規定している（⇒第1章第2節）。そこで，著作権法は，30条以下に，著作権を制限する規定を設けている。例えば，30条1項は，私的使用（「個人的に又は家庭内その他これに準ずる限られた範囲内において使用すること」）を目的とするときは，その使用する者が複製することができると規定している。著作権制限規定が適用されると，問題となる著作物の利用は著作権侵害を構成しないものとなり，著作権者の差止請求や損害賠償請求は否定される[1)2)]。

　著作権制限規定は，多様な利用行為を対象としている。ⓐ著作物利用の性質からして著作権が及ぶものとすることが妥当でないもの，ⓑ公益上の理由から

著作権を制限することが必要と認められるもの，ⓒ他の権利との調整のため著作権を制限する必要のあるもの，ⓓ社会慣行として行われており著作権を制限しても著作権者の経済的利益を不当に害しないと認められるもの，等である[3]。

ところで，わが国著作権法は，著作権制限に関して，個別的制限規定の限定列挙主義を採用しており，アメリカ著作権法107条[4]が定める，著作物の「フェア・ユース」は許容されるというような一般的包括的な著作権制限法理は存在しないと解されている[5]。この点につき，近時，本来許されるべきであると評価されるにもかかわらず形式的に侵害となってしまう利用行為について具体的に妥当な結論を導くために，また著作権保護が新たな事業の創出を阻害することがないように，権利制限の一般規定を導入すべきであるか否かが検討されたが，平成24年改正においては，一般的包括的な著作権制限規定は設けられず，ある程度包括的な個別的制限規定が追加されるにとどまった。その後の改正でも同様であるが，平成30年改正は柔軟性の高い制限規定（30条の4，47条の4，47条の5）を導入した[6]。

なお，著作権関係条約（⇒第1章第4節）においては，著作権の制限は，①特

---

1) なお，著作権者の請求を権利濫用であることを理由に認めなかった裁判例として，東京地判平成11年11月17日判時1704号134頁〔キューピー事件〕，那覇地判平成20年9月24日判時2042号95頁〔首里城事件〕，大阪地判平成21年10月15日（平成19年（ワ）16747号）〔FX取引用プログラム事件〕。

2) 著作権制限規定によって許容される利用行為が契約によって禁止・限定される場合がある。このような著作権制限規定を押し退ける（オーバーライド）契約については，通説は，制限規定は強行規定ではなく，任意規定であるため，原則的に有効であると解している。入門178～179頁［島並良］，高林170頁。

3) 加戸227頁。

4) アメリカ著作権法107条は，次のように規定している。「第106条及び第106A条の規定にかかわらず，批評，解説，ニュース報道，教授（教室における使用のために複数のコピーを作成する行為を含む。），研究又は調査等を目的とする著作権のある著作物のフェア・ユース（複製物又はレコードへの複製その他第106条に定める手段による使用を含む。）は，著作権の侵害とならない。著作物の使用がフェア・ユースとなるか否かを判断する場合に考慮すべき要素は，以下のものを含む。(1)使用の目的及び性質（使用が商業性を有するか又は非営利的教育目的かを含む），(2)著作権のある著作物の性質，(3)著作権のある著作物全体との関連における使用された部分の量及び実質性，(4)著作権のある著作物の潜在的市場又は価値に対する使用の影響。上記の全ての要素を考慮してフェア・ユースが認定された場合，著作物が未発行であるという事実自体は，かかる認定を妨げない」。同条については，山本隆司＝奥邨弘司『フェア・ユースの考え方』（太田出版，2010年）参照。

5) 東京地判平成7年12月18日知的裁集27巻4号787頁〔ラストメッセージ事件〕，東京高判平成6年10月27日知的裁集26巻3号1151頁〔ウォール・ストリート・ジャーナル事件〕。

別の場合でなければならず，②著作物の通常の利用を妨げないものでなければならず，③著作者の正当な利益を不当に害しないものでなければならない，と定められている（ベルヌ条約9条2項，TRIPS協定13条，WIPO著作権条約10条）。いわゆる3ステップテストである[7]。

2　著作権制限規定の概要

(1)　利用行為・利用主体・対象著作物等の限定

著作権制限規定の多くは，その規定が適用される利用行為を限定している。例えば，30条1項が適用されるのは複製である。このように許容される利用行為を複製や上演・演奏といった支分権対象行為とする規定のほか，より限定して，「点字により複製すること」（37条1項）や，「記録媒体に記録すること」（43条1項）を許容するものもある。他方，許容される利用行為を限定しない規定もあり，例えば，30条の2〜30条の4，32条1項等では，「利用することができる」と定められている。

次に，著作権制限規定には，その規定が適用される利用行為の主体を限定しているものと限定していないものがある。利用主体を限定している規定として，例えば，31条1項は図書館等が利用主体である場合の複製を対象とし，35条1項は教育機関において教育を担任する者及び授業を受ける者が利用主体である場合の複製を対象としている。また，利用主体の限定とともに，あるいは利用主体は限定しないが，利用行為の目的を限定する規定がある。例えば，30条1項は利用主体を限定していないが，同項が適用される複製は，私的使用を目的とするものに限られる。

そして，著作権制限規定の適用対象である著作物の種類等を限定しているものと限定していないものがある。30条1項はすべての種類の著作物に適用さ

---

6)　もっとも，パロディに対する著作権制限の取扱いは，長年議論されているが，未だ決着していない。パロディに関する最近の論文として，青木大也「パロディ目的での著作物の利用に関する一考察——近時の欧米での議論を参考に」著作権研究46号（2019年）100頁，横山久芳「引用規定の解釈のあり方とパロディについて」中山信弘＝金子敏哉編『しなやかな著作権制度に向けて——コンテンツと著作権法の役割』（信山社，2017年）337頁。なお，一般規定に関する近時の論文として，上野達弘「権利制限の一般規定——受け皿規定の意義と課題」中山＝金子編・前掲書141頁。

7)　小嶋崇弘「スリー・ステップ・テスト」コピライト668号（2016年）39頁参照。

れるが，45条は美術の著作物・写真の著作物にのみ適用される。また，30条
1項は，対象著作物が公表されたものか未公表のものかを問わないが，対象著
作物を公表されたものに限る規定がある。例えば，引用に関する32条1項で
ある。公表された著作物への限定は，未公表の著作物の利用を許容すると，著
作権者が受ける不利益が相当に大きくなることを考慮したものである。

　また，いくつかの著作権制限規定では，以上のような利用行為や利用主体，
対象著作物等の限定がされたうえで，ただし書において，「著作権者の利益を
不当に害することとなる場合」が例外とされている（例えば，30条の2〜30条の
4・35条1項・36条1項）。

(2)　補償金の支払

　著作権制限規定が適用されると，著作権者の許諾なしに著作物を利用するこ
とができるが，無償で利用することができる場合と著作権者に補償金を支払わ
なければならない場合がある。例えば，36条1項によると，著作物を，無償で，
試験問題として複製・公衆送信することができるが，同条2項は，営利を目的
として複製・公衆送信を行う者は，通常の使用料の額に相当する額の補償金を
著作権者に支払わなければならないと規定している。

　ただし，補償金の支払が求められる場合であっても，その支払は著作権制限
の要件ではない。補償金が支払われなくても，それによって著作権制限が認め
られないこととなって，著作権侵害が成立することになるわけではない。

　補償金に関する最近の動きとして，補償金を受ける権利を行使する者を文化
庁長官によって指定された団体（指定管理団体）に限定し，指定管理団体が支
払われた補償金を（権利者団体を通じて）権利者に分配する制度が設けられてい
ることが注目される。平成4年改正により私的複製のうちデジタル形式の録
音・録画について私的録音録画補償金制度（⇒本章第2節2）が，平成30年改
正により教育機関の授業の過程における公衆送信について授業目的公衆送信補
償金制度（⇒本章第8節6）が，令和3年改正により図書館等による図書館資料
の公衆送信について図書館等公衆送信補償金制度（⇒本章第6節2）が設置され
た。

3 翻訳，翻案等による利用

　他人の著作物を，そのままの形で利用するのではなく，翻訳，翻案等により利用することについては，47条の6が定めている。例えば，1項1号では，翻訳，編曲，変形又は翻案による利用が許される場合，1項2号では，翻訳による利用が許される場合が列挙されている。30条1項は47条の6第1項1号に含まれているから，私的使用を目的とする場合には，他人の著作物をそのままの形で複製するだけでなく，翻訳，編曲，変形又は翻案して複製することも許されることになる[8]。

　また，「いずれの方法によるかを問わず，利用することができる」と定める規定があり（例えば，30条の2〜30条の4・40条1項），そのような規定は，47条の6の適用を受けることなく，広く改変的利用を許容している。つまり，そのような規定においては，その対象となる利用行為が限定されないとともに，どのような改変が施された利用でも許されることになる。

4 出所明示義務

　著作権制限規定に基づいて著作物を利用する場合，その利用の態様に応じ合理的と認められる方法・程度により，利用される著作物の出所を明示することが必要とされることがある（48条1項）。47条の6に基づいて著作物を翻訳，翻案等により利用する場合にも，原著作物の出所を明示しなければならない（48条3項2号）。出所が明示されることにより，利用される著作物の宣伝広告効果，また利用が適法になされたものかどうかをチェックする機会の提供を期待することができることから，出所明示義務が定められていると解される。

　明示すべき出所には，著作物の題号，著作者名，出版物からの利用の場合には出版社名や掲載雑誌名等が含まれるであろう。この点に関し，48条2項は，出所の明示に伴い著作者名が明らかになる場合（例えば，「○○全集」のように題号を表示すれば当然に著作者名が判明する場合）及び著作物が無名のものである場合を除き，著作物につき表示されている著作者名を示さなければならないと規

---

[8]　引用（32条）については，47条の6第1項2号によれば，翻訳による利用だけが許容されることになるが，後述するように，要約引用も許されるかどうかについて議論がある（⇒本章第7節3(2)）。

定している。

　ただし，出所明示は著作権制限の要件ではなく，出所を明示しなかったとしても，著作権制限規定が適用されなくなるわけではない[9]。

　出所明示義務に違反した場合には，刑事罰が科される（122条）。民事的な救済としては，著作権者は損害賠償を請求することができるであろうし[10]，また学説上，出所明示を請求することができるとの見解が主張されている[11]。

5　複製権の制限により作成された複製物の譲渡

　複製権（21条⇒第5章第3節2）を制限する規定に基づいて複製物を作成することは，当然，複製権の侵害とならないが，平成11年改正における譲渡権（26条の2⇒第5章第3節4(2)）の新設により，その複製物を譲渡することが譲渡権との関係で問題を生じる余地があった。そのため，47条の7は，複製権制限規定のうち，複製物を公衆に譲渡することが前提とされているものに基づいて作成された複製物について譲渡権を制限し，そのような複製物の譲渡により公衆に提供することを許容している[12]。

　ただし，現行法制定時から存在している，映画の著作物（10条1項7号⇒第2章第2節8）についての頒布権（26条⇒第5章第3節4(4)）が制限されないようにするために，映画の著作物についても複製権を制限していると考えられる規定（31条1項・7項，36条1項，42条）に基づいて作成された映画の著作物の複製物については，この譲渡に関する著作権制限の対象から除外されている[13]。そのため，そのような映画の著作物の複製物の公衆への譲渡は頒布権の侵害と

9）　なお，後掲注54）参照。

10）　ただし，損害額の立証は困難であろう。なお，出所を明示しなかったことが，氏名表示権（19条⇒第4章第3節）の侵害となって，著作者の差止請求や損害賠償請求が認められる場合もある。

11）　加戸381頁，入門209頁［島並］，中山484頁，作花394頁，田村262頁，茶園成樹「著作権の制限における出所明示義務」半田正夫先生古稀記念論集『著作権法と民法の現代的課題』（法学書院，2003年）346頁。なお，高林169頁。

12）　例えば，私的使用のための複製に関する30条1項は，この規定に基づいて作成された複製物の公衆への譲渡を前提としていない。そのため，30条1項に基づいて作成された複製物は，47条の7の対象に含められておらず，これを公衆に譲渡することは譲渡権の侵害となる。

13）　加戸377頁。35条1項に基づいて作成された映画の著作物の複製物は，平成30年改正により，権利制限の対象に含められた。文化庁著作権課「著作権法の一部を改正する法律（平成30年改正）について」コピライト692号（2018年）51頁。

なり得る。

　この譲渡権の制限は，複製権を制限した趣旨が損なわれないようにするためのものである。そのため，複製権制限規定に基づいて作成された複製物を，当該規定に定める目的以外の目的のために公衆に譲渡する場合，あるいは30条の4（⇒本章第5節）の適用を受けて作成された複製物を著作物に表現された思想・感情を自ら享受し又は他人に享受させる目的のために公衆に譲渡する場合には，譲渡権は制限されない（47条の7ただし書）。

6　著作権制限規定に基づいて作成された複製物の目的外使用等

　49条は，上記の複製権制限規定に基づいて作成された複製物の目的外譲渡を含めた，著作権制限規定に基づいて作成された複製物を当該規定に定める目的以外の目的のために使用すること等を禁止している。

　49条1項は，例えば，ⓐ30条1項，30条の3等に基づいて作成された複製物を，当該規定に定める目的以外の目的のために，頒布し[14]又は公衆に提示した者，ⓑ30条の4に基づいて作成された複製物を用いて，著作物に表現された思想・感情を自ら享受し又は他人に享受させる目的のために，著作物を利用した者，ⓒ44条4項に違反して同項の録音物・録画物を保存した放送事業者・有線放送事業者・放送同時配信等事業者，は複製を行ったものとみなすと規定している。目的外使用等があった時点で複製が行われたとみなされるのであり，他の複製権制限規定の適用がなければ，複製権の侵害となる。教育機関における複製に関する35条1項を例に挙げれば，同項は，「授業の過程における利用に供することを目的とする場合」に複製を許容するものであるから，この目的以外の目的で，同項に基づいて作成された複製物を公衆に譲渡することは，47条の7ただし書により譲渡権は制限されないために，譲渡権侵害となるとともに，49条1項1号により複製が行われたとみなされ，他の複製権制限規定が適用される場合を除き，複製権侵害となる。

　また，49条2項は，例えば，47条の6第2項に基づいて作成された二次的著作物の複製物を，30条1項，31条1項1号等に定める目的以外の目的のた

---

14)　「頒布」とは，2条1項19号に定義されているように，複製物を公衆に譲渡・貸与すること等である。

めに，頒布し又は公衆に提示した者，は27条の翻訳，編曲，変形又は翻案を行ったものとみなすと規定している。目的外使用等があった時点で翻訳，翻案等が行われたとみなされるのであり，翻訳，翻案等による利用を許容する規定の適用がなければ，翻訳権，翻案権等（27条⇒第5章第3節5(2)）の侵害となる。

7 著作者人格権との関係

50条は，「この款の規定は，著作者人格権に影響を及ぼすものと解釈してはならない」と規定している。つまり，著作権を制限することが当然に著作者人格権を制限することにはならない。著作権と著作者人格権は保護法益が異なる以上，これ自体は当然というべきであるが，著作物の利用行為が，著作権制限規定の適用により著作権侵害を否定されても，著作者人格権の侵害として，結局，禁止される場合が生じることになる。

特に問題となるのが同一性保持権（20条⇒第4章第4節）との関係である。前述したように，47条の6は翻訳，翻案等による利用について規定しているが，そのような著作物を改変する利用が同一性保持権の侵害となるかどうかである[15]。著作権制限規定の適用があることは，少なくとも同一性保持権を制限する20条2項4号の「やむを得ないと認められる改変」を肯定する事情として重視されるべきであると思われる。裁判例には，47条の6（当時は43条）により翻訳，翻案等による利用が許容される場合，著作者人格権の関係でも違法性のないものとすることが前提とされており，このような場合は，「やむを得ないと認められる改変」として同一性保持権を侵害することにはならないと解するものがある[16]。

ところで，著作権制限規定の中には，著作者人格権に配慮するものがある。33条2項，34条2項は，著作物を教科用図書に掲載する者，学校教育番組において放送等を行う者に対して，著作者が利用態様を確認することができるように，著作者への通知義務を定めている。ただし，この著作者への通知は著作権制限の要件ではなく，通知義務に違反しても著作権侵害となるわけではない。

---

15) 作花397〜399頁，コンメ(2)647〜648頁［深山雅也］参照。
16) 東京地判平成10年10月30日判時1674号132頁〔「血液型と性格」の社会史事件〕。

第2節　私的使用のための複製

❖*POINT*❖

◆　30条1項は，著作物を，①私的使用を目的とするときは，②その使用する者が複製することができると規定している。

◆　30条3項は，私的使用を目的とした，デジタル方式の録音・録画を対象とした私的録音録画補償金制度を定めている。

CASE 6-1　Yは，Xの著作物の複製物をAから借りて，これを個人的に使用するために複製した。以下の場合，YはXの著作権を侵害するか。

①　YがAから借りたXの著作物の複製物は，Aが違法に複製したものであり，Yはそのことを知りながら複製した。

②　Xの著作物は日本語で書かれた小説であり，Yはこれを英訳して，自分のノートに記載した。

③　Yは，複製した後に，その作成した複製物が不要となったため，これをインターネットオークションに出品して販売した。

1　私的複製に対する著作権制限

(1)　原　則

30条1項は，著作物を，私的使用，すなわち「個人的に又は家庭内その他これに準ずる限られた範囲内において使用すること」を目的とするときは，その使用する者が複製することができると規定しており，私的使用のための複製（私的複製）に対して複製権を制限している。旧著作権法30条1項1号は，「発行スルノ意思ナク且器械的又ハ化学的方法ニ依ラスシテ複製スルコト」に対する著作権制限を定めていたが，現行法では，私的複製の場合には，どのような複製手段が用いられるかにかかわらず，複製権が制限されることになっている。この規定の趣旨は，私的複製が著作権者に与える影響が軽微であること，私的複製は私的領域において行われるものであるから権利を及ぼそうとしても実際上不可能であること，そして，私的領域における個人の活動の自由を制約しないようにすること，に求められる。

　この著作権制限の要件は，まず，①複製の目的が私的使用であることである。「個人的に又は家庭内その他これに準ずる限られた範囲内」は，人数が少ないことと複数の人間の間に個人的結合関係が存在することを前提としており，通説は，企業内での複製には本項は適用されないと解している[17]。次に，②複製の主体が私的使用をする者であることである。すなわち，私的使用をする者が自ら複製をしなければならない。ただし，他人を手足として複製させることは許容される[18]。

　私的複製の対象である著作物は，何ら限定されていない。いかなる種類の著作物でも対象となり，公表された著作物であるかどうかも問題とならない。また，複製元の複製物（複製物Aから私的複製により複製物Bが作成される場合の複製物A）が適法に作成されたものか違法に作成されたものかも問われない（なお，30条1項3号・4号）。

(2)　例　外

　私的複製であっても，ⓐ公衆の使用に供することを目的として設置されている自動複製機器を用いて複製する場合（30条1項1号），ⓑ技術的保護手段の回

---

17)　加戸231頁，中山355頁，東京地判昭和52年7月22日無体裁集9巻2号534頁〔舞台装置設計図事件〕。反対：田村200頁，入門181頁〔島並〕，蘆立順美「私的複製の範囲と主体」著作権研究40号（2013年）44頁。なお，著作権等管理事業者（2条1項23号）である公益社団法人日本複製権センターは，権利者から複写に関する権利の委託を受けて，それを管理し，企業等の利用者との間で，その管理する著作物について複写利用許諾契約を締結している。

18)　知財高判平成26年10月22日判時2246号92頁〔自炊代行事件〕は，利用者から送付された書籍を裁断したうえで，スキャナーで読み取って電子ファイルを作成し，それを利用者に納品する，いわゆる自炊代行が問題となった事案において，自炊代行業（本件サービス）を運営する業者Yが本件サービスにおける複製行為の主体であり，Yには30条1項の適用はないと述べた。本判決は，Yを利用者の補助者ないし手足と認めることはできないと判断し，また，30条1項について，同項は複製の目的と複製の主体を限定することにより，「個人的又は家庭内のような閉鎖的な私的領域における零細な複製のみを許容し，私的複製の過程に外部の者が介入することを排除し，私的複製の量を抑制するとの趣旨・目的を実現しようとしたものと解される。そうすると，本件サービスにおける複製行為が，利用者個人が私的領域内で行い得る行為にすぎず，本件サービスにおいては，利用者が複製する著作物を決定するものであったとしても，独立した複製代行業者として本件サービスを営むYが著作物である書籍の電子ファイル化という複製をすることは，私的複製の過程に外部の者が介入することにほかならず，複製の量が増大し，私的複製の量を抑制するとの同条項の趣旨・目的が損なわれ，著作権者が実質的な不利益を被るおそれがあるから，『その使用する者が複製する』との要件を充足しないと解すべきである」とした。

避により可能となり，又はその結果に障害が生じないようになった複製を，その事実を知りながら行う場合（同項2号），ⓒ著作権を侵害する自動公衆送信を受信して行うデジタル方式の録音・録画（特定侵害録音録画）を，その事実を知りながら行う場合（同項3号），ⓓ著作権を侵害する自動公衆送信を受信して行うデジタル方式の一定の複製（録音・録画を除く）（特定侵害複製）を，その事実を知りながら行う場合（同項4号）は，複製権は制限されない。

　ⓐを例外とするのは，大量の複製が行われ，権利者の利益を不当に害するおそれが生じるからである[19]。ただし，もっぱら文書又は図画の複製に供するものは除かれているので（附則5条の2），コンビニ等に設置されているコピー機でコピーする行為は含まれない。

　ⓑは，私的複製であっても，技術的保護手段（2条1項20号⇒第5章第4節5）の回避により可能となった複製である場合には，その複製はその著作物の提供の前提を覆す，そもそも想定されていない複製であって，権利者の利益を不当に害するものでないということはできないと考えられたものである。

　ⓒは，近時，ユーザがインターネットから違法に配信された音楽や映像等を私的使用目的で録音・録画することが膨大な規模となっており，違法に配信する者への権利行使だけでは権利者の利益を十分に保護することができないとの問題に対応するために，平成21年改正により新設されたものである[20]。

　このⓒが対象とする利用行為は，デジタル方式の「録音」（2条1項13号）と「録画」（同項14号）である。そのため，問題となる著作物は主として音楽の著作物（10条1項2号⇒第2章第2節3）と映画の著作物（同項7号⇒第2章第2節8）であるが，30条1項3号新設後，漫画等の違法配信も大きな問題となって

---

19)　大阪地判平成17年10月24日判時1911号65頁〔選撮見録事件1審〕は，集合住宅向けハードディスクビデオレコーダーシステムにおけるサーバのハードディスクに放送番組を複製することが複製権侵害に当たるか等が争われた事案において，1サーバ当たりの利用者数は1号の「公衆」にも当たるということができる程度に多数であるとして，1号該当性を認めた。近時，ロッカー型クラウドサービスにおいて，ユーザのみがアクセスし，コンテンツを保存することができるロッカーが「公衆の使用に供することを目的として設置されている自動複製機器」に当たるかどうかが問題となっているが，一般的に否定的に解されている。コンメ(2)165～166頁〔宮下佳之〕，作花299頁，奥邨弘司「クラウド・サービスと著作権」L&T68号（2015年）28～29頁。

20)　なお，動画投稿サイト等から動画等を視聴する際には，その動画等のデータがコンピュータ内部のキャッシュフォルダ等に蓄積され，この蓄積は録画に当たるが，後述する47条の4（⇒本章第16節3）によって許容される。

きた。そこで，令和 2 年改正により，ⓓが設けられて，デジタル方式の録音・録画以外の一定の複製が複製権の制限の例外とされた。ⓓでは，ⓒとは異なり，(i)侵害する著作権については 28 条に規定する権利（翻訳以外の方法により創作された二次的著作物に係るものに限る）が除かれ，(ii)軽微な複製は除外され，さらに，(iii)「著作権者の利益を不当に害しないと認められる特別な事情がある場合」が除外される[21]。

　また，平成 19 年に制定された，違法複製物の作成・頒布につながる映画の盗撮を防止することを目的とする「映画の盗撮の防止に関する法律」4 条 1 項により，ⓔ映画の盗撮については，30 条 1 項は適用されない。ただし，最初に日本国内の映画館等において観衆から料金を受けて上映が行われた日から起算して 8 月を経過した映画に係る映画の盗撮は，除かれる。

　刑事的制裁に関しては，ⓐⓑの場合は，著作権侵害罪の刑罰は科されない（119 条 1 項⇒第 7 章第 7 節 2）[22]。これに対して，ⓔの場合は科される（映画の盗撮の防止に関する法律 4 条 1 項）。また，ⓒの場合は，平成 21 年改正時には刑事罰の対象とならないこととされたが，平成 24 年改正により，受信される自動公衆送信が有償著作物等[23]の著作権を侵害するものである場合には，刑罰が科されることとなった（119 条 3 項 1 号）。ⓓの場合は，有償著作物等の著作権の侵害を対象とし，かつ，「継続的に又は反復して」行われたという要件を満たす場合に刑罰が科される（同項 2 号）。

　なお，著作物を私的複製することができる場合には，当該著作物を翻訳，編曲，変形又は翻案により利用することもできる（47 条の 6 第 1 項 1 号）。他方，

21)　茶園成樹「侵害コンテンツのダウンロード違法化の範囲拡大」ジュリ 1549 号（2020 年）24 頁参照。また，令和 2 年改正により，3 号・4 号は特定侵害録音録画・特定侵害複製であることを重大な過失により知らないで行う場合を含むものと解釈してはならないと定める 30 条 2 項が新設された。3 号・4 号が拡張的に適用されることへの不安を解消するために，「知りながら」が要件であることを念入りに確認するものである。
22)　ただし，ⓐの自動複製機器を著作権等の侵害となる著作物等の複製に使用させた者には，刑罰が科される（119 条 2 項 2 号）。
23)　「有償著作物等」とは，録音・録画された著作物等であって，有償で公衆に提供・提示されているものである（119 条 3 項 1 号括弧書）。例えば，CD として販売されていたり，有料でインターネット配信されている音楽作品や，DVD として販売されていたり，有料でインターネット配信されている映画作品である。テレビで放送される番組は，有償著作物等ではない。ただし，DVD として販売されていたり，オンデマンド放送のように有料でインターネット配信されていたりする場合は，有償著作物等に当たる。

私的使用目的で作成された著作物の複製物を頒布し，又は当該複製物によって当該著作物を公衆に提示した者は，複製を行ったものとみなされる（49条1項1号）。

CASE 6-1 の①については，Y は，A から借りた X の複製物が違法複製物であることを知っていたが，前述したように，30条1項の適用上，複製元の複製物が適法に作成されたものであるかどうかは問われないから，Y の複製には30条1項が適用され，Y は X の著作権（複製権）を侵害しない。

②については，47条の6第1項1号は，30条1項により利用することができる場合には，著作物を翻訳して利用することを許容しているから，Y が，私的使用のために，X の著作物を無断で翻訳し，その翻訳物を複製する行為は，X の著作権を侵害しない。

③については，Y は作成した複製物を販売したのであり，複製それ自体は複製権を侵害しなくとも，販売は，47条の7による譲渡権の制限が認められないから，X の譲渡権の侵害となる。また，49条1項1号により，複製を行ったものとみなされ，他の複製権制限規定は適用されないであろうから，複製権の侵害となろう。

2　私的録音録画補償金制度

私的複製に対する著作権制限は，立法当時は，私的複製が著作権者に与える影響が軽微であることを前提としていたが，その後，複製技術の進歩により大量の複製が行われるようになり，またデジタル技術の発展普及によって市販のCD やビデオと同質の複製物が作成されるようになったため，私的複製の累積により著作権者の利益が不当に害されるおそれが生じるようになってきた。そこで，平成4年改正により，私的複製が自由であることは維持されつつ，デジタル方式の録音・録画機器及び記録媒体であって政令（著作権法施行令1条・1条の2）で定めるものを用いて私的録音・録画を行う者は，著作権者に対して相当な額の補償金（私的録音録画補償金）を支払わなければならないと定められた（30条3項）。ただし，補償金を受ける権利は，個々の著作権者ではなく，文化庁長官が指定する指定管理団体のみが行使することができる（104条の2）[24]。

私的録音録画補償金は，実際上は，私的録音・録画が行われる際にそれに対

応した額が支払われるものではなく，文化庁長官が認可する一律の額（104 条の 6）が，補償金が課される録音・録画機器（特定機器）及び記録媒体（特定記録媒体）の販売価格に上乗せされて，その購入者が購入時にその製造業者・輸入業者に支払い，その製造業者・輸入業者が指定管理団体に支払うことになっている[25]。特定機器・特定記録媒体の製造業者等と指定管理団体との関係に関しては，指定管理団体が補償金の支払を請求する場合には，製造業者等は，補償金の支払の請求及びその受領に関し協力しなければならないと規定されている（104 条の 5）[26]。

　この制度に関しては，近時，インターネットを通じた音楽配信サービスの普及により，補償金を課すことは配信に対する料金との二重徴収となるのではないかという問題，著作権保護技術等の進展により私的録音・録画の実態の把握が可能になりつつあることから補償金を課す合理性が失われているのではないかという問題等が提起され，その見直しが議論されている[27]。

24)　私的録音に係る指定管理団体は，一般社団法人私的録音補償金管理協会（sarah）である。私的録画に係る指定管理団体は，一般社団法人私的録画補償金管理協会（sarvh）であったが，同協会は 2015 年に解散した。後掲注 26）参照。

25)　指定管理団体は，補償金を権利者の団体に分配し，権利者の団体が個々の権利者に分配する。

26)　104 条の 5 が定める製造業者等の「協力義務」について，知財高判平成 23 年 12 月 22 日判時 2145 号 75 頁〔私的録画補償金事件〕は，特定機器・特定記録媒体の購入者から私的録画補償金相当額を徴収して指定管理団体に支払うべき法律上の義務はないが，「製造業者等が協力義務に違反したときに，指定管理団体……に対する直截の債務とはならないとしても，その違反に至った経緯や違反の態様によってはそれについて指定管理団体が被った損害を賠償しなければならない場合も想定され」ると述べた。本判決では，アナログチューナーを搭載しない DVD 録画機器が特定機器（著作権法施行令 1 条 2 項 3 号）に該当しないと判断された。この判決の確定により，私的録画補償金が課される機器・記録媒体は皆無となり，私的録画補償金管理協会は解散するに至った。高比良昭夫「私的録画補償金制度を記録する」コピライト 656 号（2015 年）28 頁参照。

27)　上野達弘「私的録音録画補償金制度をめぐる課題と展望」ジュリ 1463 号（2014 年）29 頁参照。

第3節　付随対象著作物の利用

❖POINT❖

◆ 30条の2は，いわゆる写り込みに対して著作権を制限する規定であり，写真の撮影等を行うに当たって，付随対象著作物の利用を許容している。

◆ 付随対象著作物とは，㋐写真の撮影等を行うに当たって，その対象とする事物・音に付随して対象となる事物・音に係る著作物であり，㋑作成伝達物（写真の撮影等により作成・伝達されるもの）において軽微な構成部分となるものである。

1　概　　説

30条の2は，いわゆる写り込みに対して著作権を制限する規定である。同条1項は，①写真の撮影・録音・録画・放送その他これらと同様に事物の影像・音を複製し，又は複製を伴うことなく伝達する行為（複製伝達行為）を行うに当たって，②その対象とする事物・音に付随して対象となる事物・音に係る著作物（付随対象著作物）を，③正当な範囲内において，④当該複製伝達行為に伴って，いずれの方法によるかを問わず，利用することができると規定している。ただし，⑤著作権者の利益を不当に害することとなる場合は，例外である。

同条2項は，1項により利用された付随対象著作物を，作成伝達物（複製伝達行為により作成・伝達されるもの）の利用に伴って，いずれの方法によるかを問わず，利用することができると規定している。1項と同様に，著作権者の利益を不当に害することとなる場合は，例外である。

本条は，平成24年改正により創設されたものであるが，その当時は，利用が許容される付随対象著作物が写真の撮影等の対象とする事物・音から「分離することが困難であること」等の要件が定められていた。そして，創設当初から，分離困難性等の要件によって妥当な結論に至ることが難しいといった問題が指摘されていた。令和2年改正は，この問題を解消するために，これらの要件を撤廃した[28]。

2　付随対象著作物

　利用することが許容される付随対象著作物とは，まず，⑦複製伝達行為を行うに当たって，その対象とする事物・音（複製伝達対象事物等）に付随して対象となる事物・音（付随対象事物等）に係る著作物である。例えば，ある人 A を壁に絵画 B が飾ってある部屋で撮影した場合に，その写真の中に入る絵画 B である。この場合には，複製伝達対象事物等である A と付随対象事物等である B とは別個の存在であるが，付随対象事物等には，街の雑踏を撮影する場合の雑踏に含まれるポスター等のように，複製伝達対象事物等の一部を構成するものとして対象となる事物・音も含まれる（30 条の 2 第 1 項括弧書）。

　次に，付随対象著作物は，④複製伝達行為により作成・伝達されるもの（作成伝達物）において軽微な構成部分となるものであることを要する。軽微性は，作成伝達物のうち付随対象著作物の「占める割合，当該作成伝達物における当該著作物の再製の精度その他の要素に照らし」，判断される。

　なお，46 条により，美術の著作物でその原作品が一般公衆に開放されている，あるいは一般公衆の見やすい屋外の場所に恒常的に設置されているもの，又は建築の著作物は，一定の場合を除き自由に利用することができるが（⇒本章第 15 節 3），このような著作物でなくても，付随対象著作物に該当すれば，本条によりその利用が許容され得る。

3　正当な範囲内

　付随対象著作物の利用は，「正当な範囲内」のものでなければならない。この要件は，令和 2 年改正前は定められていなかったが，分離困難性の要件の削除によって，分離が容易かつ合理的な場合であって，社会通念上，その著作物を権利制限によって無許諾で利用する正当性が希薄であるような状況において意図的に写し込む行為のような濫用的な行為等が権利制限の対象となってしまうことが懸念されて[29]，新たに設けられたものである。正当な範囲内のものか

---

28)　池村聡「写り込みに係る権利制限規定の対象範囲の拡大」ジュリ 1549 号（2020 年）36 頁参照。

29)　文化審議会著作権分科会「写り込みに係る権利制限規定の拡充に関する報告書」（2020 年 2 月 10 日）7 頁。

どうかは，「当該付随対象著作物の利用により利益を得る目的の有無，当該付随対象事物等の当該複製伝達対象事物等からの分離の困難性の程度，当該作成伝達物において当該付随対象著作物が果たす役割その他の要素に照らし」，判断される。

第4節　検討の過程における利用

❖POINT❖

◆　30条の3は，著作権者の許諾を得て，又は裁定を受けて著作物を利用しようとする場合に，これらの利用についての検討の過程における利用を許容している。

著作権者の許諾を得て，あるいは裁定（⇒第8章第7節）を受けて著作物を利用しようとする場合に，これらの検討の過程において著作物を利用するのが必要なことがある。例えば，漫画のキャラクターの商品化を企画するに際して，著作権者から許諾を得る前に，会議資料や企画書等にキャラクターを掲載することである。そこで，30条の3は，①著作権者の許諾を得て，又は裁定を受けて著作物を利用しようとする者は，②これらの利用についての検討の過程（当該許諾を得，又は当該裁定を受ける過程を含む）における利用に供することを目的とする場合には，③その必要と認められる限度において，④いずれの方法によるかを問わず，当該著作物を利用することができると規定している。ただし，⑤著作権者の利益を不当に害することとなる場合は，例外である。例えば，上述の漫画のキャラクターの商品化の検討の過程において，当該キャラクターを複製した試作品を，当該企画に無関係な者にも広く頒布することを目的として作成するような場合には，必要と認められる限度を超えるものと判断されよう[30]。

立法過程においては，既存の著作権制限規定に基づく利用の過程における利用も対象とすべきとされていたが，既存の制限規定に基づく利用の過程における合理的な範囲内での著作物の利用が権利侵害に当たると解することは，制限

---

30)　加戸250頁。

規定が置かれた趣旨を没却することになり適切ではないとの判断から，本条の対象とされなかった[31]。

第5節　著作物に表現された思想・感情の享受を目的としない利用

❖ *POINT* ❖

◆　30条の4は，著作物に表現された思想・感情を自ら享受し又は他人に享受させることを目的としない場合における利用に対して著作権を制限している。

◆　そのような場合として，ⓐ著作物の録音・録画等の利用に係る技術の開発・実用化のための試験の用に供する場合，ⓑ情報解析の用に供する場合，ⓒ（ⓐⓑ以外の）著作物の表現についての人の知覚による認識を伴うことなく著作物を電子計算機による情報処理の過程における利用等に供する場合，が例示されている。

1　概　　説

30条の4は，①著作物に表現された思想・感情を自ら享受し又は他人に享受させることを目的としない場合に，②その必要と認められる限度において，③いずれの方法によるかを問わず，利用することができると規定している。ただし，④著作権者の利益を不当に害することとなる場合は，例外である。

本条は，平成30年改正により設けられたものである。本条が定める著作権制限は，著作物が有する経済的価値が，通常，市場において，著作物の視聴等をする者が当該著作物に表現された思想・感情を享受してその知的・精神的欲求を満たすという効用を得るために対価の支払をすることによって現実化されている，という考え方を基礎とするものである。この考え方によれば，著作物に表現された思想・感情の享受を目的としない行為，すなわち，著作物の視聴者等の知的・精神的欲求を満たすという効用を得ることに向けられていない行為は，その者からの対価回収機会を損なうものではなく，著作権法が保護しよ

---

31)　加戸249頁。

うとしている著作権者の利益を通常害するものではないと評価できることから，そのような行為を権利制限の対象としているのである[32]。

2　著作物に表現された思想・感情の享受を目的としない場合

　30 条の 4 の対象である，著作物に表現された思想・感情の享受を目的としない場合として，以下の 3 つの場合が例示されている。

　まず，ⓐ著作物の録音，録画等の利用に係る技術の開発・実用化のための試験の用に供する場合である（30 条の 4 第 1 号）。例えば，テレビ番組の動画に関する技術の開発において，その技術を検証するために，実際にテレビ番組を録画する行為である。これは，平成 30 年改正前 30 条の 4 を元にするものであるが，改正前は公表著作物のみを対象としていたが，改正法はそのような限定を廃止した。

　次に，ⓑ情報解析（多数の著作物その他の大量の情報から，当該情報を構成する言語，音，影像その他の要素に係る情報を抽出し，比較，分類その他の解析を行うこと）の用に供する場合である（同条 2 号）。これは，平成 30 年改正前 47 条の 7 を元にするものであるが，改正前は，権利制限の対象を「電子計算機による情報解析」に限り，また，情報解析を「比較，分類その他の統計的な解析を行うこと」と定義していたが，改正法は「電子計算機による」と「統計的な」の文言を削除した。さらに，改正前 47 条の 7 では，「情報解析を行う者の用に供するために作成されたデータベースの著作物」は，権利制限の対象から除外されていた。そのようなデータベースは，当事者間の契約によって入手することが可能であるため，著作権を制限すると，当該データベースの著作権者の利益を害することとなり適当ではなかったからである。この点は，現在においても変わらず，そのようなデータベースの情報解析目的での利用は，本条ただし書の「著作権者の利益を不当に害することとなる場合」に当たり，権利制限から除外されると解されている[33]。

　そして，ⓒ上記ⓐⓑの場合のほか，著作物の表現についての人の知覚による認識を伴うことなく当該著作物を電子計算機による情報処理の過程における利

---

32)　文化庁著作権課・前掲注 13) 29 頁。
33)　文化庁著作権課・前掲注 13) 35 頁。

用その他の利用に供する場合である（同条 3 号）。例えば，コンピュータの情報処理の過程で，バックエンドで著作物がコピーされて，そのデータを人が全く知覚することがなく利用される場合である[34]。なお，3 号括弧書において，「プログラムの著作物にあつては，当該著作物の電子計算機における実行を除く」と規定されている。プログラムの著作物は，コンピュータにおいて実行される場合，著作物の表現についての人の知覚により認識されることを伴わない利用に供されることになるが，プログラムの実行によるプログラムの機能を享受することに向けられた利用にこそプログラムの著作物の対価回収機会が保障されるべきであるからであり，プログラムの著作物にとっては，著作物に表現された思想・感情の享受とは著作物の機能の享受を意味すると考えられている[35]。

　本条の対象は，この 3 つの場合に限られるわけではない。その他の場合として，プログラムの調査解析を目的とするプログラムの著作物の利用（いわゆるリバース・エンジニアリング）があろう[36]。

第 6 節　図書館等における複製等

❖*POINT*❖

◆　31 条は，次のような利用行為等に対する著作権制限を定めている。
- ・図書館等における図書館資料の複製（1 項）
- ・一定の要件を満たす図書館等（特定図書館等）による図書館資料の公衆送信等（2 項）
- ・国立国会図書館における所蔵資料の複製（デジタル化）（6 項）
- ・国立国会図書館による絶版等資料の図書館等への自動公衆送信（7 項）
- ・国立国会図書館による一定の要件を満たす絶版等資料（特定絶版等資料）の利用者への自動公衆送信（8 項）

---

34)　文化庁著作権課・前掲注 13）34 頁。
35)　前田健「柔軟な権利制限規定の設計思想と著作権者の利益の意義」同志社大学知的財産法研究会編『知的財産法の挑戦 II』（弘文堂，2020 年）236 頁。
36)　文化庁著作権課・前掲注 13）35 頁，上野達弘「平成 30 年著作権法改正について」高林龍ほか編『年報知的財産法 2018-2019』（日本評論社，2018 年）6 頁。

1　図書館等における複製

　31 条 1 項は，図書館が果たす公衆への情報提供機能を考慮して，図書館等
（「国立国会図書館及び図書，記録その他の資料を公衆の利用に供することを目的とする
図書館その他の施設で政令で定めるもの」）において，一定の場合に，営利を目的
としない事業として，図書館資料（「図書館等の図書，記録その他の資料」）を用い
て著作物を複製することを許容している。図書館等が複製を行うに際し，利用
者から実費を徴収しても，営利を目的としない事業の範囲内であると解されて
いる[37]。

　図書館等が複製を行うことができるのは，ⓐ利用者の求めに応じ，その調査
研究の用に供するために，公表された著作物の一部分[38]の複製物を一人につ
き一部提供する場合（1 号）[39]，ⓑ図書館資料の保存のため必要がある場合（2
号），ⓒ他の図書館等の求めに応じ，絶版等資料（「絶版その他これに準ずる理由
により一般に入手することが困難な図書館資料」）の複製物を提供する場合（3 号），
である。

　図書館にコピー機が置かれ，利用者が自由に複製することができるようにな
っている場合には，複製主体が図書館であるかどうかが問題となる。図書館が
複製主体でないのであれば，31 条は適用されないことになる。学説には，利
用者自身が複製主体であり，その複製が私的使用を目的とするものであれば，
30 条 1 項により許容されるとの見解がある[40]。これに対して，このような複
製は 31 条の趣旨を逸脱するものであり，31 条 1 項で許される範囲にとどまる

---

37)　加戸 255 頁。

38)　「著作物の一部分」については，令和 3 年改正前は，弾力的な解釈運用が求められていた。
　　作花 319 頁，中山 390 頁。この要請を受けて，同改正は，国等の周知目的資料（国・地方公共
　　団体の機関等が一般的に周知させることを目的として作成し，その著作の名義の下に公表する
　　広報資料等）その他の「著作権の全部の複製物の提供が著作権者の利益を不当に害しないと認
　　められる特別な事情があるものとして政令で定めるものにあつては，その全部」が含まれる旨
　　を規定した（31 条 1 項 1 号括弧書）。

39)　東京地判平成 7 年 4 月 28 日知的裁集 27 巻 2 号 269 頁〔多摩市立図書館複写拒否事件 1 審〕
　　は，31 条 1 項 1 号について，「図書館において一定の範囲での著作物を複製することができる
　　としたものであり，……図書館利用者に図書館の蔵書の複製権あるいは一部の複製をする権利
　　を定めた規定と解することはできない」と述べた。東京高判平成 7 年 11 月 8 日知的裁集 27 巻
　　4 号 778 頁〔同事件 2 審〕は，この判決を支持した。

40)　高林 179 頁，入門 191 頁〔島並〕，小倉＝金井コンメ（Ⅱ）74 頁〔高瀬亜富〕。

ように，図書館が複製をチェックすべきとの主張もある[41]。

2 特定図書館等による公衆送信等

前述したように，図書館等は，利用者の調査研究の用に供するために，著作物の一部分を複製し提供することができる。しかしながら，インターネットを通じた図書館資料へのアクセスのニーズが，特に令和2年からの新型コロナウィルス感染症の蔓延に伴う図書館の休館等によって強まり，令和3年改正により，一定の要件を満たす図書館等（特定図書館等）が利用者に対してメール等で送信することができることとされた（公布後2年以内で政令で定める日から施行される）。

31条2項により，特定図書館等は，営利を目的としない事業として，利用者の求めに応じ，その調査研究の用に供するために，公表された著作物の一部分[42]について，図書館資料を用いて公衆送信を行うことができ，また，この公衆送信のために必要な複製を行うことができる。そして，公衆送信された著作物を受信した利用者は，その調査研究の用に供するために必要と認められる限度において，当該著作物を複製することができる（31条4項）。

この著作権制限には，権利者の利益保護のために様々な要件が課されている。まず，公衆送信等を行うことができる特定図書館等とは，31条3項が定める公衆送信に関する業務を適正に実施するための措置（例えば，そのための責任者を置くこと）を講じている図書館等である。次に，公衆送信の相手方である利用者は，あらかじめ特定図書館等にその氏名・連絡先等の情報（利用者情報）を登録している者に限られる（31条2項括弧書）。公衆送信に当たっても，著作物の提供・提示の防止・抑止のための措置が講じられることが求められている（31条2項2号括弧書）。そして，著作物の種類（電子出版等の実施状況を含む）・用途及び公衆送信の態様に照らし著作権者の利益を不当に害することとなる場合は，著作権制限が否定される。この点に関しては，特に著作権者等による正規の電子出版等との競合が問題となろう。さらに，公衆送信を行う場合には，特定図書館等を設置する者は，相当な額の補償金（図書館等公衆送信補償金）を著

---

41) 加戸255頁，作花317頁。
42) 31条2項の「著作物の一部分」は，31条1項1号のそれ（前掲注38）参照）と同じである。

作権者に支払わなければならないとされている（31条5項）[43]。

3　国立国会図書館における複製（デジタル化）

　図書館資料が現に傷みが激しい場合には，31条1項2号により，その保存のために複製することができるが，同号が未だ傷んでいない図書館資料を将来の劣化や損傷に備えて複製（デジタル化）することも許容するものであるかどうかは明らかではなかった。そこで，平成21年改正により，国立国会図書館法に基づく納本制度により出版物を網羅的に収集している国立国会図書館が，その所蔵資料を良好な状態で保存することができるように，「図書館資料の原本を公衆の利用に供することによるその滅失，損傷若しくは汚損を避けるために当該原本に代えて公衆の利用に供するため」，納本後直ちにデジタル化できることとされた。さらに，平成24年改正により，次に述べるように，国立国会図書館からの自動公衆送信が認められることになったことに伴い，絶版等資料に係る著作物を，この自動公衆送信に用いるためにデジタル化できることが追加された（31条6項）。

4　国立国会図書館による自動公衆送信

　納本制度を有し，所蔵資料のデジタル化を進めている国立国会図書館にあるデジタル資料を積極的に活用するために，平成24年改正により，国立国会図書館は，絶版等資料に係る著作物を，図書館等[44]に自動公衆送信することができる旨の規定が新設された（31条7項前段）。この場合，図書館等は，営利を目的としない事業として，利用者の求めに応じ，当該利用者が自ら利用するために必要と認められる限度において，自動公衆送信された当該著作物の複製物を作成し，提供することができ，また，自動公衆送信された当該著作物を受信装置を用いて公に伝達することができる（伝達を受ける者から料金を受けないことを要する。同項後段）。

　上記の国立国会図書館による自動公衆送信は，絶版等資料を対象とし，図書

---

43)　図書館等公衆送信補償金制度は，104条の10の2～104条の10の8に規定されている。
44)　国立国会図書館による絶版等資料の送信先については，外国への情報提供のために，平成30年改正により，図書館等「に類する外国の施設で政令で定めるもの」が追加された。文化庁著作権課・前掲注13) 32頁。

館等に送信されるものである。そのため，利用者は，絶版等資料の閲覧等をするためには，図書館等に行く必要がある。しかしながら，感染症対策等のために図書館等が休館している場合や，病気等で図書館等に行けない場合，近隣に図書館等が存在しない場合には，絶版等資料にアクセスすることが困難となる。そこで，令和3年改正により，国立国会図書館は，一定の要件を満たす絶版等資料（特定絶版等資料）に係る著作物について，利用者に対して自動公衆送信を行うことができるようにされた（31条8項）。この場合，自動公衆送信を受信した利用者は，自動公衆送信された当該著作物を自ら利用するのに必要と認められる限度において複製し，非営利・無料等の要件の下で受信装置を用いて公に伝達することができる（31条9項）。

　この利用者への自動公衆送信の対象は，特定絶版等資料，すなわち，絶版等資料のうち，著作権者・出版権者又はその許諾を得た者の申出を受けて，国立国会図書館の館長が当該申出のあった日から起算して3月以内に絶版等資料に該当しなくなる蓋然性が高いと認めた資料を除いたものである（31条10項）。つまり，現在は絶版等資料であっても，近い将来に復刻等によって絶版等資料でなくなる予定のものは除外されるのである[45]。また，この自動公衆送信は，あらかじめ国立国会図書館に利用者情報を登録している者（事前登録者）の用に供することを目的とするものであり，受信しようとする者が受信の際に事前登録者であることを識別するための措置を講じているという要件を満たすことが必要とされ（31条8項1号・2号），さらに，自動公衆送信を受信して行う著作物のデジタル方式の複製を防止・抑止するための措置が講じられることが求められている（31条8項括弧書）。

45）　実際の送信対象については，関係者間協議に基づく，漫画・商業雑誌等を除外するという現在の運用が尊重されることになるようである。

第7節　引　用

❖*POINT*❖

◆　32 条 1 項は，引用としての利用に対する著作権の制限を定めており，その要件は，①公表された著作物であること，②引用であること，③公正な慣行に合致すること，④引用の目的上正当な範囲内であること，である。もっとも，パロディ・モンタージュ写真事件最高裁判決が述べた，明瞭区別性と主従関係の 2 要件との関係は明らかではない。

1　概　説

　論文において自説を展開するに当たり，批評等のために他人の著作物を採録しなければならない場合がある。このような利用を許容するために，32 条 1 項は，「公表された著作物は，引用して利用することができる。」と規定している。そして，同項では，この場合には，その引用は，「公正な慣行に合致するもの」であり，「報道，批評，研究その他の引用の目的上正当な範囲内で行なわれるもの」でなければならないと定められている。したがって，引用としての利用が著作権侵害とならないため（適法引用）の要件は，①公表された著作物であること，②引用であること，③公正な慣行に合致すること，④報道，批評，研究その他の引用の目的上正当な範囲内であること，である。

　また，32 条 2 項は，「国等の周知目的資料」（31 条 1 項 1 号括弧書）を，説明の材料として新聞紙，雑誌その他の刊行物に転載することを許容している。ただし，これを禁止する旨の表示（禁転載の表示）がある場合は，例外である。

2　適法引用の要件

(1)　パロディ・モンタージュ写真事件最高裁判決とその後の展開

　引用に関する最高裁判決として，パロディ・モンタージュ写真事件判決[46]がある。同判決は，「引用にあたるというためには，引用を含む著作物の表現形式上，引用して利用する側の著作物と，引用されて利用される側の著作物と

---

[46]　最判昭和 55 年 3 月 28 日民集 34 巻 3 号 244 頁〔パロディ・モンタージュ写真事件〕。

を明瞭に区別して認識することができ，かつ，右両著作物の間に前者が主，後者が従の関係があると認められる場合でなければならない」と判示した。

　この判決は旧法下の事案についてのものであり，引用に関する旧法 30 条 1 項 2 号は，「自己ノ著作物中ニ正当ノ範囲内ニ於テ節録引用スルコト」と定めていた。しかしながら，その後の多くの裁判例では，現行法のもとでも，この判決で示された明瞭区別性と主従関係の 2 要件に基づいて 32 条 1 項の適用の可否が判断された[47]。もっとも，この 2 要件と，現行法に規定されている要件との関係は明らかではなかった[48]。

　その後，平成 13 年の絶対音感事件 1 審判決[49]を嚆矢として，より条文に忠実に，問題となる利用行為について，③公正な慣行に合致し，④引用の目的上正当な範囲内であるかどうかで検討する裁判例が増えている。例えば，絵画鑑定証書事件判決[50]は，絵画の鑑定証書の裏面に添付するために絵画の縮小カラーコピーを作成したことが問題となった事案において，「引用としての利用に当たるか否かの判断においては，他人の著作物を利用する側の利用の目的のほか，その方法や態様，利用される著作物の種類や性質，当該著作物の著作権者に及ぼす影響の有無・程度などが総合考慮されなければならない」と述べたうえで，鑑定証書に絵画のコピーを添付した行為については，その目的は鑑定対象である絵画を特定し，かつ，鑑定証書の偽造を防ぐためであって，添付の必要性・有用性も認められること，著作物の鑑定業務が適正に行われることは贋作の存在を排除し，著作物の価値を高め，著作権者等の権利の保護を図ることにもつながるものであること，そして，コピーの部分のみが分離して利用に供されることや絵画と別に流通すること，著作権者が絵画の複製権を利用して経済的利益を得る機会が失われることが考え難いこと，以上を総合考慮すれば，「著作物を引用して鑑定する方法ないし態様において，その鑑定に求められる公正な慣行に合致したものということができ，かつ，その引用の目的上でも，正当な範囲内のものである」として，32 条 1 項の適用を認めた。

47)　例えば，東京高判昭和 60 年 10 月 17 日無体裁集 17 巻 3 号 462 頁〔藤田嗣治事件〕，東京高判平成 12 年 4 月 25 日判時 1724 号 124 頁〔脱ゴーマニズム宣言事件〕。
48)　上野達弘「引用をめぐる要件論の再構成」半田正夫先生古稀記念論集『著作権法と民法の現代的課題』（法学書院，2003 年）307 頁。
49)　東京地判平成 13 年 6 月 13 日判時 1757 号 138 頁〔絶対音感事件 1 審〕。
50)　知財高判平成 22 年 10 月 13 日判時 2092 号 135 頁〔絵画鑑定証書事件〕。

(2)　各要件について

　引用であることの要件(②)については，絵画鑑定証書事件判決では，格別の意味を持つものとは考えられていないようである[51]。これに対して，学説には，明瞭区別性と主従関係（この判決では言及されていない）はこの要件に関係し，引用に当たるためにはこれらが満たされる必要があると考える見解がある[52]。

　公正な慣行に合致すること(③)については，「世の中で著作物の引用行為として実態的に行われており，かつ，社会感覚として妥当なケースと認められるもの」との説明がなされている[53]。この要件に関すると思われる裁判例として，ある個人の行動を非難する記事を創作するために，その個人の肖像写真を用いたことが問題となった事案において，当該写真を使用しなければならないという必然性はなく，その個人を揶揄するような態様において使用することは，当該写真の著作者の制作意図にも強く反し，当該写真の著作者が正当な引用として許容するとは到底考えがたいとして，適法引用であることを否定したものがある[54]。しかしながら，「公正な慣行」を上記のように理解することに対しては，引用としての利用，ひいては表現活動が，現実に行われている類のものに制約されることになってしまう点で疑問がある[55]。

　引用の目的上正当な範囲内であること(④)については，絵画鑑定証書事件判

51)　飯村敏明「裁判例における引用の基準について」著作権研究 26 号（1999 年）94〜95 頁は，「引用」の文言は，「『翻案』行為を別にしますと，外見的には，『複製』行為と同じ行為を指す」と述べる。

52)　高林 181 頁，入門 193 頁［島並］，横山・前掲注6）345 頁，茶園成樹「出版物における引用」上野達弘＝西口元編著『出版をめぐる法的課題』（日本評論社，2015 年）144 頁。東京地判令和3 年 5 月 26 日（令和 2 年（ワ）19351 号）〔ツイート引用事件〕も，明瞭区別性と主従関係は，「引用」の基本的な要件を構成すると述べた。なお，東海林保「引用の抗弁」高部眞規子編『最新裁判実務大系⑪：知的財産権訴訟Ⅱ』（青林書院，2018 年）714 頁，大須賀滋「制限規定(1)——引用」訴訟実務大系 183〜184 頁。

53)　加戸 266 頁。横山・前掲注6）355 頁，前掲注 52）東京地判令和 3 年 5 月 26 日も参照。

54)　東京地判平成 19 年 4 月 12 日（平成 18 年（ワ）15024 号）〔創価学会写真ウェブ掲載事件〕。東京地判平成 15 年 2 月 26 日判時 1826 号 117 頁〔創価学会写真ビラ事件〕も参照。また，東京高判平成 14 年 4 月 11 日（平成 13 年（ネ）3677 号・平成 13 年（ネ）5920 号）〔絶対音感事件2 審〕は，引用に際しては，被引用著作物の出所を明示するという慣行があり，出所を明示しなかった点において公正な慣行に合致しないと述べた。知財高判平成 30 年 8 月 23 日（平成 30年（ネ）10023 号）〔沖縄・うりずんの雨事件〕も参照。前田哲男「『引用』の抗弁について」コピライト 680 号（2017 年）17 頁，澤田将史「近時の裁判例から見る引用に関する実務上の留意点」コピライト 714 号（2020 年）6 頁参照。

55)　茶園・前掲注 52）146 頁。

決では，「社会通念に照らして合理的な範囲内のもの」と言い換えられており，近時の多くの裁判例も同様である[56]。この言い換え自体に問題はないが，32条 1 項が「報道，批評，研究」を例示していることを重視すれば，引用の目的は，その他のものであってもよいが，これらに準ずるものでなければならないこととなり[57]，その目的に照らして正当な範囲内のものであることが必要となろう。

3　その他の引用に関する問題

(1)　引用する側の著作物性の要否

旧法では，引用する側の作品は著作物であることが要件として定められていたが，現行の 32 条 1 項は，その文言上，引用する側の著作物性を求めていない。ある判決は，32 条 1 項の「立法趣旨は，新しい著作物を創作する上で，既存の著作物の表現を引用して利用しなければならない場合があることから，所定の要件を具備する引用行為に著作権の効力が及ばないものとすることにあると解されるから，利用する側に著作物性，創作性が認められない場合は，引用に該当せず，本条項の適用はない」と述べた[58]。これに対して，絵画鑑定証書事件判決では，引用する側の著作物性は要件でないとされている。学説においても，著作物性を必要とする見解[59]と不要とする見解[60]に分かれている。

(2)　要約引用の可否

47 条の 6 第 1 項 2 号によると，32 条に基づいて著作物を利用することがで

---

56)　例えば，東京地判平成 24 年 9 月 28 日判タ 1407 号 368 頁〔霊言 DVD 事件〕，大阪地判平成 25 年 7 月 16 日（平成 24 年（ワ）10890 号）〔新おかやま国際化推進プラン・パンフレット事件〕，大阪地判平成 27 年 9 月 24 日判時 2348 号 62 頁〔ピクトグラム事件〕，知財高判平成 28 年 6 月 22 日判時 2318 号 81 頁〔毎日オークション事件〕。

57)　高林 184 頁，斉藤 130 頁，茶園成樹「『引用』の要件について」コピライト 565 号（2008 年）13 頁。なお，引用される著作物が直接の批評等の対象ではない場合について，前田・前掲注 54）12 頁，澤田・前掲注 54）24 頁。

58)　東京地判平成 10 年 2 月 20 日知的裁集 30 巻 1 号 33 頁〔バーンズコレクション事件〕。東京地判平成 22 年 5 月 28 日（平成 21 年（ワ）12854 号）〔ガン闘病マニュアル事件〕も同旨。

59)　高林 185 頁，作花 327 頁，斉藤 129〜130 頁，コンメ(2)253 頁〔盛岡一夫〕。

60)　中山 405 頁，小倉＝金井コンメ（Ⅱ）97 頁〔金井重彦〕，岡村久道『著作権法〔第 5 版〕』（民事法研究会，2021 年）232 頁，横山・前掲注 6）348 頁，前田・前掲注 54）13 頁，大須賀・前掲注 52）184 頁，茶園・前掲注 52）148 頁。

きる場合に許容されているのは，翻訳による利用である。翻案は規定されていないのであるが，他人の著作物をその趣旨に忠実に要約して引用することも許容されると解する裁判例がある[61]。この解釈の根拠としては，他人の著作物の相当広い範囲の趣旨を引用する必要がある場合に，それを原文のまま引用するのでは著作権者の権利を侵害する程度が大きくなる結果となること，一定の観点から要約したものを利用すれば足り，全文を引用するまでの必要はない場合があること，原文の一部を省略しながら切れ切れに引用することしか認めないよりも，むしろ原文の趣旨に忠実な要約による引用を認める方が妥当であること，そして，現実にもこのような要約による引用が社会的に広く行われていることが挙げられている。学説においては，要約引用は許されると解する見解[62]と許されないとする見解[63]が対立している。

第8節　教育のための利用

❖*POINT*❖

◆　教育のための利用として，以下の場合に著作権が制限されている。
ⓐ　教科用図書等への掲載（33条）
ⓑ　教科用図書代替教材への掲載等（33条の2）
ⓒ　教科用拡大図書等の作成のための複製等（33条の3）
ⓓ　学校教育番組の放送等（34条）
ⓔ　学校その他の教育機関における複製等（35条）
ⓕ　試験問題としての複製等（36条）

1　概　　説

教育は，「人格の完成を目指し，平和で民主的な国家及び社会の形成者として必要な資質を備えた心身ともに健康な国民の育成を期して」行われるもので

---

61)　前掲注16）東京地判平成10年10月30日。
62)　中山408頁，コンメ(2)257頁［盛岡］，小倉＝金井コンメ（Ⅱ）99頁［金井］，茶園・前掲注57）16〜17頁。
63)　加戸267頁，田村246頁。

あり（教育基本法 1 条），著作権法 33 条〜36 条は，一定の場合に，教育のための著作物の利用を許容している。

2　教科用図書等への掲載

33 条 1 項は，公表された著作物を，学校教育の目的上必要と認められる限度において，教科用図書に掲載することを許容している。教科用図書とは，「文部科学大臣の検定を経た教科用図書又は文部科学省が著作の名義を有する教科用図書」（学校教育法 34 条 1 項）である。

教科用図書に著作物を掲載する者は，その旨を著作者に通知しなければならない（33 条 2 項）。これは，著作物を教科用図書に掲載する場合には改変が行われることがあるため（20 条 2 項 1 号参照⇒第 4 章第 4 節 3(1)），著作者に著作者人格権を行使する機会を与えるものである。また，教科用図書に著作物を掲載する者は，著作権者に対して，文化庁長官が毎年定める額の補償金を支払わなければならない（33 条 2 項）。著作者への通知及び著作権者への補償金支払は，著作権制限の条件ではなく，これらを怠っても教科用図書への掲載が著作権侵害となるものではない。

これらの教科用図書への掲載に関する定めは，高等学校（中等教育学校の後期課程を含む）の通信教育用学習図書，教科用図書に係る教師用指導書（当該教科用図書を発行する者の発行に係るものに限る）への掲載について準用される（33 条 4 項）。

3　教科用図書代替教材への掲載等

教科用図書代替教材とは，いわゆるデジタル教科書であり，教科用図書の内容を文部科学大臣の定めるところにより記録した電磁的記録である教材のことである（学校教育法 34 条 2 項）。平成 30 年学校教育法改正は，情報通信技術の進展等に鑑み，教育課程において，教科用図書に代えて教科用図書代替教材を使用できるようにした（同条 2 項・3 項）。そのため，著作権法 33 条の 2 第 1 項は，教科用図書に掲載された著作物は，学校教育の目的上必要と認められる限度において，教科用図書代替教材に掲載等することができると規定した。

また，教科用図書代替教材に教科用図書に掲載された著作物を掲載しようとする者は，あらかじめ当該教科用図書を発行する者にその旨を通知し，また，

文化庁長官が定める算出方法により算出した額の補償金を著作権者に支払わなければならない（33条の2第2項）。

4　教科用拡大図書等の作成のための複製等

33条の3第1項は，視覚障害，発達障害等の児童・生徒の学習機会を保障するために[64]，教科用図書に掲載された著作物を，文字・図形等の拡大その他の当該児童・生徒が当該著作物を使用するために必要な方式により複製することを許容している。

文字・図形等の拡大等により複製する教科用の図書その他の複製物（教科用拡大図書等）[65]を作成しようとする者は，あらかじめ当該教科用図書の発行者にその旨を通知しなければならない。また，営利を目的として教科用拡大図書等を頒布する場合には，33条2項に規定する補償金の額に準じて文化庁長官が定める算出方法により算出した額の補償金を著作権者に支払わなければならない（33条の3第2項）。

さらに，「障害のある児童及び生徒のための教科用特定図書等の普及の促進等に関する法律」（いわゆる教科書バリアフリー法）5条1項・2項により教科用図書に掲載された著作物に係る電磁的記録の提供を行う者は，その提供のために必要と認められる限度において，当該著作物を利用することができる（33条の3第4項）。

5　学校教育番組の放送等

34条1項は，公表された著作物を，学校教育の目的上必要と認められる限度において，ⓐ学校教育に関する法令の定める教育課程の基準に準拠した学校向けの放送番組・有線放送番組において放送・有線放送し，ⓑ地域限定特定入力型自動公衆送信を行い，ⓒ放送同時配信等（2条1項9号の7）[66]を行い，ⓓ

---

64)　「視覚障害，発達障害その他の障害により教科用図書に掲載された著作物を使用することが困難な児童又は生徒の学習の用に供するため」（33条の3第1項）。

65)　教科用拡大図書等は，「点字により複製するものを除き，当該教科用図書に掲載された著作物の全部又は相当部分を複製するものに限る」（33条の3第2項括弧書）。

66)　ここでの「放送同時配信等」は，「放送事業者，有線放送事業者又は放送同時配信等事業者が行うものに限る」（34条括弧書）。この点は，38条3項，39条，40条2項・3項においても同じである。

当該放送番組用・有線放送番組用の教材に掲載することができると規定している。⑥の「地域限定特定入力型自動公衆送信」とは，「特定入力型自動公衆送信のうち，専ら当該放送に係る放送対象地域……において受信されることを目的として行われるもの」（同項括弧書）である[67]。何らの制約もなしにインターネット上に開設されたウェブサイトに掲載することは，その受信が放送対象地域におけるものに限定されないから，本項に当たらない。

利用者は，33条の場合と同様に，著作者に通知し，著作権者に相当な額の補償金を支払わなければならない（34条2項）。ただし，補償金は，文化庁長官が定めるものではない。

6　学校その他の教育機関における複製等

35条1項は，①学校その他の教育機関において教育を担任する者及び授業を受ける者は，②その授業の過程における利用に供することを目的とする場合には，③必要と認められる限度において，④公表された著作物を，⑤複製・公衆送信（自動公衆送信の場合にあっては送信可能化を含む）することができる，又は公表された著作物であって公衆送信されるものを受信装置を用いて公に伝達することができると規定している。ただし，⑥著作権者の利益を不当に害することとなる場合は，例外である。

①「学校その他の教育機関」については，「営利を目的として設置されているもの」は除外されているから，私人の経営する塾，予備校，カルチャーセンターや会社等に設置されている職員研修施設は含まれないと解されている[68]。

利用主体は，平成15年改正前は「教育を担任する者」のみであったが，学習者自らが情報の収集等を行う活動が重視されてきたことに鑑み，同改正により，「授業を受ける者」が追加された。「授業を受ける者」，すなわち，児童や

---

67)　「特定入力型自動公衆送信」とは，「放送を受信して同時に，公衆の用に供されている電気通信回線に接続している自動公衆送信装置に情報を入力することにより行う自動公衆送信（当該自動公衆送信のために行う送信可能化を含む。）」である（2条1項9号の6）。「放送対象地域」とは，「放送法……第91条第2項第2号に規定する放送対象地域をいい，これが定められていない放送にあつては，電波法……第14条第3項第2号に規定する放送区域」である（34条1項括弧書）。

68)　ただし，構造改革特別区域法12条11項により，同条2項に規定する学校設置会社の設置する学校は，「教育機関」に含まれる。

生徒等の学習者が追加されたことにより，例えば，学校教育において，児童・生徒等が「調べ学習」のためにインターネットを通じて入手した資料をコピーして，あるいは新聞記事をコピーして，他の児童・生徒等に配布することができることとなる。

　本項が許容する利用は，②授業の過程における利用に供することを目的とするものでなければならない。「授業の過程」とは，初等中等教育の場合，いわゆる授業のほか，特別教育活動である運動会等の学校行事や必修のクラブ活動も含まれるが，課外活動はこれに当たらないと解されている[69]。また，利用は，授業の過程における利用に供する目的上，③必要と認められる限度において行われなければならない。例えば，複製は，実際に授業の対象となる部分だけ，授業に参加する者の数だけのものでなければならず，授業で使用しない部分の複製や授業参加者の数を超えた複製は許されない。さらに，利用される著作物は，④公表されたものに限られる。

　35条によって許容される利用行為は，複製・公衆送信・公衆送信される著作物の受信装置を用いた公の伝達である。平成30年改正前は，複製（及び旧2項が規定していた，同時授業の公衆送信）だけであったが，ICT活用教育の推進のために，公衆送信等が加えられた。その一方で，複製については，改正前と同様に無償で行うことができるのに対して，公衆送信を行う場合には，権利者の正当な利益に配慮して，教育機関の設置者は相当な額の補償金（授業目的公衆送信補償金）を著作権者に支払うこととされた（35条2項）[70]。ただし，教育機関における授業の過程において，当該授業を直接受ける者に対して著作物をその原作品・複製物を提供・提示して利用する場合，又は38条1項により上演・演奏・上映・口述して利用する場合において，当該授業が行われる場所以外の場所において当該授業を同時に受ける者に対して公衆送信を行うことは，補償金支払義務の対象から除外されている（35条3項）。これは，平成30年改正前の旧2項において定められていた，隔地における同時授業の場合の公衆送

---

69)　「著作物の教育利用に関する関係者フォーラム」が決定した「改正著作権法第35条運用指針〈令和3（2021）年度版〉」（2020年12月）〈https://forum.sartras.or.jp/info/005/〉7頁は，学校その他の教育機関が主催する公開講座が「授業」に当たり得ると述べている。上野達弘編『教育現場と研究者のための著作権ガイド』（有斐閣，2021年）48頁［今村哲也］参照。
70)　授業目的公衆送信補償金制度は，104条の11～104条の17に規定されている。

信に対する無償の著作権制限の取扱いを維持するものである。

　35条1項ただし書は，⑥「著作権者の利益を不当に害することとなる場合」は著作権が制限されない旨を規定し，その考慮要因として，「著作物の種類及び用途並びに当該複製の部数及び当該複製，公衆送信又は伝達の態様」を挙げている。主として，著作権者の著作物利用市場に悪影響を与えるか否かが問題となろう。例えば，著作物が参考書，ドリル，ワークブックのような教育の過程における利用を目的とするものである場合には，複製して授業を受ける者に配布することは，著作物の本来的な市場と衝突するものであり，著作権者の利益を不当に害することとなる可能性が高い。

7　試験問題としての複製等

　36条1項は，①公表された著作物を，②「入学試験その他人の学識技能に関する試験又は検定の目的上必要と認められる限度において」，③当該試験又は検定の問題として複製・公衆送信（放送・有線放送を除き，自動公衆送信の場合にあっては送信可能化を含む）することを許容している。公衆送信を行う場合とは，例えば，大学等において，㋐インターネットを利用してホームページ上に試験問題を掲載し，IDやパスワードを取得した学生からのアクセスに応じて送信する場合，㋑教員が授業を受ける学生に対してメールで試験問題を送信する場合，㋒教員が授業を受ける学生に対してファックスで試験問題を送信する場合である[71]。ただし，④著作権者の利益を不当に害することとなる場合は，許容されない。本項には，35条のような教育機関の限定はなく，企業の入社試験や模擬テスト，運転免許試験等も含まれる[72]。

　本項は，人の学識技能に関する試験・検定を公正に実施するためには，問題の内容等の事前の漏洩を防ぐ必要性があるので，あらかじめ著作権者の許諾を受けることは困難であり，また著作物をこのような試験・検定の問題として利用したとしても，一般にその利用は著作物の通常の利用と競合しないと考えられることから設けられたものである[73]。そのため，試験や検定と呼ばれるものであっても，利用される著作物を秘密にしなければならないがゆえに事前に著

---

71)　加戸287〜288頁。
72)　加戸287頁。

作権者の許諾を受けることが難しいという事情がない場合には，本項の「試験
又は検定」に当たらない。

　また，本項が対象とするのは，試験・検定の問題として複製・公衆送信する
ことであるから，入学試験に出題された問題を集めた問題集を出版したり，受
験者の参考とするためにホームページに掲載することは，本項によって許容さ
れない[74]。

　36条1項の複製・公衆送信を営利目的で行う者は，著作権者に対し，通常
の使用料の額に相当する額の補償金を支払わなければならない（36条2項）。
営利目的かどうかは，著作物の利用が営利につながるかどうか，宣伝になって
いるかどうかで判断すべきとされ，企業の入社試験は営利目的のものではない
と解されている[75]。複製・公衆送信を行う者は，試験・検定を実施する者と異
なる場合がある。例えば，試験問題作成業者が実施者から依頼を受けて試験問
題を作成し提供する場合であり，このような場合，試験問題作成業者が営利目
的で複製を行えば，その業者が補償金を支払わなければならない。

　出所明示義務に関しては，出所を明示する慣行があるときに，出所を明示し
なければならない（48条1項3号）。

第9節　障害者福祉のための利用

◈POINT◈

　◆　障害者福祉のための利用として，以下の場合に著作権が制限されてい
　　る。
　　ⓐ　視覚障害者等のための複製等（37条）
　　ⓑ　聴覚障害者等のための複製等（37条の2）

---

73)　東京地判平成15年3月28日判時1834号95頁〔小学校国語教科書準拠テストI事件1審〕，
　　東京高判平成16年6月29日（平成15年（ネ）2467号・平成15年（ネ）3787号・平成15年
　　（ネ）3810号）〔同事件2審〕，東京地判平成16年5月28日判時1869号79頁〔教科書準拠国
　　語問題集事件〕，東京地判平成18年3月31日判タ1274号255頁〔小学校国語教科書準拠テス
　　トII事件1審〕，知財高判平成18年12月6日（平成18年（ネ）10045号）〔同事件2審〕。
74)　加戸288頁。
75)　加戸289頁。

1　概　　説

37 条・37 条の 2 は，障害者福祉のために，著作物の一定の利用を許容している。33 条の 3 が定める，教科用拡大図書等の作成のための複製等も，障害者福祉のための利用に含めることができるが，既に説明したので繰り返さない。

2　視覚障害者等のための複製等

(1)　点字による複製

　37 条 1 項は，視覚障害者の福祉を増進するために，公表された著作物を，点字により複製することを許容している。複製主体については，本条 3 項とは異なり，何らの限定もなく，営利・非営利も問われていない。これは，点字による複製は，実際上ボランティアなどの公益的な活動として行われていることが多いこと，また著作権者の利益を著しく害する状況にないことによる。また，点字による複製物の利用者も限定されていない。点字による複製物が健常者に流用されることが想定されないためである。

(2)　点字データの記録・公衆送信

　37 条 2 項は，公表された著作物を，電子計算機を用いて点字を処理する方式により，記録媒体に記録・公衆送信（放送・有線放送を除き，自動公衆送信の場合にあっては送信可能化を含む）を行うことができると規定している。「電子計算機を用いて点字を処理する方式」とは，パソコン点訳の過程における点字データのことである。本項についても，1 項と同様に，複製・公衆送信を行う主体及び点字データの利用者は，限定されていない。

(3)　視覚障害者等のための録音図書等の作成等

　37 条 3 項は，視覚障害者等（「視覚障害その他の障害により視覚による表現の認識が困難な者」）の福祉に関する事業を行う者で政令で定めるものは，公表された著作物であって視覚によりその表現が認識される方式により公衆に提供・提示されているもの（視覚著作物）について，「専ら視覚障害者等で当該方式によっては当該視覚著作物を利用することが困難な者の用に供するために必要と認められる限度において，当該視覚著作物に係る文字を音声にすることその他当

該視覚障害者等が利用するために必要な方式により」，複製・公衆送信を行うことを許容している。複製等が認められる方式には，小説，絵本等の書籍について，録音図書，デジタル録音図書，布の絵本，立体絵本，色を変更した書籍にすること等がある[76]。

ただし，著作権者が積極的に視覚障害者等に対応した情報を提供するインセンティブを損なわないようにするために，当該視覚著作物について，著作権者・出版権者又はその許諾を得た者により，当該方式による公衆への提供・提示が行われている場合には，本項による複製等は認められない（37条3項ただし書）。

(4)　37条に基づいて作成された複製物の頒布等

37条に基づいて作成された複製物は，非営利・無料の場合には，公衆に貸与することができる（38条4項⇒本章第10節5）。また，本条に基づいて作成された複製物は，譲渡権が制限され，公衆に譲渡することができる（47条の7本文）。

ただし，本条3項により作成された複製物については，同項に定める目的，すなわち，「専ら視覚障害者等で当該方式によつては当該視覚著作物を利用することが困難な者の用に供する」こと以外の目的のために公衆に譲渡することは許されない（47条の7ただし書）。したがって，そのような複製物を健常者に譲渡すると，譲渡権侵害となる。

また，3項に定める目的以外の目的のために頒布・公衆への提示をした者は，複製を行ったものとみなされる（49条1項1号）。3項については，翻訳，変形又は翻案による利用も許容されるが（47条の6第1項4号），これにより作成された二次的著作物の複製物を，3項の目的以外の目的のために頒布・公衆への提示をした者は，翻訳等を行ったものとみなされる（49条2項1号）。

3　聴覚障害者等のための複製等

(1)　37条の2による著作権の制限

37条の2は，聴覚障害者等（「聴覚障害者その他聴覚による表現の認識に障害の

---

76)　加戸293頁。

ある者」）の福祉に関する事業を行う者で政令で定めるものは，公表された著作物であって聴覚によりその表現が認識される方式により公衆に提供・提示されているもの（聴覚著作物）について，「専ら聴覚障害者等で当該方式によつては当該聴覚著作物を利用することが困難な者の用に供するために必要と認められる限度において」，ⓐ「当該聴覚著作物に係る音声について，これを文字にすることその他当該聴覚障害者等が利用するために必要な方式により」，複製・自動公衆送信（送信可能化を含む）を行うこと（1号），ⓑ「専ら当該聴覚障害者等向けの貸出しの用に供するため」，複製すること（当該聴覚著作物に係る音声を文字にすることその他当該聴覚障害者等が利用するために必要な方式による当該音声の複製と併せて行うものに限る）（2号）を認めている。

　ただし，視覚障害者等のための録音図書等の作成等の場合（⇒本章本節２(3)）と同様に，著作権者・出版権者又はその許諾を得た者により，聴覚障害者等が利用するために必要な方式による公衆への提供・提示が行われている場合は，本条による利用は認められない。

(2)　37条の2に基づいて作成された複製物の頒布等

　37条の2に基づいて作成された複製物は，37条3項の場合と同様に，非営利・無料の場合には，公衆に貸与することができる（38条4項）。ただし，映画の著作物の場合は，貸与を行う主体は，本条2号に係る政令で定めるもので，営利を目的としないものに限られる（38条5項）。また，本条1号に基づいて作成された複製物については，譲渡権が制限され，公衆に譲渡することができるが，本条に定める目的，すなわち「専ら聴覚障害者等で当該方式によつては当該聴覚著作物を利用することが困難な者の用に供する」こと以外の目的のために公衆に譲渡することはできない（47条の7）。これに対して，本条2号は，もともと「専ら当該聴覚障害者等向けの貸出しの用に供する」ことを目的としているから，公衆への譲渡は許されない。

　また，本条に基づいて作成された複製物を，本条本文（2号に係る場合にあっては，同号）に定める目的以外の目的のために頒布・公衆への提示をした者は，複製を行ったものとみなされる（49条1項1号）。本条については，翻訳又は翻案による利用も許容されるが（47条の6第1項5号），これにより作成された二次的著作物の複製物を，本条本文（2号に係る場合にあっては，同号）の目的以外

の目的のために頒布・公衆への提示をした者は，翻訳等を行ったものとみなされる（49 条 2 項 1 号）。

第 10 節　営利を目的としない上演等

❖*POINT*❖

◆　38 条各項は，非営利・無料の場合の著作物の上演等の無形的利用及び貸与に対する著作権の制限を定めている。

1　概　　説

　38 条各項は，営利を目的とせず（非営利），聴衆・観衆等から料金を受けない（無料）場合の，著作物の上演等の無形的利用（⇒第 5 章第 3 節 3）及び貸与に対する著作権の制限を定めるものである（ただし，3 項後段を除く）。対象著作物は，公表された著作物（1 項・4 項・5 項）又は放送・有線放送される著作物（2 項・3 項）である。

　非営利，すなわち「営利を目的とせず」は，著作物の利用が直接的に営利を目的とする場合のみならず，間接的に営利につながる場合も含まない[77]。よって，喫茶店等における BGM の演奏は，客の来集を図るものであるから，非営利ではない[78]。

　無料，すなわち，聴衆・観衆等から料金を受けないこと[79]に関して，ここでいう「料金」とは，「いずれの名義をもつてするかを問わず，著作物の提供又は提示につき受ける対価」である（31 条 7 項 2 号括弧書）。実費の範囲内で徴収される金銭であっても，料金に該当することがあり，また，入場料は無料であっても，演奏会に入場できる者は一定の会費を支払っている会員とするよう

---

77)　名古屋地判平成 15 年 2 月 7 日判時 1840 号 126 頁〔社交ダンス教室事件 1 審〕，名古屋高判平成 16 年 3 月 4 日判時 1870 号 123 頁〔同事件 2 審〕，大阪地判平成 19 年 1 月 30 日判時 2000号 103 頁〔デサフィナード事件 1 審〕，大阪高判平成 20 年 9 月 17 日判時 2031 号 132 頁〔同事件 2 審〕。
78)　札幌地判平成 30 年 3 月 19 日（平成 29 年（ワ）1272 号）〔理容所 BGM 事件〕。
79)　貸与に関する 4 項・5 項の場合には，複製物の貸与を受ける者から料金を受けないことである。

な場合には，その会費の一部が料金と考えられるとされている[80]。これに対して，学校の生徒や学生が支払う授業料は，学校が提供する教育の対価であって，著作物の提供・提示に対する対価には当たらないと解されている[81]。

2　非営利・無料の上演等

38 条 1 項は，①公表された著作物を，②非営利，③無料で，④実演家・口述を行う者に対し報酬が支払われない場合には，⑤公に上演・演奏・上映・口述することができる，と規定している。

④の要件は，生演奏等の場合にだけ問題となるものであり，録音物・録画物の再生の場合には問題とならない。

38 条各項については，47 条の 6 に規定されておらず，よって，翻訳，翻案等による利用は許されないこととなる[82]。そのため，例えば，大学祭において，学生が非営利・無料・無報酬で演奏しても，演奏する他人の著作物をそのままの形ではなく，編曲した場合には，演奏権が及ぶことになろう。1 項について翻訳，翻案等による利用が許されないことに関しては，その合理性に疑問が呈せられている[83]。

3　非営利・無料の有線放送等

38 条 2 項は，①放送される著作物を，②非営利，③無料で，④ⓐ有線放送し，又はⓑ地域限定特定入力型自動公衆送信[84] を行うことができる，と規定している。

本項は，「放送される著作物」（放送された著作物ではない）の有線放送・自動公衆送信，すなわち放送の同時再送信を対象とするものである。ⓐは，主とし

80）加戸 302 頁。前掲注 77）名古屋地判平成 15 年 2 月 7 日は，ダンス教授所において，受講生の資格を得るための入会金とダンス教授に対する受講料に相当するチケット代を徴収している場合に，「これらはダンス教授所の存続等の資金として使用されていると考えられるところ，ダンス教授に当たって音楽著作物の演奏は不可欠であるから，上記入会金及び受講料は，ダンス教授と不可分の関係にある音楽著作物の演奏に対する対価としての性質をも有するというべきである」と述べた。前掲注 77）名古屋高判平成 16 年 3 月 4 日は，これを支持した。

81）作花 355 頁，岡村・前掲注 60）253 頁，コンメ(2)359〜360 頁［本山雅弘］。

82）加戸 303〜304 頁。

83）中山 430 頁，作花 355 頁。なお，高林 191 頁。

84）前掲注 67）参照。

て難視聴解消，マンション等の美観維持のために行われる有線放送による放送の再送信を対象とするものである。ⓑは，難視聴対策等として IP マルチキャスト放送による放送の同時再送信を円滑化するために，平成 18 年改正により新設されたものであり，令和 3 年改正により地域限定特定入力型自動公衆送信という概念が用いられることになった。

4　非営利・無料又は通常の家庭用受信装置による伝達

38 条 3 項前段は，①放送・有線放送され，特定入力型自動公衆送信が行われ，又は放送同時配信等（放送・有線放送が終了した後に開始されるものを除く）が行われる著作物を，②非営利，③無料で，④受信装置を用いて公に伝達することができる，と規定している。同項後段によると，受信装置が通常の家庭用受信装置である場合には，②③は要件とならない。本項により，公の伝達権（23 条 2 項⇒第 5 章第 3 節 3(6)）は，大幅に制限されている。

つまり，放送・有線放送される等の著作物を公に同時伝達することについて公の伝達権が制限されるためには，大型プロジェクタを用いる場合には，非営利かつ無料でなければならないが，通常の家庭用受信装置を用いる場合には，営利又は有料であってもよいということである[85]。

5　非営利・無料の貸与

38 条 4 項は，①公表された著作物（映画の著作物を除く）を，②非営利，③無料で，④その複製物の貸与により公衆に提供することができる，と規定している。映画の著作物については，次に述べる 5 項が規定している。

図書館が公衆に対して書籍を貸し出す行為は，この規定により許容されている[86]。

なお，本項においては，貸与される複製物が適法に作成されたものか違法に作成されたものかは問われないが，違法複製物を貸与する行為は，情を知って

---

85)　なお，後述するように（⇒第 9 章第 4 節 3(4)），38 条 3 項は著作隣接権の制限として準用されていないため（102 条 1 項），放送事業者・有線放送事業者の著作隣接権である，テレビジョン放送・有線テレビジョン放送を受信して「影像を拡大する特別の装置」を用いてその放送・有線放送を公に伝達する権利は，非営利・無料の場合にも及ぶ。

86)　諸外国には，公共図書館等の貸出しに対する報酬請求権（公貸権）を認める国がある。公貸権委員会『公貸権制度に関する調査・研究』（著作権情報センター，2005 年）参照。

いる，すなわち違法複製物であることを知っている場合には，113条1項2号（⇒第5章第4節2(2)）により著作権侵害とみなされる[87]。

6　映画の著作物の非営利・無料の貸与

38条5項は，①公表された映画の著作物を，②ⓐ映画フィルムその他の視聴覚資料を公衆の利用に供することを目的とする視聴覚教育施設その他の施設（営利を目的として設置されているものを除く）で政令で定めるもの，及びⓑ聴覚障害者等の福祉に関する事業を行う者で37条の2の政令で定めるもの（同条2号に係るものに限り，営利を目的として当該事業を行うものを除く）が，③無料で，④その複製物の貸与により頒布することができる，と規定している。

　映画の著作物以外の著作物の貸与に関する4項との違いは，貸与する主体が限定されていることである（上記②の要件）。また，映画の著作物の場合には，頒布を行う者は，映画の著作物及び映画の著作物において複製・翻案されている著作物について頒布権を有する者に対して相当な額の補償金を支払うことが義務づけられている。

◻️ 第11節　報道のための利用

❖ *POINT* ❖

◆　報道を自由に行うことができるように，以下の場合に著作権が制限されている。
ⓐ　時事問題に関する論説の転載等（39条）
ⓑ　政治上の演説等の利用（40条）
ⓒ　時事の事件の報道のための利用（41条）

1　概　説

社会に様々な情報を伝達する報道を自由に行うことができるように，ⓐ時事

---

87)　113条1項2号の適用を否定した裁判例であるが，知財高判平成22年8月4日判時2096号133頁〔北朝鮮極秘文書事件〕。

問題に関する論説の転載等（39 条），ⓑ政治上の演説等の利用（40 条），ⓒ時事の事件の報道のための利用（41 条）について，著作権が制限されている。

2　時事問題に関する論説の転載等

39 条 1 項は，新聞紙・雑誌に掲載して発行された時事問題に関する論説を，ⓐ他の新聞紙・雑誌に転載し，ⓑ放送し，ⓒ有線放送し，ⓓ地域限定特定入力型自動公衆送信を行い，ⓔ放送同時配信等を行うことができると規定している。また，同条 2 項は，1 項により放送・有線放送される等の論説を，受信装置を用いて公に伝達することができると規定している。ここにいう論説とは，「政治上，経済上又は社会上の時事問題に関する論説（学術的な性質を有するものを除く。）」である。ただし，これらの利用を禁止する旨の表示（例えば，「転載禁止」）がある場合は，利用することができない（39 条 1 項ただし書）。

3　政治上の演説等の利用

40 条 1 項は，公開して行われた政治上の演説・陳述，裁判手続（行政庁の行う審判その他裁判に準ずる手続を含む）における公開の陳述は，いずれの方法によるかを問わず，利用することができると規定している。ただし，同一の著作者のものを編集して利用する場合は，許容されない。例えば，ある特定の政治家の演説を編集した書籍を出版することはできない。

同条 2 項は，国・地方公共団体の機関，独立行政法人，地方独立行政法人において行われた公開の演説・陳述で，1 項の適用がないものについては，報道の目的上正当と認められる場合に，ⓐ新聞紙・雑誌に掲載し，ⓑ放送し，ⓒ有線放送し，ⓓ地域限定特定入力型自動公衆送信を行い，ⓔ放送同時配信等を行うことができると規定し，また，同条 3 項は，2 項により放送・有線放送される等の演説・陳述を，受信装置を用いて公に伝達することができると規定している。

1 項は，「いずれの方法によるかを問わず」利用することができると規定していることから，著作物を翻訳，翻案等により利用することができる。2 項により著作物の利用が許容される場合は，著作物を翻訳して利用することができる（47 条の 6 第 1 項 2 号）。

4 時事の事件の報道のための利用

41 条は，①時事の事件を報道する場合に，②ⓐ「当該事件を構成」する著作物，又はⓑ「当該事件の過程において見られ，若しくは聞かれる著作物」を，③報道の目的上正当な範囲内において，④複製・当該事件の報道に伴って利用することができると規定している。

①の「時事の事件」とは，現在又は現在と時間的に近接した時点の出来事であり，過去の歴史的事件は含まれない[88]。

②のⓐ「当該事件を構成」する著作物とは，例えば，絵画の盗難事件を報道する際の当該絵画であり，ⓑ「当該事件の過程において見られ，若しくは聞かれる著作物」とは，例えば，著名人が美術館の展覧会を訪問したことを報道する際の展示されている絵画や，スポーツその他のイベントを報道する際のバックに流れている音楽である。裁判例では，絵画展の開催に関する新聞記事に，展示される絵画が掲載された事案において，その絵画が時事の事件を構成する著作物であると認められた[89]。また，暴力団の組長継承式を記録したビデオの一部が放送された事案において，当該ビデオが時事の事件を構成する著作物であると認められた[90]。

本条が対象とする著作物は公表されたものに限られない。ただし，未公表著作物が利用される場合には，公表著作物の利用の場合よりも権利者に与える不利益が大きくなるために，利用が正当な範囲を逸脱すると判断される可能性が高まることになろう。なお，「当該事件を構成」する著作物が公表されたものである場合には，時事の事件の報道は引用に関する 32 条 1 項（⇒本章第 7 節）によって許容されることもあろう。

---

88) 三村量一「マスメディアによる著作物の利用と著作権法」コピライト 594 号（2010 年）5〜6 頁は，「時事の事件」を柔軟に解釈すべきことを主張する。

89) 前掲注 58) 東京地判平成 10 年 2 月 20 日。

90) 大阪地判平成 5 年 3 月 23 日判時 1464 号 139 頁〔TBS 事件〕。この判決は，暴力団が，その組長の威光を末端組員に対して周知徹底させるために，当該ビデオを作成し，その複製物を系列の団体に配布したことが，時事の事件として報道されたと判断した。その他の本条を適用した裁判例として，名古屋高判平成 22 年 3 月 19 日判時 2081 号 20 頁〔フライデー手紙事件〕。本条の適用を否定した裁判例として，東京地判平成 30 年 12 月 11 日判時 2426 号 57 頁〔ASKA 事件〕，東京地判平成 13 年 11 月 8 日（平成 12 年（ワ）2023 号）〔いちげんさん事件〕。

第12節　裁判手続等における複製

❖*POINT*❖

◆　42条は，ⓐ裁判手続のために必要と認められる場合，ⓑ立法・行政
の目的のために内部資料として必要と認められる場合，ⓒ特許等の審査
等に関する手続・種苗法上の品種の審査等に関する手続・薬事に関する
手続のために必要と認められる場合に，複製を許容している。

42条1項は，著作物を，①ⓐ裁判手続（行政庁の行う審判その他裁判に準ずる
手続を含む）のために必要と認められる場合，及びⓑ立法・行政の目的のため
に内部資料として必要と認められる場合に，②必要と認められる限度において，
③複製することができると規定している。ただし，④著作権者の利益を不当に
害することとなる場合には，複製することはできない。

また，同条2項は，特許等の審査等に関する手続・種苗法上の品種の審査等
に関する手続・薬事に関する手続が迅速・的確になされるように，これらの手
続のために必要と認められる場合に，1項と同様に，必要と認められる限度に
おいて，複製することができることとしている。特許等の審査等に関する手続
のために必要な場合とは，例えば，特許審査手続において審査官が非特許文献
を出願人に送付するために複製することや，出願人が非特許文献を審査官から
の書類提出の求めに応じるために複製することである。

本条が適用される利用行為は複製であり，公衆送信は許容されない[91]。

---

91)　東京地判平成20年2月26日（平成19年（ワ）15231号）〔社会保険庁LAN事件〕。本条を
　　放送の利用について準用する102条1項の適用例として，東京高判昭和58年7月13日高刑集
　　36巻2号86頁〔渋谷暴動事件〕。

第13節　情報公開法等に基づく利用

❖*POINT*❖

◆　著作権法は，ⓐ行政機関情報公開法等による開示のための利用（42条の2），ⓑ公文書管理法等による保存等のための利用（42条の3），ⓒ国立国会図書館法によるインターネット資料・オンライン資料の収集のための複製（43条）について，著作権を制限している。

1　概　説

　著作権法は，ⓐ行政機関情報公開法等による開示のための利用（42条の2），ⓑ公文書管理法等による保存等のための利用（42条の3），ⓒ国立国会図書館法によるインターネット資料・オンライン資料の収集のための複製（43条）について，著作権を制限している。

　なお，行政機関情報公開法等及び公文書管理法等との関係では，公表権（18条）・氏名表示権（19条）も制限されている（⇒第4章第2節3(2)・第3節3(3)）。

2　行政機関情報公開法等による開示のための利用

　行政機関の長等は，著作物を行政機関情報公開法等[92]により公衆に提供・提示することを目的とする場合には，行政機関情報公開法14条1項等に規定する方法により開示するために必要と認められる限度において，当該著作物を利用することができる（42条の2）。

3　公文書管理法等による保存等のための利用

　国立公文書館等の長等は，公文書管理法等[93]により歴史公文書等[94]を保存することを目的とする場合には，必要と認められる限度において，当該歴史公文書等に係る著作物を複製することができる（42条の3第1項）。また，国立公

---

[92]　行政機関情報公開法（「行政機関の保有する情報の公開に関する法律」），独立行政法人等情報公開法（「独立行政法人等の保有する情報の公開に関する法律」）及び情報公開条例（地方公共団体又は地方独立行政法人の保有する情報の公開を請求する住民等の権利について定める当該地方公共団体の条例）である。

文書館等の長等は，公文書管理法16条1項等により著作物を公衆に提供・提示することを目的とする場合には，公文書管理法19条等に規定する方法により利用をさせるために必要と認められる限度において，当該著作物を利用することができる（同条2項）。

4　国立国会図書館法によるインターネット資料・オンライン資料の収集のための複製

　近時，インターネット等により流通している資料が増えていることから，国立国会図書館法において，国立国会図書館の館長は，国，地方公共団体，独立行政法人等がインターネットを通じて公衆に利用可能とした資料（インターネット資料），私人がインターネットを通じて公衆に利用可能とした資料（オンライン資料）を収集することができることとされた（同法25条の3第1項・25条の4第3項）。

　これを受けて，著作権法43条1項は，国立国会図書館の館長は，インターネット資料・オンライン資料を収集するために必要と認められる限度において，当該インターネット資料・オンライン資料に係る著作物を国立国会図書館の使用に係る記録媒体に記録することができると規定している。また，同条2項において，国等がインターネット資料を，私人がオンライン資料を提供するために必要と認められる限度において，当該資料を複製することが許容されている。

第14節　放送事業者等による一時的固定

❖POINT❖
◆　44条は，適法な放送・有線放送を行うための一時的な録音・録画に対する著作権の制限を定めている。

---

93)　公文書管理法（「公文書等の管理に関する法律」）及び公文書管理条例（地方公共団体又は地方独立行政法人の保有する歴史公文書等の適切な保存及び利用について定める当該地方公共団体の条例）である。

94)　「歴史公文書等」とは，「歴史資料として重要な公文書その他の文書」である（公文書管理法2条6項）。

1　概　　説

　44条は，適法な放送・有線放送・放送同時配信等を行うために行われる一時的な録音・録画については，放送・有線放送の許諾とは別に録音・録画に関して著作権者の許諾を得るべきとすることは適当ではないことから，放送事業者等による一時的固定に対する著作権制限を定めている。同条は，放送事業者に関する部分については，ベルヌ条約（⇒第1章第4節2）11条の2第3項に基づくものである。

2　放送事業者・有線放送事業者・放送同時配信等事業者による一時的固定

　44条1項は，放送事業者は，公衆送信権（23条1項⇒第5章第3節3(5)）を害することなく放送・放送同時配信等することができる著作物を，自己の放送・放送同時配信等のために，自己の手段又は当該著作物を同じく放送・放送同時配信等することができる他の放送事業者の手段により，一時的に録音・録画することができると規定している。

　録音・録画は，「自己の手段」のみならず，「当該著作物を同じく放送し，若しくは放送同時配信等することができる他の放送事業者の手段」により行うこともできる。「他の放送事業者の手段」により行うとは，例えば，放送ネットワークにおけるネット局が，キー局の人的・物的手段によって一時的固定を行うことを指す。これは，NHK（日本放送協会）と民間放送事業者のネットワークとの均衡を図る趣旨である。

　また，44条2項は，有線放送事業者は，公衆送信権を害することなく有線放送・放送同時配信等することができる著作物を，自己の有線放送（放送を受信して行うものを除く）・放送同時配信等のために，自己の手段により，一時的に録音・録画することができると規定している。

　さらに，44条3項は，放送同時配信等事業者[95]は，公衆送信権を害することなく放送同時配信等することができる著作物を，自己の放送同時配信等のた

---

[95]　「放送同時配信等事業者」とは，「人的関係又は資本関係において文化庁長官が定める密接な関係……を有する放送事業者又は有線放送事業者から放送番組又は有線放送番組の供給を受けて放送同時配信等を業として行う事業者」である（2条1項9号の8）。

めに，自己の手段又は自己と密接な関係を有する放送事業者・有線放送事業者の手段により，一時的に録音・録画することができると規定している。

3　一時的固定物の保存

44条1項～3項に基づいて作成された録音物・録画物（一時的固定物）は，放送・有線放送・放送同時配信等のために一時的に固定されたものであるから，放送・有線放送・放送同時配信等が行われた後は直ちに廃棄されるべきものである。しかしながら，例えば，放送については，民間放送事業者のネットワークにおける利用期間及び放送法が定める放送番組の保存期間を考慮して，44条4項は，一時的固定物は，録音・録画の後6月以内（その期間内に当該一時的固定物を用いてする放送・有線放送・放送同時配信等があったときは，その放送・有線放送・放送同時配信等の後6月）であれば保存することができると規定している。ただし，政令で定めるところにより，公的な記録保存所においては6月を超えて保存することができる（同項ただし書）。

44条4項に違反して一時的固定物を保存した放送事業者等は，複製を行ったものとみなされる（49条1項3号）。

第15節　所有権との調整等のための制限

❖*POINT*❖
◆　著作権法は，45条・47条・47条の2において，美術の著作物・写真の著作物の原作品の所有権との調整のために，著作権を制限している。

1　概　　説

45条・47条・47条の2は，美術の著作物・写真の著作物の原作品の所有権と著作権を調整するための規定である。46条は，それ自体としては所有権との調整のための著作権制限を定めるものではないが，45条2項と密接な関係を有することから，ここで説明する。47条の3も，プログラムの著作物の複製物の所有権と著作権を調整するための規定と見ることもできないではないが，情報機器における利用の円滑化のための制限として，後述する。

2 美術の著作物等の原作品の所有者による展示

45条1項は，美術の著作物・写真の著作物の原作品の所有者又はその同意
を得た者は，これらの著作物をその原作品により公に展示することができると
規定している。

本項は，美術の著作物・写真の著作物の原作品の所有権を取得した者が，そ
の作品を展示することは従来の慣行であり，著作権者の展示権（25条⇒第5章
第3節4(5)）の行使を認めると，原作品の流通が阻害されることを考慮したも
のである。

ただし，美術の著作物の原作品を，「街路，公園その他一般公衆に開放され
ている屋外の場所」又は「建造物の外壁その他一般公衆の見やすい屋外の場
所」に恒常的に設置する場合は，例外である（45条2項）。このような屋外に
恒常的に設置された著作物については，次に述べるように，46条により大幅
な自由利用が認められることになるからである。

45条2項の「一般公衆に開放されている」とは，不特定の者が自由に出入
りできるという意味であるが，入場料が徴収されていても，入場料を支払さえ
すれば不特定の者が入場できる場合はこれに当たる[96]。また，「一般公衆の見
やすい屋外の場所」に関して，ショーウィンドーは，建造物の内部であるから
「屋外」ではないと解する見解[97]と，その内部を路上から写真撮影等すること
ができる場合には「屋外」に当たるとする見解[98]が対立している。

「恒常的に設置する」とは，社会通念上，ある程度の長期にわたり継続して，
不特定多数の者の観覧に供する状態に置くことを指すと解されている[99]。路線
バス事件判決[100]は，46条に関するものであるが，公道を定期的に運行するこ
とが予定された市営バスの車体に美術の著作物を描いたことは当該著作物を
「恒常的に設置した」というべきであると述べている。

45条2項では，1項とは異なり，写真の著作物を対象としていないが，これ

---

[96] 入場に条件が課されている場合については，コンメ(2)451〜453頁［前田哲男］，小倉＝金井
コンメ（Ⅱ）259頁［小倉秀夫］参照。
[97] 加戸344頁，小倉＝金井コンメ（Ⅱ）259頁［小倉］。
[98] 田村208頁，コンメ(2)455頁［前田］。
[99] 東京地判平成13年7月25日判時1758号137頁〔路線バス事件〕。
[100] 前掲注99）東京地判平成13年7月25日。

は，写真の著作物は46条による自由利用の対象から除かれているためである
と説明されている[101]。

3　公開の美術の著作物等の利用

(1)　概　説

　46条は，美術の著作物でその原作品が45条2項に規定する屋外の場所に恒
常的に設置されているもの，又は建築の著作物は，いずれの方法によるかを問
わず，利用することができると規定している。

　これは，美術の著作物の原作品が，不特定多数の者が自由に見ることができ
るような屋外の場所に恒常的に設置された場合，当該著作物の利用に対して著
作権に基づく権利主張を何らの制限なく認めることになると，一般人の行動の
自由を過度に抑制することになって好ましくないこと，このような場合には，
一般人による自由利用を許すのが社会的慣行に合致していること，さらに，多
くは著作者の意思にも沿うと解して差し支えないこと等の点を総合考慮して，
屋外の場所に恒常的に設置された美術の著作物については，一般人による利用
を原則的に自由としたものである[102]。

　ただし，本条1号～4号に当たる場合には，著作権は制限されない。それは，
ⓐ彫刻を増製し，又はその増製物の譲渡により公衆に提供する場合（1号），ⓑ
建築の著作物を建築により複製し，又はその複製物の譲渡により公衆に提供す
る場合（2号），ⓒ45条2項にいう屋外の場所に恒常的に設置するために複製
する場合（3号），ⓓもっぱら美術の著作物の複製物の販売を目的として複製し，
又はその複製物を販売する場合（4号）である。

(2)　公開の美術の著作物等

　自由利用が許されるのは，㋐美術の著作物でその原作品が45条2項に規定
する屋外の場所に恒常的に設置されているものと，㋑建築の著作物である。

　㋐に関して，美術の著作物の原作品を45条2項に規定する屋外の場所に恒
常的に設置するには，同項により著作権者の許諾が必要であるが，46条の適

---

101)　加戸345頁。
102)　前掲注99）東京地判平成13年7月25日。

用上，著作権者に無断で設置されたものも含まれる。また，46 条は美術の著作物の原作品が設置されている場合を対象とするが，設置されているのが（原作品ではなく）複製物である場合であっても，その設置を著作権者が承諾していれば，本条の類推適用を認めるべきであろう[103]。

　写真の著作物が対象とされていないのは，写真の属性から，屋外に設置された作品からの複製であるか，ネガからの複製であるかの判別が困難であることによるとされる[104]。句碑や歌碑を写真撮影等することは，そこに刻まれている言語の著作物や音楽の著作物の利用であるから，本条は適用されない[105]。

　⑦建築の著作物については，一般公衆の見やすい場所に設置されているものに限られない。また，原作品であることも必要なく，複製物，さらには違法複製物であっても本条の対象となる。

(3)　自由利用

　本条は，「いずれの方法によるかを問わず，利用することができる」と規定しているから，美術の著作物等をそのままの形で利用すること，例えば，写真撮影やビデオ撮影，撮影した画像の公衆送信・上映を行うだけでなく，翻案をして，作成された翻案物を利用することも許容される。ただし，学説では，翻案が全くの自由というわけではなく，屋外に恒常的に設置された作品の利用であることが明らかな態様のものであることを要するとの見解が主張されている[106]。

(4)　自由利用の例外

　本条 1 号～4 号に該当する場合は，自由利用の例外である。これらの号における「増製」や「複製」には，二次的著作物の複製を含むと解されている[107]。

　4 号の「専ら美術の著作物の複製物の販売を目的として複製し，又はその複製物を販売する場合」には，例えば，美術の著作物を写真複製絵画，絵葉書，

---

103)　コンメ(2) 473 頁［前田］，小倉＝金井コンメ（Ⅱ）265 頁［小倉］，渋谷 368 頁。
104)　加戸 346 頁。
105)　加戸 346 頁。なお，コンメ(2) 450 頁［前田］。
106)　コンメ(2) 460 頁［前田］。
107)　加戸 347 頁。反対：小倉＝金井コンメ（Ⅱ）269 頁［小倉］。

ポスターに複製する行為，その複製物を販売する行為が当たる。「専ら」は
「美術の著作物の複製物の販売」全体に係り，一般的な雑誌の表紙やグラビア
への掲載は，それが当該雑誌販売の目玉商品として大きなウェイトをもってい
る場合を除き，4号に該当しないと解されている[108]。

　建築の著作物のミニチュアを作成することは，それを屋外の場所に恒常的に
設置することが目的である場合には，3号に該当することは明らかであるが，
そのような目的の有無を問わず，4号に該当することがあるであろうか。この
問題は，美術の著作物と建築の著作物の関係の理解に関わる。建築の著作物と
認められるものは美術の著作物ではないと考えるならば，建築の著作物のミニ
チュア作成は4号に該当しないこととなり，他方，建築の著作物は美術の著作
物に含まれると考えるならば，4号に当たり得ることとなる[109]。

4　美術の著作物等の展示に伴う複製等

(1)　序

　美術の著作物・写真の著作物の原作品により，展示権を害することなく，こ
れらの著作物を公に展示する者（原作品展示者）等は，これらの著作物（展示著
作物）の展示に伴って，次のような展示著作物の複製等を行うことが許容され
ている。ただし，いずれの利用行為についても，著作権者の利益を不当に害す
ることとなる場合は，例外である。

　著作物をその展示権を害することなく展示することができる場合には，例え
ば，㋐展示権の譲渡・許諾を受けている場合，㋑当該原作品の所有者となる，
又はその所有者から展示について同意を得る場合（45条1項⇒本章本節2）があ
る。

(2)　展示著作物の小冊子への掲載

　まず，ⓐ原作品展示者は，観覧者のために展示著作物の解説・紹介をするこ
とを目的とする小冊子に当該展示著作物を掲載することができる（47条1項）。
　この著作権制限は，美術の著作物等を公に展示するに際し，従前，観覧者の

---

108)　加戸348頁。
109)　この問題については，前田哲男「複合的な性格を持つ著作物について」牧野利秋先生傘寿
　　記念論文集『知的財産権——法理と提言』（青林書院，2012年）986〜992頁参照。

ためにこれらの著作物を解説・紹介したカタログ等にこれらの著作物が掲載されるのが通常であり，また，その複製の態様が，一般に，鑑賞用として市場において取引される画集とは異なるという実態に照らし，それが著作物の本質的な利用に当たらない範囲において，著作権者の許諾がなくとも著作物の利用を認めることとしたものである[110]。

　観覧者のために展示著作物の解説・紹介をすることを目的とする小冊子とは，観覧者のために著作物の解説・紹介をすることを目的とする小型のカタログ，目録又は図録といったものを意味し，書籍の構成において著作物の解説が主体となっているか，又は著作物に関する資料的要素が多いことを必要とするものと解されている[111]。小冊子は，無償で配布されるものに限られず，有償で販売されるものであってもよい。もっとも，観覧者に頒布されるものでありカタログの名を付していても，紙質，判型，作品の複製態様等を総合して，鑑賞用の書籍として市場において販売されているものと同様の価値を有するものは，本条の小冊子に含まれない。また，小冊子は「観覧者のために」作成されるものでなければならないから，観覧する者であるかどうかにかかわらずに多数人に配布されるものについては，本条は適用されない[112]。

(3)　展示著作物の上映・自動公衆送信等

　次に，ⓑ原作品展示者は，観覧者のために展示著作物の解説・紹介を目的とする場合は，その必要と認められる限度において，当該展示著作物の上映・自動公衆送信を行うことができる（47条2項）。また，ⓒこの上映・自動公衆送信を行うために必要と認められる限度において，当該展示著作物を複製することができる（同条1項）。

　ⓑⓒの権利制限は，平成30年改正により新設されたものである。展示著作物の解説・紹介が，小冊子によって行われるだけでなく，デジタル・ネットワーク技術の発展により，デジタルオーディオガイドやタブレット端末等の電子

---

110)　東京地判平成元年10月6日無体裁集21巻3号747頁〔レオナール・フジタ展事件〕。

111)　前掲注110）東京地判平成元年10月6日，東京地判平成9年9月5日判時1621号130頁〔ダリ展事件〕，前掲注58）東京地判平成10年2月20日。

112)　東京地判平成21年11月26日（平成20年（ワ）31480号）〔オークションカタログ事件〕，前掲注56）知財高判平成28年6月22日，東京地判平成30年6月19日（平成28年（ワ）32742号）〔一竹辻が花事件〕。

機器を用いて行われることが広まってきたことによるものである。

(4)　展示著作物の所在情報の提供のための利用

また，ⓓ原作品展示者及びこれに準ずる者として政令で定めるものは，展示著作物の所在に関する情報を公衆に提供するために必要と認められる限度において，当該展示著作物について複製・公衆送信を行うことができる（47条3項）。

この権利制限も，平成30年改正により新設されたものである。これは，美術館等を訪れる際に，施設のウェブサイトやメールマガジン等で展示作品の情報を調べることが一般的になっており，どのような著作物がその施設で展示されているかといった情報を効果的に提供するためにそのサムネイル画像を利用するニーズが強まっていたことによる[113]。

5　美術の著作物等の譲渡等の申出に伴う複製等

47条の2は，美術の著作物・写真の著作物の原作品・複製物の所有者その他のこれらの譲渡・貸与の権原を有する者が，譲渡権・貸与権を害することなくその原作品・複製物を譲渡・貸与しようとする場合には，当該権原を有する者又はその委託を受けた者は，その譲渡・貸与の申出の用に供するため，これらの著作物を複製・公衆送信することができる旨を規定している。

この権利制限は，平成21年改正により設けられたものである。近時広まっているインターネットオークション等の対面で行われない商品取引として，美術の著作物・写真の著作物を譲渡・貸与しようとする場合において，商品情報の提供のためにその画像を掲載することが必要となってきたことによる[114]。

ただし，画像が鑑賞用に用いることができるような場合には，画像掲載は著作権者の利益を不当に害することになるので，そのようなことが生じないための措置として政令で定める措置[115]が講じられていることが要求されている。そのような措置として，著作権法施行令7条の3において，画像を一定以下の

---

113)　文化庁著作権課・前掲注13) 32頁。「これに準ずる者として政令で定めるもの」とは，「国若しくは地方公共団体の機関又は営利を目的としない法人で，原作品展示者の同意を得て展示著作物の所在に関する情報を集約して公衆に提供する事業を行うもののうち，文化庁長官が指定するもの」である（著作権法施行令7条の2第1項）。

114)　本条は「譲渡」・「貸与」が行われる場合を対象としたものであるから，有体物の移転を伴わない，インターネットにおいてデジタル情報を送信する場合には適用されない。

大きさ・精度のものとすること等が定められている。

　本条は，上記のように，主としてインターネットオークションにおける画像掲載の場合を念頭に置いて設けられたものであるが，このような場合に限らず，紙媒体のカタログ等への掲載の場合も対象となることに注意を要する。

第16節　情報機器における利用の円滑化のための制限

≫ POINT ≪

◆　情報機器における利用の円滑化のための著作権の制限として，以下のものがある。

ⓐ　プログラムの著作物の複製物の所有者による複製等（47条の3）

ⓑ　電子計算機における著作物の利用に付随する利用等（47条の4）

ⓒ　電子計算機による情報処理及びその結果の提供に付随する軽微利用等（47条の5）

1　概　　説

　情報機器における利用の円滑化のための著作権の制限として，ⓐプログラムの著作物の複製物の所有者による複製等（47条の3），ⓑ電子計算機における著作物の利用に付随する利用等（47条の4），ⓒ電子計算機による情報処理及びその結果の提供に付随する軽微利用等（47条の5）がある。ⓐは昭和60年改正により設けられたものであるが，ⓑⓒは平成30年改正により設けられた。

2　プログラムの著作物の複製物の所有者による複製等

　47条の3第1項は，プログラムの円滑な利用を確保するために，プログラムの著作物の複製物の所有者は，「自ら当該著作物を電子計算機において実行するために必要と認められる限度において」，当該著作物を複製することができると規定している。この規定により著作物を複製することができる場合には，

115）「当該複製により作成される複製物を用いて行うこれらの著作物の複製又は当該公衆送信を受信して行うこれらの著作物の複製を防止し，又は抑止するための措置その他の著作権者の利益を不当に害しないための措置として政令で定める措置」（47条の2括弧書）。

当該著作物を翻案により利用することもできる（47条の6第1項第6号）。よって，例えば，バックアップコピーの作成，ランダムアクセスを可能にするため記録媒体を変更することに伴う複製，機能向上・付加のためのバージョンアップによる翻案が許容されることになる。ただし，当該実行に係る複製物の使用につき，113条5項（⇒第5章第4節4）が適用される場合は，複製・翻案は許容されない。

　また，1項の複製物の所有者が当該複製物又は1項により作成された複製物のいずれかについて滅失以外の事由により所有権を有しなくなった後は，当該著作権者の別段の意思表示がない限り，その他の複製物を保存することは許されない（47条の3第2項）。なぜなら，これらの複製物のいずれかを他人に譲渡等した場合に残った複製物を利用できることになると，複数の者がプログラムを利用できるようになり，著作権者の利益を不当に害することになるからである。同項に違反して複製物・二次的著作物の複製物を保存した者は，複製・翻案を行ったものとみなされる（49条1項5号・2項5号）。

3　電子計算機における著作物の利用に付随する利用等

　47条の4は，電子計算機における利用（情報通信の技術を利用する方法による利用を含む）に供される著作物は，㋐一定の当該著作物の電子計算機における利用を円滑・効率的に行うために当該電子計算機における利用に付随する利用に供することを目的とする場合，及び㋑一定の当該著作物の電子計算機における利用を行うことができる状態を維持・回復することを目的とする場合には，その必要と認められる限度において，いずれの方法をよるかを問わず，利用することができる旨を規定している。ただし，当該著作物の種類・用途，当該利用の態様に照らし著作権者の利益を不当に害することとなる場合は，例外である。

　本条の趣旨として，次のように説明されている。本条が対象とする利用行為は，「主たる著作物の利用行為」によって可能となった著作物の利用を円滑・効率に行うために付随的に行われるもの，また，「主たる著作物の利用行為」によって可能となった著作物の利用ができる状態を維持・回復するために行われるものである。これらの利用行為は，「主たる著作物の利用行為」の補助的・補完的な行為にすぎず，「主たる著作物の利用行為」とは別に著作物の新

たな享受の機会を提供するものではなく，独立した経済的重要性を有さないものと評価できる。したがって，これらの行為について「主たる著作物の利用行為」とは別に，権利者に対価回収機会が与えられなかったとしても，著作権法が保護しようとしている著作権者の利益を通常害するものではないと評価できる[116]。

上記⑦の場合とは，ⓐ電子計算機において，著作物を当該著作物の複製物を用いて利用する場合又は無線通信・有線電気通信の送信がされる著作物を当該送信を受信して利用する場合において，これらの利用のための当該電子計算機による情報処理の過程において，当該情報処理を円滑・効率的に行うために当該著作物を当該電子計算機の記録媒体に記録する場合（47条の4第1項1号），ⓑ自動公衆送信装置を他人の自動公衆送信の用に供することを業として行う者が，当該他人の自動公衆送信の遅滞・障害を防止し，又は送信可能化された著作物の自動公衆送信を中継するための送信を効率的に行うために，これらの自動公衆送信のために送信可能化された著作物を記録媒体に記録する場合（同項2号），ⓒ情報通信の技術を利用する方法により情報を提供する場合において，当該提供を円滑・効率的に行うための準備に必要な電子計算機による情報処理を行うことを目的として記録媒体への記録・翻案を行う場合（同項3号），ⓓこれらと同様に当該著作物の電子計算機における利用を円滑・効率的に行うために当該電子計算機における利用に付随する利用に供することを目的とする場合（同項柱書），である。

ⓐは，平成30年改正前47条の8を元とするものである。ⓑは，アクセス集中による送信の遅延等を防止するための記録媒体への記録（ミラーリング）や送信の中継の効率化のための記録媒体への記録（フォーワードキャッシュ）であり，平成30年改正前47条の5第1項1号・第2項を元とするものである。ⓒは，例えば，動画共有サイトにおいて，様々なファイル形式で投稿された動画を提供する際に，統一化したファイル形式にするための複製であり，平成30年改正前47条の9を元とするものである。ⓓは，ⓐⓑⓒの「場合その他これらと同様に」と規定されていることから，ⓐⓑⓒには当たらないが，大きな違いはなく，これらの類推適用を考えることができるような場合を指すと解され

---

116) 文化庁著作権課・前掲注13) 29頁。

よう[117]。ⓓの例としては，ネットワークを通じた情報処理の高速化を行うためにキャッシュを作成する行為，インターネットサービスプロバイダがウィルスや有害情報等のフィルタリングを行うために行う複製が挙げられている[118]。

　上記ⓒの場合とは，ⓔ記録媒体を内蔵する機器の保守・修理を行うために当該機器に内蔵する記録媒体（内蔵記録媒体）に記録されている著作物を当該内蔵記録媒体以外の記録媒体に一時的に記録し，及び当該保守・修理の後に，当該内蔵記録媒体に記録する場合（47条の4第2項1号），ⓕ記録媒体を内蔵する機器をこれと同様の機能を有する機器と交換するためにその内蔵記録媒体に記録されている著作物を当該内蔵記録媒体以外の記録媒体に一時的に記録し，及び当該同様の機能を有する機器の内蔵記録媒体に記録する場合（同項2号），ⓖ自動公衆送信装置を他人の自動公衆送信の用に供することを業として行う者が，当該自動公衆送信装置により送信可能化された著作物の複製物が滅失・毀損した場合の復旧の用に供するために当該著作物を記録媒体に記録する場合（同項3号），ⓗこれらと同様に当該著作物の電子計算機における利用を行うことができる状態を維持・回復することを目的とする場合（同項柱書），である。

　ⓔは，例えば，携帯電話を業者が修理する際に，その内蔵記録媒体に保存されている楽曲データが消失するのを避けるために，他の記録媒体に一時的に記録し，修理後に元の記録媒体に記録することであり，平成30年改正前47条の4第1項を元とするものである。ⓕは，平成30年改正前47条の4第2項を元にするものである。同項は，「記録媒体内蔵複製機器に製造上の欠陥又は販売に至るまでの過程において生じた故障があるためこれを同種の機器と交換する場合」を対象としており，機器を利用している間に生じた故障を理由とする機器の交換や所有者の好みによる新製品への買い替えの場合には適用されないと解されていたが[119]，改正によりこれらの場合にも権利制限が認められることとなった。ⓖは，例えば，サーバの故障発生時に復旧するための記録媒体への記録（バックアップ）であり，平成30年改正前47条の5第1項2号を元とするものである。ⓗは，ⓔⓕⓖの「場合その他これらと同様に」と規定されていることから，ⓓに関して上述したように，ⓔⓕⓖの類推適用を考えることがで

117)　前田・前掲注35）239〜240頁。
118)　文化庁著作権課・前掲注13）36頁。
119)　加戸359頁。

きるような場合を指すと解されよう。

4　電子計算機による情報処理及びその結果の提供に付随する軽微利用等

　47条の5第1項により，電子計算機を用いた情報処理により新たな知見・情報を創出することによって著作物の利用の促進に資する，所在検索サービスや情報解析サービス等の下記ⓐ～ⓒの行為（47条の5第1項各号）を行う者は，公衆への提供・提示が行われた著作物（「公衆提供等著作物」。公表された著作物・送信可能化された著作物に限る）について，ⓐ～ⓒの行為の目的上必要と認められる限度において，当該行為に付随して，いずれの方法によるかを問わず，利用を行うことができる。ただし，許容される利用は，「軽微利用」，すなわち，「当該公衆提供等著作物のうちその利用に供される部分の占める割合，その利用に供される部分の量，その利用に供される際の表示の精度その他の要素に照らし軽微なもの」に限られる。また，当該公衆提供等著作物に係る公衆への提供・提示が著作権を侵害するものであることを知りながら当該軽微利用を行う場合その他当該公衆提供等著作物の種類・用途及び当該軽微利用の態様に照らし著作権者の利益を不当に害することとなる場合は，許されない。

　また，47条の5第2項は，ⓐ～ⓒの行為の準備を行う者（当該行為の準備のための情報の収集・整理・提供を政令で定める基準に従って行う者に限る）は，公衆提供等著作物について，上記軽微利用の準備のために必要と認められる限度において，複製・公衆送信を行い，又はその複製物による頒布を行うことができる旨を規定している。ただし，当該公衆提供等著作物の種類・用途，当該複製・頒布の部数及び当該複製・公衆送信・頒布の態様に照らし著作権者の利益を不当に害することとなる場合は，例外である。

　本条の趣旨として，次のように説明されている。コンピュータを用いて大量のデータを処理し，そこから有用な情報を抽出する様々なサービスが提供されており，そのようなサービスに関しては，コンピュータによる情報処理により新たな知見・情報を提供することには社会的意義が認められる一方で，著作物の利用の程度を軽微なものにとどめれば，基本的に著作権者が当該著作物を通じて対価の獲得を期待している本来的な販売市場等に影響を与えず，ライセンス使用料に係る不利益についても，その度合いは小さいものにとどまること，

多くの場合，コンピュータによる情報処理の結果得られる知見・情報の質を高めようとすればするほど膨大な著作物を利用することが必要となり，契約により対応することが現実的に困難となることを踏まえると，このようなサービスを権利制限の対象とすることが妥当である[120]。

　1項において著作権制限の対象となるのは，ⓐ～ⓒの行為に付随して行われる利用行為である。その利用行為とⓐ～ⓒの行為は，後者が主たるもの，前者が従たるものとの関係でなければならない[121]。

　ⓐ～ⓒの行為とは，ⓐ電子計算機を用いて，検索により求める情報（検索情報）が記録された著作物の題号又は著作者名，送信可能化された検索情報に係る送信元識別符号[122]その他の検索情報の特定・所在に関する情報を検索し，及びその結果を提供すること（所在検索サービス。47条の5第1項1号），ⓑ電子計算機による情報解析を行い，及びその結果を提供すること（情報解析サービス。同項2号），ⓒ上記ⓐⓑに掲げるもののほか，電子計算機による情報処理により，新たな知見・情報を創出し，及びその結果を提供する行為であって，国民生活の利便性の向上に寄与するものとして政令で定めるもの（同項3号），である[123]。ⓐは，インターネット検索サービスに関する平成30年改正前47条の6を元にするものであり，ⓑは，平成30年改正が新設したもので，例えば，論文剽窃検証サービス（大量の論文や書籍等をデジタル化して，検証したい論文との文章の一致について解析を行い，他の論文等からの剽窃の有無や剽窃率等の情報の提供に付随して，剽窃箇所に対応するオリジナルの論文等の本文の一部を表示する行為）である[124]。ⓒも平成30年改正で新設されたものであり，現在のところ，政令指定されたものは存在しない。

---

120)　文化庁著作権課・前掲注13) 30頁。
121)　文化庁著作権課・前掲注13) 39頁。
122)　「自動公衆送信の送信元を識別するための文字，番号，記号その他の符号」であり，ウェブサイトのURLを指す。
123)　ⓐ～ⓒの行為を行う者は，「当該行為の一部を行う者を含み，当該行為を政令で定める基準に従つて行う者に限る」（47条の5第1項括弧書）。
124)　文化庁著作権課・前掲注13) 39頁。

第7章

侵害に対する救済

第1節 総　論

❖POINT❖

◆ 著作権等の侵害に対して，民事上の救済手段として差止請求権や損害賠償請求権などがあるほか，刑事罰も規定されている。

◆ 差止請求の相手方となる侵害主体には，物理的に侵害行為を行っていない者も含まれる。

◆ 損害賠償請求権は民法上の制度であるが，著作権等の特質から，損害額の推定等の特別の規定が設けられている。

　本章では，これまでに説明した著作者人格権（⇒第4章），著作権（⇒第5章），後で説明する出版権（⇒第8章第4節），著作隣接権・実演家人格権（⇒第9章）（以下，これらを「著作権等」という）を侵害する行為，及び，113条により侵害とみなされる行為（著作権侵害とみなされる行為については⇒第5章第4節）に対する法的救済について説明をする。

　著作権等の権利者は，民事上の救済として，差止請求（112条），損害賠償請求（民709条）を行うことができ，また，著作者・実演家には名誉回復等措置請求（115条）が認められている。さらに，著作権・出版権・著作隣接権の侵害により損失を被った権利者は，不当利得返還請求（民703条以下）を行うことができる。

　これらの民事上の救済を実現するには，自己の権利を侵害された著作者，著作権者，出版権者，実演家又は著作隣接権者（以下，これらを「著作権者等」という）が，裁判所に訴えを提起して，認容判決を得る必要があり，その手続は民事訴訟法によることになる。

　しかし，著作権等の対象は無体物であることや，権利侵害に関する証拠が被疑侵害者側に偏在していること，その証拠がデジタル化・ネットワーク化の進展により複雑かつ専門的な情報になっていることなどから，有体物を巡る争いを中心に定められている民事訴訟法の規定をそのまま適用すると，立証手続等が煩雑になるなどの弊害が生じることがある。また，著作物などの知的財産に関する情報が，企業にとって営業上の秘密である場合もあり，訴訟等でそれらが公になってしまうのであれば，著作権者等は権利救済手続に入ることを躊躇することになろう。

　そこで，著作権法は，上記のような弊害を除去するための特別の規定を設け，民事上の救済手段の実効性を確保しようとしている。

　また，民事上の救済のほかにも，関税法による水際措置や著作権等の侵害行為に対する刑事罰規定も設けられており（119条以下），これらの規定によって，行政上及び刑事上の保護も図られている。

第2節　差止請求

> **CASE 7-1**　Yは，自己の提供する専用ソフトを利用すれば，Yの管理するサーバに接続し，不特定の相手とインターネットを通じてファイルの共有ができるサービスAを有料で提供している業者である。サービスAの利用者のほとんどは，市販されている音楽CDの音楽データを他人と共有するために，このサービスを用いている。
>
> 　音楽の著作権を管理する団体Xは，YがサービスAを提供することがその管理する著作権を侵害するものであるとして，サービスAの提供の中止を請求する訴えを提起した。この請求は認められるか。

1　概　　説

　著作権等の侵害又は侵害のおそれがある場合，著作権者等は侵害する者又は侵害するおそれのある者に対して，その侵害の停止又は予防を請求することができる（112条1項）。「侵害する者」に対してはその侵害の「停止」を，「侵害するおそれがある者」に対してはその侵害の「予防」を請求することができる

権利が，差止請求権である。

この差止請求権は，著作権法に規定された民事的救済手段であり，著作権等の排他的権利性を基礎づける権利である。民法の不法行為を根拠とする損害賠償請求権では，侵害者の「故意又は過失」（民709条）といった主観的要件が必要であるのに対して，著作権法112条を根拠とする差止請求権では，そのような主観的要件は規定されていないため，侵害者が善意・無過失であったとしても，著作権者等は差止請求を行うことができる。

2 差止請求権の主体

差止請求を行うことができる者は，著作権者等，すなわち，著作者，著作権者，出版権者，実演家又は著作隣接権者である[1]。

著作権者等以外であっても，著作者・実演家の死後，その遺族が，著作者・実演家が生存していたならば著作者人格権・実演家人格権の侵害となるべき行為に対して，差止請求を行うことができる（116条1項⇒第4章第6節）。また，無名又は変名の著作物の発行者は，その著作物の著作者又は著作権者のために，自己の名をもって，差止請求を行うことができる。ただし，変名が周知のものである場合及び実名の登録があった場合は除かれる（118条1項）。

共同著作物（2条1項12号⇒第3章第3節）の著作者や著作権を共有する者（共有著作権者）は，著作者人格権や著作権の行使には全員の合意が必要であるが（64条1項・65条2項⇒第3章第3節3(2)・4(2)），侵害に対する差止請求については，各自が単独で行うことができる（117条）。つまり，差止請求をするに当たって，他の共同著作者や共有著作権者の同意を得る必要はない。

3 侵害又は侵害のおそれ

(1) 侵 害

112条1項にいう「侵害」とは，著作権法に定められた権利規定の内容に反することである。著作権であれば，21条以下に「著作者は……権利を専有する」と規定されている支分権（⇒第5章第3節）が対象とする行為を，著作権者

---

1) 東京高判平成6年10月27日知的裁集26巻3号1151頁〔ウォール・ストリート・ジャーナル事件〕は，将来作成される著作物である新聞について，その新聞の編集著作権が侵害されるおそれがあるとして，将来発生する著作権に基づく差止請求を肯定している。

用語解説⑧　口頭弁論

　公開の法廷で当事者双方が対席して，直接に口頭で行われる審理手続。また，これに裁判所の証拠調べ，訴訟指揮や判決の言渡しなども含めて口頭弁論といわれることもある。

に無断で行うことである。著作者人格権であれば，18条以下で「著作者は……権利を有する」とされている内容について，著作者の同意を得ずに行うことである。また，113条によって侵害とみなされる行為を行うことも，112条1項の「侵害」に該当する。

　これに対して，絵画を破損したり，コンサートホールを占拠して演奏を妨害したりするなど，著作権者等の著作物の利用を物理的・社会的・経済的に妨害する行為は本項の「侵害」には当たらない[2]。

(2)　侵害のおそれ

　「侵害するおそれ」とは，侵害が発生する蓋然性が高いと認められる具体的な事実が存在する場合をいう。現在は侵害行為を中止しているが，侵害の成否自体は現在も争っている場合などは，「侵害するおそれ」があるとされることがある[3]。侵害のおそれの有無は，画一的な基準で判断することには馴染まず，事案ごとに，行為の客観的態様や行為者の主観的意図なども総合的に考慮して個別具体的に判断されるものと考える。

　侵害及び侵害のおそれの有無の判断基準時は，事実審の口頭弁論＊終結時である。口頭弁論終結時に，既に侵害行為が終了している場合には，差止請求をすることはできない。例えば，著作権者に無断で大量に製造された音楽CD（複製物）が倉庫にある場合，その複製行為は既に終了しているため，複製権侵害に対する差止請求をすることはできない。もっとも，倉庫にある無断複製物をそのままにしていれば，将来これが著作権者に無断で譲渡されるおそれが高いと認められる場合には，譲渡権侵害のおそれがあるとして，侵害予防の請求をすることは可能である[4]。

---

2)　横浜地決昭和60年10月29日判時1176号126頁〔花喰鳥事件〕参照。
3)　例えば，東京地判平成10年10月29日知的裁集30巻4号812頁〔SMAPインタビュー記事事件〕。
4)　加戸727～728頁参照。

4 差止請求の相手方

(1) 侵害主体

差止請求の相手方は，著作権等を侵害する者又は侵害するおそれがある者である。この「侵害する者」と「侵害するおそれがある者」を侵害主体という。著作権の侵害行為は原則として支分権が対象とする利用行為を無許諾で行うことであることから，利用主体とも呼ばれる。

この侵害主体は，差止請求の根拠となっている権利に対応する行為，例えば，複製権侵害に基づく差止請求であれば，複製行為を行っている者である。ここで複製行為を行っている者とは，雑誌を複製する場合であれば，その雑誌を印刷している印刷会社などがこれに当たり，その者が侵害主体となるのが原則である。

しかし，実際に印刷をしている印刷会社は，出版社の依頼によりこれを行っているにすぎず，この印刷会社を侵害主体として差止請求の相手方とすることは実態にそぐわない。また，仮にある印刷会社に対する差止請求が認容されたところで，出版社はその印刷会社に替えて別の印刷会社に印刷を依頼し，これをさせればよいだけなので，差止請求の実効性も乏しい。

そこで，侵害行為を行っている者は誰かという点を，単に侵害行為を構成する事実行為（物理的侵害行為）を行っている者であるか否かのみで判断するのではなく，行為全体を法的観点から評価して規範的に判断することが認められている。この規範的な判断により侵害主体と認められる者を，規範的侵害主体という。

この規範的侵害主体という考え方は，侵害主体の範囲を伸縮するものであるが，近年のインターネット通信の普及と発達により，デジタル著作物の流通の飛躍的増加やメディアの多様化などの現象が生じたことに伴い，著作物等の利用態様も多様化したため，著作権等の権利侵害に対する救済を実効性あるものとする必要からその重要性が増している[5]。

(2) 規範的侵害主体

(a) **手足理論**　手足理論とは，法人又は使用者が機関や被用者に物理的侵害行為を行わせている場合の法人又は使用者や，雇用契約などはないものの，

密接な支配関係に基づいて他人に物理的侵害行為を行わせている者は，自らは直接には物理的侵害行為を行っていないとしても，他人を自己の手足として利用してこれを行っていると評価して，この者を侵害主体とするものである。

この考え方は比較的古くから裁判例として存在しており，例えば，キャバレー経営者とそのキャバレーに常置されている楽団との関係が請負契約である場合において，その楽団が演奏する音楽の著作物の演奏主体がキャバレー経営者であるとされた事例[6] がある。

手足理論では，侵害主体とされる者と物理的侵害行為を行う者との密接な支配関係の存在と，物理的行為者が侵害主体とされる者の指示に従って行動していることをもって，物理的行為者の行為を侵害主体とされる者の行為とみなすものである。そのため，物理的行為者が侵害主体とされる者の指示に完全に服しているとはいえない場合などは，手足理論の適用は否定されることになる[7]。

　(b)　**カラオケ法理**　カラオケ法理とは，物理的侵害行為の主体とはいい難い者を，①管理支配性，②営業上の利益，という 2 つの要素に着目して規範的に侵害主体と評価する考え方である[8]。

カラオケ法理は，クラブキャッツアイ事件の最高裁判決[9] で展開されたものである。同判決は，カラオケスナック経営者（Y）が，そのカラオケスナック

---

5)　例えば，SNS に写真を添付したメッセージを投稿したり，他人の写真付きのメッセージを引用したりすると，投稿先のシステムやユーザが利用しているアプリの機能によって，添付された写真がトリミングされた状態（サムネイル画像）でユーザに表示されることがある。ユーザが写真全体を見たい場合は，ユーザがそのサムネイル画像をクリック等することによって，写真全体が表示されるようになっている。このような場合において，最初に投稿された写真にはその写真の著作者名が表示されていたが，ユーザがその写真を見る際には，トリミングされて表示されている結果，本来写真に表示されているはずの氏名表示部分が見えない状態になることがある。そして，この状態が写真の著作者の氏名表示権が侵害されている状態であるとすると，この氏名表示権侵害をしている侵害主体は，投稿や引用投稿をした者なのか，添付された写真をトリミングするようなシステムにしている SNS サービス事業者やアプリの提供者なのか，ユーザなのか，という問題になり，誰のどのような行為をもって侵害主体とするかを規範的に判断せざるを得ない場合が生じている。このような事例について判断したものとして，最判令和 2 年 7 月 21 日民集 74 巻 4 号 1407 頁〔リツート事件〕がある。
6)　名古屋高決昭和 35 年 4 月 27 日下民集 11 巻 4 号 940 頁〔中部観光事件〕，大阪高判昭和 45 年 4 月 30 日無体裁集 2 巻 1 号 252 頁〔ナニワ観光事件〕参照。
7)　東京地判平成 12 年 5 月 16 日判時 1751 号 149 頁〔スターデジオ第 2 事件〕
8)　入門 324 頁〔上野達弘〕参照。
9)　最判昭和 63 年 3 月 15 日民集 42 巻 3 号 199 頁〔クラブキャッツアイ事件〕。

において、カラオケ装置を用いて曲を流し、これにあわせて客や従業員が歌唱することを勧め、他の客の面前で歌唱させるなどして、店の雰囲気作りをし、これをもって客の来集を図って利益を上げることを意図していたという事案において、客はYの管理のもとに歌唱しており、Yは営業上の利益を増大させることを意図していたというべきであって、客による歌唱も、著作権法上の規律の観点からはYらによる歌唱と同視し得るものであるとして、Yが客の歌唱をも含めて歌唱の主体であると判断した[10]。

　この判決は、客自身が歌唱することは適法（38条1項⇒第6章第10節2）とされる事情のもとで、経営者による管理支配性と営業の利益を考慮し、客ではなくカラオケスナックの経営者を歌唱の主体と認定することによって、演奏権侵害を肯定している。

　このカラオケ法理は、その後、若干の修正が加えられながらも、多くの下級審裁判例において、カラオケスナック以外の事案においても採用され、実務上定着していった[11]。

　学説においては、侵害主体を規範的に捉えて、これを拡張するという理論の枠組み自体は支持されたが、クラブキャッツアイ事件判決が事例判決にすぎないことや、管理支配性と営業上の利益という2つの要素で侵害主体と評価できるとする理論的な根拠が薄弱であること、その射程が不明確であること、適用範囲を広げていくと著作権法で法定している権利制限規定を迂回することにつながりかねないことなどの点から、厳しい批判が展開されている[12]。

---

[10]　この事件当時は、適法に録音された音楽著作物の演奏を再生する行為は、附則14条により演奏権（22条）の侵害とはならないとされていたため、歌唱が問題となったものであり、附則14条が平成11年に廃止された以降とは事情を異にする。

[11]　高松地判平成3年1月29日判タ753号217頁〔クラビクラ・まはらじゃ事件〕、東京高判平成17年3月31日（平成16年（ネ）405号）〔ファイルローグ事件〕、東京地判平成19年5月25日判時1979号100頁〔MYUTA事件〕、大阪高判平成19年6月14日判時1991号122頁〔選撮見録事件〕等参照。

[12]　上野達弘「いわゆる『カラオケ法理』の再検討」紋谷暢男先生古稀記念『知的財産法と競争法の現代的展開』（発明協会、2006年）781頁以下、中山735頁以下等参照。

　　CASE 7-1 の場合，Y の提供するサービス A の利用者は，このサービスを用
いて，自動公衆送信権及び送信可能化権の侵害行為を行っているものと考えら
れるが，Y については，カラオケ法理を用いて検討すると，Y が提供するソフ
トと Y の管理するサーバーがなければ，利用者はファイルの共有ができない
こと等を考えると，利用者の行っているファイル共有は Y の管理・支配下に
あると考えられ，また，Y はサービス A を有料で利用者に提供していること
から営利性も認められる。したがって，Y についても自動公衆送信権及び送信
可能化権の侵害主体であると評価されることになろう[13]。

　(c)　**2 つの最高裁判決**　　クラブキャッツアイ事件判決以降，カラオケ法
理は，デジタル著作物の複製権侵害や公衆送信権侵害などの事案にも適用され
るようになった。このような中で，平成 23 年にインターネットを利用して地
上波テレビ番組の転送を可能とするサービスに対して，2 つの最高裁判決が出
された。両判決は，これまでのカラオケ法理とは異なる考慮要素や判断方法を
採用していることから，ここで紹介をする。
　　(i)　まねき TV 事件判決[14]　　本件は，利用者が所有する，地上波アナ
ログ放送のテレビチューナーを内蔵し，受信する放送を利用者からの求めに応
じてインターネットを介して自動的に送信する機能をもつ「ベースステーショ
ン」という市販の機器を預かり，これを事務所内でテレビアンテナに接続した
うえで，インターネットにも接続した状態で設置するサービスを提供していた
事業者（Y）に対して，テレビ局が送信可能化権等を侵害しているとして，差
止めと損害賠償を求めた事案である。
　最高裁は，自動公衆送信の主体について，「自動公衆送信が，当該装置に入
力される情報を受信者からの求めに応じ自動的に送信する機能を有する装置の
使用を前提としていることに鑑みると，その主体は，当該装置が受信者からの
求めに応じ情報を自動的に送信することができる状態を作り出す行為を行う者
と解するのが相当であり，当該装置が公衆の用に供されている電気通信回線に

13)　この CASE は，前掲注 11）東京高判平成 17 年 3 月 31 日を参考にしたものである。
14)　最判平成 23 年 1 月 18 日民集 65 巻 1 号 121 頁〔まねき TV 事件〕。また，知財高判平成 20
年 12 月 15 日判時 2038 号 110 頁〔同事件 2 審〕，知財高判平成 24 年 1 月 31 日判時 2142 号 96
頁〔同事件差戻し控訴審〕参照。

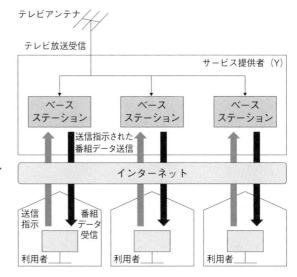

接続しており，これに継続的に情報が入力されている場合には，当該装置に情報を入力する者が送信の主体であると解するのが相当である」と判示した。そして，本件においては，「ベースステーションに本件放送の入力をしている者はYであり，ベースステーションを用いて行われる送信の主体はY」であって，「送信の主体であるYからみて，本件サービスの利用者は不特定の者として公衆に当たるから，ベースステーションを用いて行われる送信は自動公衆送信であり，したがって，ベースステーションは自動公衆送信装置に当たる。そうすると，インターネットに接続している自動公衆送信装置であるベースステーションに本件放送を入力する行為は，本件放送の送信可能化に当たるというべきである」として，Yによる送信可能化権等の侵害を認めた。

　この判決は，送信の主体について「情報を自動的に送信することができる状態を作り出す行為を行う者」との基準を示しており，営業上の利益については検討していないため，少なくとも管理支配性と営業上の利益を考慮要素とする形でのカラオケ法理は採用されていない。

　　(ii)　ロクラクⅡ事件判決[15]　　本件は，親機と子機を一対として，親機に接続されたアンテナで受信した地上波アナログ放送を子機からの指示で録画し，録画した番組をインターネットを介して子機に送信することができる機能をもった「ロクラクⅡ」という装置を製造し，これを販売ないしはレンタルし

15)　最判平成23年1月20日民集65巻1号399頁〔ロクラクⅡ事件〕。なお，本判決には，金築誠志裁判官の補足意見がある。

ている事業者（Y）に対して，テレビ局が放送番組の複製権を侵害されている
として，その差止めと損害賠償を求めた事案である。

　原審[16]は，カラオケ法理を採用せず，仮に親機が Y の管理・支配する場所
に設置されていたとしても，Y は利用者の行う複製行為を容易にするための環
境を提供しているにすぎず，Y が複製の主体であるとはいえないと判断した。

　これに対し，最高裁は，次のように判示し，原審を破棄し差し戻す判決を言
い渡した。最高裁は，放送番組等の複製物を取得することを可能にするサービ
スにおいて，サービス提供者が，その管理，支配下において，テレビアンテナ
で受信した放送を複製機器に入力していて，当該複製機器に録画の指示がされ
ると放送番組等の複製が自動的に行われる場合との，設定事例を示したうえで，
この場合には，「その録画の指示を当該サービスの利用者がするものであって
も，サービス提供者はその複製の主体であると解するのが相当である」とした。

　その理由として，「複製の主体の判断に当たっては，複製の対象，方法，複
製への関与の内容，程度等の諸要素を考慮して，誰が当該著作物の複製をして
いるといえるかを判断するのが相当であるところ」，上記設定事例の場合，「サ
ービス提供者は，単に複製を容易にするための環境等を整備しているにとどま
らず，その管理，支配下において，放送を受信して複製機器に対して放送番組
等に係る情報を入力するという，複製機器を用いた放送番組等の複製の実現に
おける枢要な行為をしており，複製時におけるサービス提供者の上記各行為が
なければ，当該サービスの利用者が録画の指示をしても，放送番組等の複製を
することはおよそ不可能なのであり，サービス提供者を複製の主体というに十
分であるからである」と判示した。

　本判決でも，管理支配性と営業上の利益を考慮要素としたクラブキャッツア
イ事件判決とは異なり，営業上の利益については一切触れられることなく，
「複製の対象，方法，複製への関与の内容，程度等」が考慮要素となることが
明らかとされている。そして，これらの要素を判断するに当たって，サービス
提供者が「複製の実現における枢要な行為」をしている点と，サービス提供者
の行為がなければ，利用者が放送番組を複製することがおよそ不可能であった

---

16)　知財高判平成 21 年 1 月 27 日民集 65 巻 1 号 632 頁〔ロクラクⅡ事件 2 審〕。また，東京地判
　　平成 20 年 5 月 28 日判時 2029 号 125 頁〔同事件 1 審〕，知財高判平成 24 年 1 月 31 日判時 2141
　　号 117 頁〔同事件差戻し控訴審〕参照。

点が考慮されている[17]。

(d) **不作為の侵害主体** 差
止請求の対象となる侵害主体には，
侵害行為を作為で行う者だけでな
く，他人が行う著作権等の侵害行
為を知ったうえで，これを除去で
きるにもかかわらず放置するとい
う不作為の者も含まれ得る。

> **用語解説⑨ 幇 助**
>
> 手伝うこと。侵害行為を容易にするな
> どの加担行為を行うことをいう。資金や
> 機材を提供するなどの物質的方法のほか，
> 助言のような精神的方法によるものも含
> む。

例えば，自らが管理運営するインターネットの掲示板に，著作権侵害となる
書き込みがなされた場合には，掲示板運営者は，少なくとも，著作権者から著
作権侵害の事実の指摘を受けた場合には，可能ならば発言者に対してその点に
関する照会をし，さらには，著作権侵害であることが極めて明白なときには当
該発言を直ちに削除するなど，速やかにこれに対処すべきであるにもかかわら
ず，何らの是正措置を取らなかった場合，掲示板運営者が侵害主体となる場合
がある[18]。

この不作為による侵害主体は，規範的侵害主体の1つと考えられるが，一般
の財産権や人格権と同様，著作権等の侵害行為は不作為によっても成り立ち得
るものであるから，不作為による物理的侵害主体であると考えることもできる。

(3) **侵害幇助*者**

侵害幇助者とは，侵害主体が行う侵害行為を容易にするなどの加担行為を行
う者である。したがって，侵害幇助者は侵害主体でない。既に説明した規範的
侵害主体論は，あくまでも侵害主体を伸縮する理論である点において，この侵
害幇助者の問題とは異なる。

この侵害幇助者に対する差止請求が認められるかについては，見解が分かれ

---

17) 本判決が実務に与えた影響は大きく，問題となっている著作物の利用行為を管理・支配し，
その実現における「枢要な行為」を行っているものを侵害主体とする規範的侵害主体論を採用
している裁判例として，東京地判平成25年9月30日判時2212号86頁〔自炊代行事件1審〕，
東京地判平成28年3月25日判時2322号122頁〔Live Bar事件1審〕，知財高判平成28年10
月19日（平成28年（ネ）10041号）〔同事件2審〕，東京地判令和2年2月28日（平成29年
（ワ）20502号・平成29年（ワ）25300号）〔音楽教室事件1審〕などがある。
18) 東京高判平成17年3月3日判時1893号126頁〔2ちゃんねる小学館事件〕。

ている。肯定説は，たとえ侵害主体に当たらなくとも，一定の場合には侵害主体に準じる者も 112 条 1 項の「侵害する者又は侵害するおそれがある者」に当たるとして，あるいは，同条を類推適用して差止請求を認める[19]。

　これに対して，否定説は，112 条 1 項はあくまで侵害主体に対する差止請求権を認めているにすぎないため，侵害主体ではない者に対する差止請求は認められないとする。これは，特許法や商標法においては侵害幇助者の行為については特別に規定を設けたうえで（特許 101 条，商標 37 条），差止請求権が認められているのに対して，そのような規定を欠く著作権法で，侵害幇助者の行為に対する差止めを認めることは，差止請求の相手方が無制限に広がっていくおそれがあることなどを理由とする[20]。

5　侵害組成物等廃棄請求

(1)　概　説

　著作権法は，著作権者等が 112 条 1 項に基づいて差止請求をする際に，「侵害の行為を組成した物，侵害の行為によつて作成された物又は専ら侵害の行為に供された機械若しくは器具の廃棄その他の侵害の停止又は予防に必要な措置を請求することができる」（112 条 2 項）と規定している。これは，差止請求が認められたとしても，侵害品や侵害設備が侵害者の元に残っていれば，侵害行為が再開される危険性があり，著作権等は，一旦侵害されると事後的な救済が事実上困難となることも少なくないことから規定されたと考えられる。

　2 項の廃棄請求は，「前項の規定による請求をするに際し」と規定されていることから，1 項の差止請求をする場合に，これに付随してのみ行うことができるもので，独立して請求をすることはできない。2 項の廃棄請求は，1 項の差止請求が侵害行為を止めさせる不作為請求であるのとは異なり，侵害組成物の廃棄等を行わせる作為請求である点に特徴がある。

　なお，侵害組成物等廃棄請求をすることができるのは，侵害者が侵害組成物等について所有権等の処分権限を有している場合でなければならない。

---

19)　112 条 1 項に基づいて差止めを認めた裁判例として，大阪地判平成 15 年 2 月 13 日判時 1842号 120 頁〔ヒットワン事件〕，同項の類推適用により差止めを認めた裁判例として，大阪地判平成 17 年 10 月 24 日判時 1911 号 65 頁〔選撮見録事件 1 審〕がある。
20)　東京地判平成 16 年 3 月 11 日判時 1893 号 131 頁〔2 ちゃんねる小学館事件 1 審〕参照。

(2) 侵害組成物等

「侵害の行為を組成した物」とは，その使用等の行為が権利侵害の内容をなす物をいう[21]。具体的には，著作権等の侵害行為のうちの無形的利用行為に用いられた物を指す。例えば，上映権侵害に使われた映画フィルムや演奏権侵害に用いられたカラオケ装置がこれに当たる。

「侵害行為によつて作成された物」とは，権利を侵害することによって作成された複製物をいう[22]。具体的には，著作権等の侵害行為のうち，有形的利用行為によって作成された物をいう。例えば，複製権を侵害して作成された小説が掲載された雑誌がこれに当たる。

「専ら侵害の行為に供された機械若しくは器具」とは，その使用の目的が主として権利侵害物の作成又は権利侵害手段としての使用にあった機械・器具をいう[23]。これは，それを使用することが常に違法となるわけではないが，過去において使用の目的が主として著作権等の侵害行為を行うことであった機械や器具を指す[24]。例えば，飲食店等が権利者に無断で映画を店内に設置した映写機とスクリーンを用いて日常的に上映している場合における，映写機とスクリーンである。

(3) 請求内容

侵害組成物等廃棄請求では，著作権者等は，侵害組成物等の「廃棄その他の侵害の停止又は予防に必要な措置」を求めることができる。

「侵害の停止又は予防に必要な措置」とは，侵害組成物等の廃棄に限らず，侵害行為を停止又は予防するために必要と認められる措置であり，担保を提供させることや機器を使用させないように執行吏により封印する措置などが考えられるが[25]，実際の裁判では，どのような措置が「必要な措置」となるかは裁判所の合理的な判断に委ねられることになろう。裁判例では，演奏権侵害の事案で，「被告主催の入場料を徴収する『ライブ』における演奏で，ピアノその

---

21) 加戸730頁。
22) 加戸730頁。
23) 加戸730～731頁。
24) 入門330頁［上野］参照。
25) 入門330頁［上野］。

他の楽器類を搬入してはならない」としたものがある[26]。

6 存続期間

差止請求権及び侵害組成物等廃棄請求権は，著作権等を根拠に認められるものであるから，その存続期間は著作権等の存続期間内ということになる（著作権の存続期間については⇒第5章第5節）。

第3節 損害賠償請求

CASE 7-2 Xは作詞・作曲を趣味としており，曲が完成すると無料の動画投稿サイトαに毎回それをアップロードしていた。Xがアップロードした曲は，どれも再生回数が100回にも満たない程度のものでしかなかった。

Aは一部に熱狂的なファンをもつ歌手で，自身が歌う曲のすべての作詞と作曲を行ってきた。ただ，最近は作曲活動が行き詰まり，いい曲が書けないでいたところ，偶然Xが動画投稿サイトαで公開していた曲βを聴き，気に入ったので，これを自分の新曲γとして，大手レコード会社YからシングルCDとして1500円で発売したところ，現在までに1万枚が売れている。

この曲γをテレビで聴いたXは，すぐにこれが自分の曲βであることに気づき，Yに対して，損害賠償を求める訴えを提起した。このとき，Yが支払うべき損害賠償額はどのように算定されるか。

1 概 説

(1) 根拠規定

著作権等が侵害された場合に認められる民事的救済措置として，損害賠償請求権がある。損害賠償請求権は，著作権法自体には根拠規定はないことから，通常の権利侵害と同様に，民法709条に基づくものとなる。

民法709条により損害賠償を請求するためには，①侵害者の故意又は過失，②侵害行為，③損害，④侵害行為と損害との因果関係，の4つを被害者（権利

---

26) 大阪高判平成20年9月17日判時2031号132頁〔デサフィナード事件2審〕。

者）が証拠により証明をする必要がある（証明責任又は挙証責任という）。

(2)　請求権者

　一般の不法行為と同じく，「権利又は法律上保護される利益を侵害」された者が請求権者となる（民 709 条）。著作権や著作者人格権が侵害された場合は，その著作権や著作者人格権の権利者が請求権者となる。

　著作権を共有する者（共有著作権者）は，各自が自己の持分に対する損害について，賠償を求めることができる。損害賠償を請求するに当たって，他の共有著作権者の同意を得る必要はない（117 条）。

　無名又は変名の著作物については，差止請求と同様に（⇒本章第 2 節 2），その発行者が著作者又は著作権者のために，自己の名をもって損害賠償請求をすることができる。ただし，変名が周知のものである場合及び実名の登録があった場合は除かれる（118 条 1 項）。

(3)　請求の相手方

　損害賠償請求の相手方は，不法行為者であり，著作権等を侵害することによって著作権者等に損害を生じさせた者である。

　著作権等を侵害する行為を行った者が責任無能力者であった場合は，親などの監督義務者が請求の相手方となる（民 714 条）。会社の従業員が業務としてあるいは業務に関連して著作権等を侵害した場合は，会社を請求の相手方とすることができる（民 715 条）。

　また，著作権等の侵害行為に加担した侵害幇助者も，共同不法行為者とみなされる（民 719 条 2 項）。そのため，侵害幇助者も損害賠償請求の相手方となる（同条 1 項）。

　さらに，他人が著作権等の侵害行為を行わないように注意すべき義務を負っている者が，その義務に反した場合に，損害賠償責任を負うとされる場合がある。例えば，カラオケ装置のリース業者は，カラオケ装置のリース契約を締結した場合において，当該装置がもっぱら音楽の著作物を上映・演奏して公衆に直接見せ又は聞かせるために使用されるものであるときは，リース契約の相手方に対し，当該音楽の著作物の著作権者との間で著作物使用許諾契約を締結すべきことを告知するだけでなく，上記相手方が当該著作権者との間で著作物使

用許諾契約を締結し又は申込みをしたことを確認したうえでカラオケ装置を引き渡すべき条理上の注意義務を負うとして，この確認を怠ったリース業者に損害賠償責任を認めた最高裁判例[27] がある。

2　故意・過失

　著作権法には，特許法 103 条のような，侵害者の過失を推定する規定は存在しない。そのため，著作権者等は，損害賠償を請求するためには，相手方の故意・過失を立証する必要がある。

　著作権等の侵害に基づく損害賠償請求の場合，そもそも侵害が成立するために依拠性の要件が満たされなければならず（⇒第 5 章第 2 節），この依拠性の証明に成功した場合は，通常，相手方の故意・過失が否定されることはないと考えられる[28]。しかし，出版されたある作家の小説の中に，他人の著作物を複製したものがあった場合に，その作家ではなく出版社に損害賠償を請求する際には，少なくとも過失があったことを立証しなければならないことになる。

3　損害額の算定

(1)　特 殊 性

　著作権者等が著作権等の侵害により被った損害の賠償を請求するためには，前述の通り，損害を証明する必要があるが，この損害の証明には，損害額の証明まで要するとされている。

　もっとも，著作権については，その保護の対象が無体の情報であるから，通常は侵害行為があっても著作権者は従前通り著作物を利用することができるので，侵害行為によって積極的に財産が減少するということは少ない。そのため，著作権侵害に基づく損害賠償として請求する損害の中心は，侵害行為がなければ得られたであろう財産が減少したこと，すなわち，逸失利益になる。しかし，逸失利益の損害額を算定することは困難である。例えば，市場に違法な複製物

---

27)　最判平成 13 年 3 月 2 日民集 55 巻 2 号 185 頁〔ビデオメイツ事件〕。
28)　中山 759 頁参照。写真をフリーサイトから入手し利用したものだとしても，識別情報や権利関係の不明な著作物の利用を控えるべきことは，著作権等を侵害する可能性がある以上当然であるとして，フリーサイトから入手した写真の利用によって他人の著作権を侵害した者に過失が認められた事例として，東京地判平成 27 年 4 月 15 日（平成 26 年（ワ）24391 号）〔ボストンローファーム事件〕がある。

等が流通したことから生じる不利益（売上げの減少など）を損害と考えたとしても，この損害による損害額を算定することは，市場が様々な要因で価格や流通量を決定するシステムであることに鑑みると，事実上不可能である。

　このように，著作権侵害による損害額に関しては，特殊な事情があるため，著作権法は 114 条に，損害額の推定等に関する規定を設けている。これにより，著作権者は，民法 709 条に基づき，損害額を証明してその賠償を請求する以外に，①114 条 1 項に基づいて算定される損害額の賠償，②同条 2 項に基づいて算定される損害額の賠償，又は，③同条 3 項に基づいて算定される損害額の賠償を請求することができる。

　114 条は，著作権侵害の場合のほか，同じく財産権である出版権・著作隣接権の侵害の場合も対象とするが，以下では著作権侵害の場合だけに言及する。なお，人格的利益を保護する著作者人格権・実演家人格権が侵害された場合の損害は精神的損害であり，通常の不法行為と損害額の算定の困難さにおいて差異はないため，特別の規定は設けられていない。

(2)　侵害者の譲渡等数量に基づく損害額の推定

　(a)　**規定内容**　114 条 1 項本文は，著作権者が著作権侵害による損害の賠償を請求する場合は，①(i)侵害者が侵害行為によって作成された物（例えば，違法に複製された音楽 CD）を譲渡した場合は，その譲渡した物の数量に，(ii)侵害者が侵害行為を組成する公衆送信（例えば，違法に複製された音楽の MP3 ファイルをホームページにアップロードすること）を行った場合は，その公衆送信が公衆によって受信されることにより作成された複製物の数量（例えば，ダウンロードされた数量）に，②著作権者がその侵害行為がなければ販売することができた物の単位数量当たりの利益の額を乗じて得た額を，③「著作権者等の当該物に係る販売その他の行為を行う能力に応じた額を超えない限度において」，著作権者の損害額とすることができると規定している。①の(i)・(ii)の数量は，「譲渡等数量」という。

　(b)　**真正品の販売**　1 項は，侵害品の譲渡等数量の分だけ著作権者が販売する物（真正品）の需要が奪われるということを前提としたものであり，1 項によって損害額が推定されるためには，著作権者は真正品を販売していることを要すると解される。ここでいう真正品は，権利侵害された著作物を利用し

た物であるのが通常であるが，その著作物を利用した物でなくとも，侵害品によって需要が奪われる関係にある物であれば，1 項を適用することはできると考えられる[29]。

(c)　**単位数量当たりの利益の額**　「単位数量当たりの利益」については，売上高から売上げを得るために必要な経費をすべて控除した純利益と考える説もあるが，権利者は固定費等を既に投入済みであることや，立証の容易さから，限界利益を指すと考えられている[30]。限界利益とは，侵害行為がなければ，著作権者がその製品を販売できたはずと考えられる数量の売上高から，その数量を販売するために要する経費（材料費等）を控除した額である。

(d)　**著作権者の販売その他の行為を行う能力**　推定される損害額には，著作権者の「販売その他の行為を行う能力に応じた額を超えない限度において」という上限が設定されている。これは，著作権侵害に基づく損害賠償請求権は，あくまで公平の原則に立脚する民法 709 条を根拠とするものであるから，賠償を命じることができる額は，侵害行為によって生じた損害の填補賠償であるという性質の現れである。

すなわち，いかに著作権が侵害された者であっても，その損害の賠償として，自らが販売しただけであったなら得られなかったことが明らかな売上げによる利益を享受する根拠はないので，あくまで権利者の能力（生産能力や販売能力，供給能力）に応じた額という上限が設けられているのである。

(e)　**著作権者が販売することができないとする事情**　1 項ただし書では，譲渡等数量の全部又は一部に相当する数量を著作権者が販売することができないとする事情があるときは，「当該事情に相当する数量に応じた額を控除する」と定められている。これも，1 項が著作権者が侵害者が侵害行為をしなければ得られたであろう利益（逸失利益）の算定を容易にするための規定であるところ，もともと著作権者には得ることのできなかった利益まで損害額に算入することは不当であると考えられたために規定されたものである。

この「著作権者等が販売することができないとする事情」には，侵害者の営業努力や市場における競合品の存在など，著作権者の販売その他の行為を行う

---

29)　大阪地判平成 16 年 12 月 27 日（平成 14 年（ワ）1919 号）〔クレイジーレーサー R 事件〕。
30)　中山 764 頁。

能力以外の，著作権者の販売量に影響を与えるすべての事情を意味する[31]。これらの事情は侵害者が証明責任を負い，立証に成功すると損害額の減額要素となる。

　1項本文における著作権者の「販売その他の行為を行う能力」と，1項ただし書の「事情」との相違は，前者は著作権者側の事情で販売することができない場合を指し，後者は侵害者側の事情や市場その他の要素で販売数量に影響を与える事情である点にある。

> 　CASE 7-2の場合，114条1項を適用すると損害額は，侵害品である新曲γのCDの譲渡等数量1万枚に，Xが新曲γのCDの販売がなければ販売することができた曲βの単位数量当たりの利益の額を乗じて計算されることになる。しかし，Xは趣味として曲βを作成しており，これを無料動画サイトにアップロードしているのであるから，βから利益を得ているとは言い難いであろう。したがって，Xの損害額を1項により算定することは困難であると考えられる。

(3)　侵害者が得た利益に基づく損害額の推定

　(a)　**規定内容**　114条2項は，著作権者が著作権侵害による損害の賠償を請求する場合，侵害者が侵害行為により利益を受けているときは，その利益の額を著作権者の損害の額と推定すると規定している。

　具体的には，侵害者が侵害品を譲渡していた場合であれば，1項では，「侵害品の譲渡数量」に「著作権者の真正品の単位数量当たりの利益額」を乗じた額が損害額と推定されるのに対して，2項では，「侵害品の譲渡数量」に「侵害品の単位数量当たりの利益額」を乗じた額が損害額と推定されることになる。

　(b)　**利益**　ここでいう「利益」については，売上高から売上げを得るために必要な経費をすべて控除した純利益と考える見解，売上高から売上原価のみを控除した粗利益とする見解，1項と同じく限界利益と解する見解などが主張されている。立証の容易さと損害賠償制度が塡補賠償であることを考慮すると，限界利益説が妥当であると考えられる[32]。

---

31)　加戸766頁。

(c)　**著作権者による利用の要否**　　2 項は，著作権者の損害額を推定するのみであって，損害が生じたことを推定するものではない。そのため，損害発生事実は著作権者が証明をしなければならず，著作権者が著作物を利用していなければ，消極的損害を観念することができないから，本項が適用されるには，著作権者による利用が必要であると解する見解がある。

裁判例の多くはこの見解に立っているが[33]，現実の利用ではなくても，著作権者が侵害者と同様の方法で著作物を利用する限り同様の利益を上げる蓋然性があれば足りるとする裁判例もある[34]。

(d)　**推定の覆滅**　　2 項は著作権者の損害額を推定する規定であるから，侵害者がこの推定を覆す事情を証明できれば，損害額が減額され得る。そのような事情としては，例えば，侵害者の営業力やブランド力が著作権者より勝っていることがあろう。

> CASE 7-2 の場合，X の損害額を 114 条 2 項により算定すると，Y の販売した新曲 γ の CD の売上げ枚数 1 万枚に，Y が新曲 γ の CD を 1 枚 1500 円で販売することによって得られる限界利益を乗じた額が X の損害額と推定される。しかし，X は，曲 β を無料動画サイト α に投稿し，再生回数が 100 回に満たない程度でしかないことを考えると，たとえ X が自費で CD を発売したとしても，1 万枚もの売上げをあげることはできないものと考えられる。また，A の新曲 γ が 1 万枚も売り上げることができたのは，A のこれまでの実績や大手レコード会社である Y の販売力による影響が大きいと思われる。したがって，このような事情を Y が証明できれば，2 項による推定は覆滅され，損害額は大幅に減額されることになる。

(4)　利用料相当額の請求

114 条 3 項は，著作権者は，その著作権の行使につき受けるべき金銭の額に相当する額を自己が受けた損害の額として，その賠償を請求することができると規定している。

---

32)　中山 768 頁以下，田村 325〜327 頁参照。

33)　例えば，東京地判昭和 53 年 6 月 21 日無体裁集 10 巻 1 号 287 頁〔日照権事件〕，東京地判平成 11 年 10 月 18 日判時 1697 号 114 頁〔三島由紀夫手紙事件 1 審〕。

34)　東京地判平成 17 年 3 月 15 日判時 1894 号 110 頁〔グッドバイ・キャロル事件 1 審〕。

「著作権……の行使につき受けるべき金銭の額に相当する額」とは，その著作物を利用するための利用料（ライセンス料）相当額を意味する。侵害者は，本来であれば事前に著作権者と交渉し，利用許諾（ライセンス）契約をしたうえで，その著作物を利用すべきところ，そのような契約をすることなく無断で利用しているわけであるから，著作権者には，少なくとも利用料をもらっていないという損害が認められる。この損害は，著作権者であれば必ず認められるもので，著作権者が著作物を利用しているかどうかを問わず，当然に生じるものである。それゆえ，3項は著作権が侵害された場合の損害額の最低限度額を法定したものと考えられる。CASE 7-2 において，Y が支払うべき損害賠償額は，当然，3項に基づいて算定することができる。

　もっとも，侵害者が著作権侵害による損害賠償として支払わなければならない利用料相当額が，著作権者から利用許諾を得て著作物を利用する者が支払う利用料と同じ額とされるのであれば，利用許諾契約を結んで適法に著作物を利用しようとするインセンティブが減退してしまう。それゆえ，3項の「著作権……の行使につき受けるべき金銭の額」は，利用許諾契約で定められた利用料に拘束されることなく，算定される。

⑸　侵害された著作権が著作権等管理事業者により管理されている場合

　侵害された著作権が著作権等管理事業者により管理されている場合で，114条3項に基づいて利用料相当額を損害額として請求しようとする場合は，当該著作権等管理事業者の使用料規程により算出した額（複数ある場合は最も高い額）を損害額として賠償を請求することができる（114条4項）。TPP11協定（⇒第1章第4節7）の締結を受けて導入された，法定損害賠償制度である。この規定により，著作権等管理事業者は，実損額を立証することなく，使用料規程により算出した額を損害額として賠償を請求することが可能となる[35]。

⑹　利用料相当額を超える額の請求

　著作権者は，114条3項の利用料相当額を超える損害額を請求することは，当然可能であるが，この場合，侵害者に故意・重大な過失がなかったときは，

---

[35]　前田陽一「法定賠償──TPP と著作権法・商標法改正」ジュリ1528号（2019年）16頁参照。

裁判所はその事情を参酌することができると規定されている（114 条 5 項）。すなわち，侵害者が軽過失の場合には，裁判所はそのことを参酌して損害賠償額を減額することができる。

　もっとも，「参酌することができる」と定められているから，裁判所が参酌する必要がないと判断すれば，参酌しなくてもよい。また，参酌するとしても，利用料相当額を下回る額まで減額することは認められないと考えられている。

4　その他の立証容易化等に関する特則

　著作権法は，損害額の推定等に関する 114 条以外にも，立証の容易化や審理の迅速化のために，特別の規定を設けている。これらの規定は損害賠償請求だけに関わるものではないが，便宜上，以下でまとめて説明する。

(1)　具体的態様の明示義務

　114 条の 2 は，著作権等の侵害訴訟において，著作権者等が侵害の行為を組成したもの又は侵害の行為によって作成されたものとして主張する物の具体的態様を否認するときは，相手方は，自己の行為の具体的態様を明らかにしなければならない旨を規定する。よって，著作権者等が相手方の侵害態様を具体的に特定して主張している場合，相手方がこれを否認するには，単に「権利者の主張は事実と異なる」とだけいうことはできず，自己の行為態様を具体的に明らかにする必要がある。著作権等の侵害の事案では侵害組成物などは侵害者側にあることが多いことに鑑み，当事者の公平の観点から設けられたと考えられる。

　ただし，相手方に常に具体的態様の明示義務を課すことは，明示の範囲に営業秘密に関わるものが存することもあるため，酷な場合もある。そこで，同条ただし書には，「相当の理由」がある場合には，明示しなくてもよい旨が規定されている。

(2)　書類の提出等

　114 条の 3 第 1 項は，著作権等の侵害訴訟において，裁判所は，「当事者の申立てにより，当事者に対し，当該侵害の行為について立証するため，又は当該侵害の行為による損害の計算をするため必要な書類の提出を命ずることがで

きる」と規定し，立証が難しい損
害額や侵害について，相手方の所
持している文書等を提出させるこ
とによって，立証活動の容易化を
図ろうとしている。ただし，「そ
の書類の所持者においてその提出
を拒むことについて正当な理由が

> 用語解説⑩ **イン・カメラ手続**
>
> 裁判官室やその他の非公開の場所で，
> 当事者等の立会いも事後の開示も認めな
> い形で，もっぱら裁判官のみにより実施
> される訴訟上の手続のことをいう。

あるときは，この限りでない」として，一定の場合には文書の提出を拒むこと
が認められている（同条1項ただし書）。

　また，同条1項本文の申立てに係る書類が同項本文の書類に該当するか否か
を判断するため，又は，同条1項ただし書の「正当な理由」の有無を適切に判
断するため，裁判官のみがその書類をみることができるとする，いわゆるイ
ン・カメラ手続＊が採用されている（同条2項）。ただ，その一方で，裁判所が
一定の当事者等に対し，その書類を開示して意見を聴く必要があると認めると
きは，これらの者にその書類を開示することができることも定められており
（同条3項），営業秘密等が外部に公開されないようにするとともに，当事者等
の関係者の立会権にも配慮がされている。

　さらに，裁判所は，同条2項のイン・カメラ手続において，専門的な知見に
基づく説明を聴く必要がある場合は，当事者の同意を得て，民事訴訟法に基づ
く専門委員（民訴92条の2以下）を手続に関与させることができる（同条4項）。
デジタル化・ネットワーク化が進展した結果，著作権等の侵害態様も複雑化・
専門化している現状に対応し，裁判所が公正中立な判断をするためには，当事
者の説明だけではなく，専門家からの知見も得られるようにすることが望まし
いことから設けられたものである。

　以上の同条1項から4項までの規定は，著作権等の侵害行為について立証す
るために必要な検証の目的の提示について準用される（同条5項）[36]。

　本条は，文書提出義務＊を定める民事訴訟法220条を補充する特則であり，
即時抗告による不服申立て（民訴223条7項）や文書不提出の場合の効果及び使

---

[36] 検証の目的の提示については，民事訴訟法232条及び233条を参照。検証とは，裁判官がそ
の五感作用によって，直接に検証物である事物の性質，形状，状態を検査し，その結果を証拠
資料にする証拠調べ手続である。

用語解説⑪　文書提出義務

　民事訴訟において，文書提出命令発令の前提として認められている義務。民事紛争の解決に役立ち，かつ，訴訟の相手方が訴訟において引用した文書を自らが所持するときなど一定の場合には，その文書の所持者は，裁判所の命令（文書提出命令）によってその文書を提出しなければならないとされている（民訴 220条）。

用妨害の場合の効果（民訴 224 条）などに関しては，民事訴訟法の規定が適用される。

(3)　鑑定人に対する当事者の説明義務

　114 条の 4 は，著作権，出版権又は著作隣接権の侵害による損害額を算定するためには，膨大な書類を経理・会計の専門知識をもって正確に理解しなければならないことに鑑み，裁判所は，当事者の申立てにより，そのような知識と経験を有する専門家（計算鑑定人）に損害の計算をするために必要な事項について鑑定を命じることができ，この場合，当事者は計算鑑定人に対し，当該鑑定をするために必要な事項について説明をしなければならない旨を規定している。審理の迅速化・効率化と立証の容易化を目的とした規定である。

(4)　相当な損害額の認定

　著作権法では，前述したように，損害額に関する推定等の規定（114 条⇒本章本節 3）を設けているが，その規定によってもなお，損害額の立証が困難な場合もある。そこで，114 条の 5 は，著作権，出版権又は著作隣接権の侵害訴訟において，「損害が生じたことが認められる場合において，損害額を立証するために必要な事実を立証することが当該事実の性質上極めて困難であるとき」は，裁判所は，口頭弁論の全趣旨及び証拠調べの結果に基づき，相当な損害額を認定することができる旨を規定している。

　これは，損害額の立証が困難な場合の救済を図るための民事訴訟法 248 条と同趣旨の規定である。

(5)　秘密保持命令

　著作権等の侵害訴訟においては，営業秘密に関わる文書等の開示が求められることが少なくない。そのため，相手方が同業者である場合などでは，営業秘

密の開示を求められることを懸念して，積極的な訴訟活動が取りにくく，時には訴訟自体を躊躇することも考えられる。そこで，114条の6以下において，著作権等の侵害訴訟について「秘密保持命令」という制度が定められた。

　この制度は，当事者が保有する営業秘密（不正競争2条6項）が準備書面や証拠に含まれている場合に，当該営業秘密が訴訟追行の目的以外の目的で使用・開示されることを制限する必要がある場合に，裁判所は，当事者の申立てにより，当事者等，訴訟代理人又は補佐人に対し，秘密保持命令を発令することができるとするものである。

　秘密保持命令とは，営業秘密を訴訟追行の目的以外の目的で使用してはならない旨又は命令を受けた者以外の者に開示してはならない旨の決定である。秘密保持命令に違反した者に対しては，刑事罰が科される（122条の2⇒本章第7節9）。

第4節　名誉回復等の措置請求

　著作権法は，著作者人格権・実演家人格権が侵害された場合の救済方法として，損害賠償に代えて，または損害賠償とともに，著作者・実演家であることを確保し，又は訂正その他著作者・実演家の名誉・声望を回復するために適当な措置を請求することができる制度を設けている（115条）。これは，著作者人格権や実演家人格権の性質に鑑みて，金銭による賠償とは別の救済方法として，人格権についての原状回復措置を認めたものである[37]。

　「著作者又は実演家であることを確保」するために適当な措置は，氏名表示権が侵害された場合に請求されよう。例えば，著作物に，著作者の氏名ではない他人の氏名が表示されたり，無名の著作物として発行されたりした場合である。「訂正その他著作者若しくは実演家の名誉若しくは声望を回復」するために適当な措置は，一般的に，同一性保持権が侵害された場合及び113条11項のみなし侵害（⇒第4章第5節）が行われた場合に請求されよう[38]。

　115条の「名誉若しくは声望」は，人が自己自身の人格的価値について有す

---

37)　加戸791頁。
38)　加戸791〜792頁。

る主観的な評価ではなく，社会から受ける客観的な評価を指すと解される[39]。名誉・声望を回復するための適当な措置としては，謝罪広告や訂正広告が代表的である。

第5節　不当利得返還請求

　不当利得に関する規定は著作権法には存在しないが，著作物を無権限で利用し，利得を生じている者がいれば，民法上の不当利得（民703条）が成立し，利得者に対して著作権者は不当利得返還請求をすることができよう。出版権者，著作隣接権者についても同様であろう。

　不当利得とは，「法律上の原因」なく「他人の財産又は労務」によって「利益」を受けた受益者がいる場合，これによって「損失」を被った者に対して，その利得を返還させる制度である。当事者の公平に立脚した制度である点において，不法行為による損害賠償請求と共通しているが，故意・過失といった主観的要件は要求されておらず，時効期間においても相違がある。

　著作権者や出版権者，著作隣接権者が第三者によって無断で著作物等を利用された場合に受けることのできる救済として，前述の損害賠償請求により被った損害を回復する方法だけなく，この不当利得返還請求によって損失を回復する方法もあることになるが，著作権や出版権，著作隣接権の侵害の場合，前述したように，損害賠償請求については立証の容易化のための推定規定などが設けられているので，あえて不当利得返還請求権を行使する実益は少ないといえる。ただし，損害賠償請求権は「損害及び加害者を知った時から3年間」（民724条1号）で時効消滅するため，消滅時効期間が「権利を行使することができることを知った時から5年間」（民166条1項1号）である不当利得は，この点において意味がある。

---

39)　最判昭和61年5月30日民集40巻4号725頁〔パロディ・モンタージュ写真事件第2次上告審〕参照。

第6節　関税法による水際措置

1　侵害物品の輸入差止め

113条1項1号は，著作権等の侵害とみなす行為として，侵害物（「輸入の時において国内で作成したとしたならば」著作権等の「侵害となるべき行為によつて作成された物」）の頒布目的での輸入を定めていることから（⇒第5章第4節2(1)），頒布目的で著作権等の侵害物を輸入する行為は，著作権等の侵害となり，差止めの対象となる。しかし，現実問題として，侵害物の輸入行為に対して訴訟で差止請求をすることは，時間的に困難であり，あまり実効性のある救済手段であるとはいえない。また，いったん国内に侵害品が入ってしまうと，その後侵害品は拡散してしまうことがほとんどであるため，事実上差押えをすることが難しい。

このような事情から，関税法69条の11第1項9号は，特許権等とともに著作権・著作隣接権を侵害する物品を「輸入してはならない貨物」と規定し，税関長は，「輸入されようとするものを没収して廃棄し，又は当該貨物を輸入しようとする者にその積戻しを命ずることができる」とされている（関税法69の11第2項）。ただし，著作権・著作隣接権などの知的財産権の侵害物品については，その物品が侵害品であるか否かは権利者の許諾の有無で決まることや権利範囲が不明確であるため，侵害の有無を，通常は知的財産に関する専門的知識を有しない税関長が判断することは好ましくない。

そこで，関税法69条の12は，税関長は，輸入されようとする貨物が知的財産権侵害物品であると思料するときは，侵害か否かを認定する手続（認定手続）を執らなければならないと規定し，また，権利者に，必要な証拠を提出して認定手続を執るべきことを申し立てることを認める規定（関税法69条の13）などを設けている。

2　侵害物品の輸出差止め

113条1項2号は，著作権等を侵害する行為によって作成された物（同項1号の輸入に係る物を含む）を，情を知って，業として輸出する行為を侵害とみなすと規定している（⇒第5章第4節2(2)）。そのため，著作権・著作隣接権など

の知的財産権を侵害する物品が「輸出してはならない貨物」と規定され（関税法 69 条の 2 第 1 項 3 号），税関長は，「輸出されようとするものを没収して廃棄することができる」とされている（関税法 69 条の 2 第 2 項）。

　侵害物品の輸出に関しても，輸入と同様に，認定手続（関税法 69 条の 3），権利者による申立て（関税法 69 条の 4）に関する規定などが設けられている。

第 7 節　刑事救済

1　概　　説

　著作権等の保護を強化するため，著作権法は著作権等の侵害行為やその他の行為に対する刑事罰規定を有している。刑罰規定であるので，刑法の総論規定が適用されることから，教唆者（刑 61 条）や幇助者（同 62 条）も共犯とされ処罰される[40]。

　以下で，著作権法上の刑罰規定につき簡略に説明する。

2　侵害の罪

　著作権法は，119 条において，侵害の罪を設けており，著作権，出版権，著作隣接権を侵害した者は，10 年以下の懲役又は 1000 万円以下の罰金に処され，又はこれを併科され（同条 1 項），著作者人格権，実演家人格権を侵害した者などは，5 年以下の懲役若しくは 500 万円以下の罰金に処され，又はこれを併科される（同条 2 項）。

　また，3 項 1 号は，私的使用目的をもって，有償著作物等（⇒第 6 章第 2 節 1 ⑵）の著作権又は著作隣接権を侵害する自動公衆送信を受信して行うデジタル方式の録音又は録画（有償著作物等特定侵害録音録画）を，自らその事実を知りながら行って著作権又は著作隣接権を侵害した者は，2 年以下の懲役若しくは 200 万円以下の罰金に処され，又はこれを併科することを規定している。

---

40)　最決平成 23 年 12 月 19 日刑集 65 巻 9 号 1380 頁〔Winny 事件〕は，適法用途にも著作権侵害用途にも利用できるファイル共有ソフト「Winny」を，インターネットを通じて不特定多数の者に公開，提供し，正犯者がこれを利用して著作物の公衆送信権を侵害することを幇助したとして，著作権法違反幇助に問われた事案において，幇助犯の故意が欠けると判断した。

さらに，2 号では，1 号が規定する録音と録画以外を対象とし，有償著作物等の著作権（28 条に規定する権利〔翻訳以外の方法により創作された二次的著作物に係るものに限る。〕を除く）を侵害する自動公衆送信を受信して行うデジタル方式の複製（有償著作物特定侵害複製）を，自らその事実を知りなが

> **用語解説⑫　親 告 罪**
>
> 公訴の提起に被害者その他法律で定めた者の告訴があることを必要条件とする犯罪。親告罪について告訴を欠いたまま起訴がされた場合，訴訟条件を欠くため公訴棄却の判決が言い渡される（刑事訴訟法 338 条 4 号）。

ら行って著作権を侵害する行為を継続的に又は反復して行った者は，2 年以下の懲役若しくは 200 万円以下の罰金に処され，又はこれを併科することを規定している。有償著作物等のダウンロードのみを対象とし，かつ，単発的なダウンロードについては処罰対象から除外されている点において，30 条 1 項 4 号（⇒第 6 章 2 節）とは対象が異なる。

いずれも故意犯のみが対象となる。なお，重大な過失によって有償著作物等特定侵害録音録画あるいは有償著作物特定侵害複製に該当することを知らなかった者の侵害行為を，1 号又は 2 号に含める解釈をしてはならないことが規定されている（119 条 4 項・5 項）。

侵害の罪は，親告罪※とされている（123 条 1 項）[41]。告訴ができるのは原則として被害者である著作権者又は著作隣接権者であるが（刑事訴訟法 230 条）[42]，無名・変名著作物については発行者が告訴権者となり得る（123 条 4 項本文）。ただし，変名が周知の場合，実名登録があった場合及び告訴が著作者の明示の意思に反する場合は告訴できない（123 条 4 項ただし書）。

---

[41]　ただし，①対価を得る目的・権利者の利益を害する目的で，②有償著作物等について原作のまま譲渡・公衆送信又は複製を行うことであって，③有償著作物等の提供・提示により得ることが見込まれる権利者の利益が不当に害される場合には，非親告罪となる（123 条 2 項）。桑野雄一郎「非親告罪化」ジュリ 1528 号（2019 年）34 頁参照。

[42]　なお，最判平成 7 年 4 月 4 日刑集 49 巻 4 号 563 頁は，映画著作物の著作権者から著作権の一部譲渡を受けたのではなく，独占的にビデオグラムの形態により複製・頒布・上映することを許諾されたいわゆる独占的ビデオ化権者であっても，著作権者の許諾を得ていない者によって当該映画著作物がビデオ化され，著作権が侵害された場合には，告訴権を有すると述べた。

3　著作者・実演家が存しなくなった後における著作者・実演家の人格的利益の侵害罪

　著作物・実演を公衆に提供・提示する者は，その著作者・実演家が存しなくなった後においても，著作者・実演家が存しているとしたならばその著作者人格権・実演家人格権の侵害となるべき行為をしてはならないとされているところ（60 条⇒第 4 章第 6 節，101 条の 3 ⇒第 9 章第 2 節 3(1)），そのような行為を行った者は，500 万円以下の罰金に処せられる（120 条）。

　本罪は親告罪となっていない。そのため，この著作者・実演家の人格的利益は，民事的救済の場合（116 条）と異なり，遺族が存しなくなった後においても刑事上は保護される。

4　技術的保護手段の回避装置・プログラムの譲渡等の罪及び権利管理情報改ざん等の罪

　一般にコピーガードと呼ばれる複製防止技術を用いている CD や DVD などの技術的保護手段（2 条 1 項 20 号）の回避やライセンス認証を回避するための不正なシリアルコードの提供をその機能とする装置・プログラムを，公衆に譲渡，公衆送信等する行為を行った者，及び業として公衆からの求めに応じて技術的保護手段の回避又は技術的利用制限手段の回避を行った者は，3 年以下の懲役若しくは 300 万円以下の罰金に処せられ，又はこれを併科される（120 条の 2 第 1 号・第 2 号及び第 4 号⇒第 5 章第 4 節 5）。

　これらの行為は，それ自体は著作権侵害を構成しないが，著作権侵害のおそれを広く生じさせる行為であるから，非親告罪とされている[43]。

　また，権利管理情報（⇒第 5 章第 4 節 6）に関して，営利を目的として虚偽の情報を権利管理情報として故意に付加したり，権利管理情報を故意に除去や改変したりする行為，あるいは，これらの行為が行われた著作物等の複製物を情を知って頒布・輸入・所持・公衆送信・送信可能化し，著作者人格権，著作権，実演家人格権，又は著作隣接権を侵害する行為を行った者は，3 年以下の懲役若しくは 300 万円以下の罰金に処せられ，又はこれを併科される（120 条の 2 第

---

43)　入門 346 頁［上野］。

5号)。本罪は親告罪である (123条1項)。

5　商業用レコードの国内還流の罪

　国外頒布目的商業用レコードを，情を知りつつ，営利を目的としてこれを国内において頒布する目的で輸入，所持等する行為によって，国内頒布目的商業用レコードの発行により著作権者又は著作隣接権者の得ることが見込まれる利益が不当に害されることとなった場合 (⇒第5章4節7)，当該行為を行った者は，3年以下の懲役若しくは300万円以下の罰金に処せられ，又はこれを併科される (120条の2第6号)。本罪は親告罪である (123条1項)。

6　著作者名詐称罪

　著作者でない者の実名又は周知の変名を著作者名として表示した著作物の複製物を頒布した者は，1年以下の懲役若しくは100万円以下の罰金に処され，又はこれを併科される (121条)。本罪は非親告罪である。

　本条で処罰されるのは，表示した者ではなく，頒布した者である。

7　外国商業用レコードの無断複製等の罪

　国内の商業用レコード製作業者が，レコード製作者からそのレコード (8条に該当するものを除く) の原盤の提供を受けて作成した商業用レコードを，原盤に音を最初に固定した日の属する年の翌年から起算して70年間，商業用レコードとして複製し，頒布し，頒布目的で所持した者などは，1年以下の懲役若しくは100万円以下の罰金に処され，又はこれを併科される (121条の2第1号)。本罪は親告罪である (123条1項)。

　著作隣接権の保護が及ぶレコードの無断複製に対する刑事罰は，前述したように，119条1項において10年以下の懲役若しくは1000万円以下の罰金に処せられ，又はこれを併科されると規定されており，本条のそれより重い。

8　出所不明示罪

　著作物の出所明示義務 (48条⇒第6章第1節4)，実演等の出所明示義務 (102条2項) に違反した者は，50万円以下の罰金に処せられる (122条)。

　公正な慣行を確保するためという公益的な見地に基づくための規定であるか

ら，非親告罪とされている[44]。

9　秘密保持命令違反の罪

秘密保持命令（114条の6⇒本章第3節4(5)）に違反した者は，5年以下の懲役若しくは500万円以下の罰金に処され，又はこれを併科される（122条の2）。本罪は親告罪である（123条1項）。

10　両罰規定

両罰規定とは，法人の代表者又は法人若しくは人の代理人，使用人その他の従業者が，その法人又は人の業務に関し，罪を犯したときに，その行為者を罰するほか，その法人又は人に対しても罰金刑を科す規定である。

124条1項は，両罰規定として，法人に対して，119条1項・2項3号から6号，122条の2第1項の違反行為については，3億円以下の罰金刑を定め，119条2項1号・2号，120条から122条までの違反行為については，各本条の罰金刑を科す旨を規定している[45]。

44)　加戸847頁。
45)　法人ではなく，人に対しては，119条から122条の2までの違反行為について，各本条の罰金刑が科される。

第 **8** 章　権利の活用

第1節　総　論

　著作者の権利には，著作者人格権（⇒第4章）と著作権（⇒第5章）がある。著作者人格権は，一身専属であり，譲渡することはできないが（59条），著作権は財産権であるので，著作権者はこれを譲渡することができる（61条）。また，著作物の利用を許諾することもできる（63条）。例えば，書籍の出版やCDの製作の場面において，著作権者は出版社やレコード会社に著作物の利用を許諾することで対価を得ることができる。このほか，著作権を目的として質権を設定することも可能である（66条参照）。

　本章では，権利の活用方法として，以上に掲げた，譲渡，利用許諾，質権の設定のほか，出版権の設定，信託・管理について説明する。また，著作権者不明の場合等における著作物を利用するための裁定についても説明する。

第2節　譲　渡

❖POINT❖

- ◆　著作権は，その全部又は一部を譲渡することができる。
- ◆　著作権を譲渡することにより，譲渡人は，譲渡の範囲内において，譲渡に係る著作権に対する権原を失う。
- ◆　著作権を全部譲渡する場合であっても，27条及び28条の権利は，譲渡契約において譲渡の目的として特掲されていないときは，譲渡人に留保されたものと推定される。

用語解説⑬　対抗要件

> 対抗とは当事者の法律関係を第三者に主張することを指す。対抗要件とはそのために必要とされる法律上の要件である。

1　概　説

著作権の譲渡とは，譲渡人に属していた著作権が終局的に譲受人に移転することである。つまり，譲渡人である著作権者は，譲渡に係る著作権について，譲渡に係る著作物の利用を許諾すること及び第三者による侵害の排除に関する一切の権原を失うことになるのである。これは，著作権を，全部ではなく，一部譲渡する場合も同様であり，著作権の譲渡人は，譲渡した範囲内において権原を失うことになる。

著作権の譲渡は，多くの場合，著作権者と譲受人の間の契約によって行われる。譲渡契約は，不動産の所有権譲渡の場合と同様，契約による当事者の意思表示のみによって効力が生ずる。ただし，譲渡の効力を第三者に対抗するためには，登録を備える必要がある（77条1号）。特許権等の産業財産権の譲渡の場合（特許98条1項1号，実用26条・意匠36条・商標35条→特許98条1項1号）とは異なり，著作権の譲渡の登録は，対抗要件*ではあるが，効力発生要件ではない。

著作権の譲渡は，非要式行為であるので，文書によらず，口頭でも成立する。著作権者が明確に意思を表明していなくても，諸般の事情を考慮して黙示の譲渡がなされたと認定される場合もある。

2　一部譲渡

(1)　一部譲渡の意義

著作権法は，著作権の全部の譲渡だけでなく，その一部の譲渡も認めている（61条1項）。著作物には多様な利用形態が存在するため，全部の譲渡しか認めないとするよりも，利用形態別の譲渡を認めた方が著作権者及び利用者の双方にとって便宜であり，その結果，著作権の流通・活用が促進されるとの考慮に基づくものである[1]。

---

1)　入門273頁［横山久芳］。

(2)　一部譲渡が可能である範囲

　一部譲渡が可能である範囲について，著作権は複製権等の支分権の束で構成されるものであるので，支分権単位での譲渡が可能であることに争いはない。また，条文には明示されていないが，内容[2)]，場所[3)]，時間[4)] を制限する譲渡も可能であると解されている。支分権よりも小さい単位の権利の譲渡，例えば，録音権や録画権という単位で権利を譲渡することができるか否かについては見解に争いがある[5)]。一部譲渡によって，著作権の排他的権能の一部が譲受人に移転し，その他の部分が譲渡人に残ることに鑑みれば，一部譲渡として認められるためには，分割された権利の内容が相互に明確に区別できなければならないと解すべきであろう。さもなければ，第三者が著作物を利用する場合に，誰から許諾を得ればよいかが不明確となり，権利関係が錯綜することになるからである。一部譲渡として許容される範囲の判断については，以下のように述べる裁判例[6)] がある。

　「著作権の一部の譲渡，移転が可能であるとはいえ，どこまで細分化した一部であっても譲渡，移転することが認められるものではなく，その一部がどのような意味での一部なのか（時期的一部か，地域的一部か，利用形態別の一部か，一個の著作物の全体か数量的一部か。）ということや著作物の性質等を前提に，そのような一部の譲渡，移転が現に行われているなどその程度まで細分化した一部の譲渡，移転の社会的必要性と，そのような一部の譲渡，移転を認めた場合の権利関係の不明確化，複雑化等の社会的な不利益を総合して，一部の譲渡，移転を許容できる範囲を判断すべきものである」。

---

2)　東京地判昭和 54 年 8 月 31 日無体裁集 11 巻 2 号 439 頁〔ビートル・フィーバー事件〕では，楽曲の利用を許諾する権利を他人に付与する契約において，演劇の上演に関連する利用を他人に許諾する権利を自己に留保することができるとされている。

3)　中山 518 頁は，例えば北海道における演奏権やある特定のオペラハウスにおける演奏権の譲渡も，理論的には可能であると述べている。反対：加戸 438 頁，作花 445 頁。

4)　期間限定の譲渡を認めた事例として，東京地判平成 9 年 9 月 5 日判時 1621 号 130 頁〔ダリ展事件〕。

5)　支分権を細分化した単位での譲渡に反対する見解として，成田博「物権との対比による著作権法への疑問」半田正夫先生古稀記念論集『著作権法と民法の現代的課題』（法学書院，2003年）502 頁。

6)　東京地判平成 6 年 10 月 17 日判時 1520 号 130 頁〔ポパイ・ベルト事件〕。

3　譲 渡 範 囲

> CASE 8-1　Y 大学は，体育会のマスコットキャラクターのイラストを公募した。
> X は，その創作したキャラクター α を応募したところ，これが最優秀賞作品に選
> ばれた。
>
> 　X は，α のぬいぐるみを作ればよく売れるのではないかと思い，その製造販売
> 事業を計画しているが，Y 大学の応募要領には，「最優秀賞受賞作品の著作権は，
> Y 大学に帰属する。」との記載があった。X は，α のぬいぐるみの製造販売を行
> うに際して，Y から許諾を得なければならないであろうか。

(1)　契約の解釈

　著作権法は，著作権の一部譲渡も認めているため，譲渡契約が有効に成立し
ている場合であっても，譲渡の目的である権利を特定しなければならない。契
約が文言上，不明確である場合は，契約内容の合理的解釈によって譲渡範囲を
確定させる必要がある。

　譲渡範囲に関して契約の解釈が必要になる一場面として，契約当時知られて
いなかった利用方法（未知の利用方法）に対する権利が問題となる場合がある。
例えば，「複製権を譲渡する」という内容の譲渡契約によって，複製に関する，
未知の利用方法に対する権利も譲渡されたか否かが問題となり得る。契約の文
言を形式的に捉えれば，包括的な形で譲渡契約の対象が示されている場合は，
未知の利用方法に対する権利も含めて譲渡されたと解すべきこととなるが，一
部譲渡の場合は，権利を細分化して譲渡する趣旨に照らし，譲渡範囲を限定的
に解釈すべきことが多いであろう[7]。裁判例には，契約書に日本国内における
放送権を譲渡すると明記されていた事案で，未知の利用方法であった衛星放送
に対する権利は譲渡対象に包含されていなかったと判断したもの[8]，法改正に
よって新たに創設された支分権が譲渡対象に含まれるか否かについて，契約の
文言，契約締結時の当事者の状況・関係，業界の慣行，対価の相当性等を考慮

---

7)　『文化審議会著作権文化会報告書（平成 18 年 1 月）』134 頁参照。

8)　東京高判平成 15 年 8 月 7 日（平成 14 年（ネ）5907 号）〔怪傑ライオン丸事件〕。

して，将来の立法に係る部分についても譲渡契約の対象となっていたと解したもの[9]がある。

(2) 翻案権等留保の推定

譲渡契約において，二次的著作物の創作・利用に関する権利（⇒第5章第3節5）である，27条又は28条に規定する権利（以下「翻案権等」という）が譲渡の目的として特掲されていないときは，翻案権等は譲渡人に留保されたものと推定される（61条2項）。一般的に著作権を譲渡する場合，著作物をそのままの形で利用する権利の譲渡が意図されており，どのような付加価値を生み出すか予想がつかない映画化や翻訳等に対する権利については明確な譲渡意思があったとは言い難い場合があるため，このような二次的な形態で利用する権利は譲渡人に残すという建前をとっているのである[10]。裁判例では，単に「将来取得することあるべき総ての著作権」という文言では，翻案権等が譲渡の目的として特掲されていると解することはできないとされている[11]。

もっとも，61条2項は，翻案権等の留保を推定するものであるから，契約内容等から推定が覆り，翻案権等も含めて譲渡されたことが認められる場合がある。裁判例には，プログラム開発の受託者が作成したプログラムの著作権の譲渡契約において，翻案権等が特掲されていなかった事案において，両当事者が，将来，プログラムの改良があり得ること，その改良は著作権の譲受人（委託者）が行うことを前提としていたことを考慮して，翻案権の譲渡を認めたものがある[12]。

---

9) 東京地判平成19年1月19日判時2003号111頁〔THE BOOM事件〕，東京地判平成19年4月27日（平成18年（ワ）8752号・16229号）〔HEAT WAVE事件〕。

10) 加戸440頁参照。

11) 東京地判平成15年12月26日判時1847号109頁〔記念樹JASRAC事件〕。

12) 知財高判平成18年8月31日判時2022号144頁〔振動制御器プログラム事件〕。また，知財高判平成26年8月27日判時2245号72頁〔ERPソフトウェア事件〕，大阪高決平成23年3月31日判時2167号81頁〔ひこにゃん事件〕も参照。

CASE 8-1 の事例のように，募集要項に「最優秀賞受賞作品の著作権は，Y 大学に帰属する。」とだけ書かれている場合は，翻案権等は X に留保されていると推定されることになるであろう。この推定が覆されないならば，X は，翻案権等を有し，αのぬいぐるみの製造販売にはαの翻案権等が働くため，Y から許諾を受けなくてもよいと考えられる。

4　登　録

　著作権も財産権として流通するものであるので，取引の安全を図るために対抗要件としての登録制度が設けられている。著作権の移転については，登録を受けなければ，第三者に対抗することができない（77条1号）。

　77条にいう「第三者」とは，登録の欠缺を主張することについて，正当な利益を有する者のことである。具体的には，著作権の譲受人，出版権者等，著作権の取引により何らかの正当な権原を取得した者である。著作権の侵害者は，77条の第三者には当たらない[13]。登録の欠缺を主張する何らの権原も有していないからである[14]。また，背信的悪意者も第三者には含まれない[15][16]。

第3節 利用許諾

◆ **POINT** ◆

◆ 著作権者から利用許諾を得た者（利用権者）は，その許諾に係る利用方法・条件の範囲内において，その許諾に係る著作物を利用することができる。

◆ 独占的利用許諾の利用権者は，著作権侵害に対して，固有の損害賠償請求権を有するが，差止請求権は有していないと考えられている。

◆ 利用権についての登録制度は存在しない。

1 概 説

著作権者は，他人に著作物の利用を許諾することができる（63条1項）。利用許諾は，多くの場合，著作権者と利用者の契約によって成立する。利用許諾を得た者（利用権者）は，その許諾に係る利用方法及び条件の範囲内において，その許諾に係る著作物を利用することができる（同条2項）。この利用権者の権利（利用権）は，著作権の譲渡の場合とは異なり，その許諾に係る利用方法及び条件の範囲内における利用について，著作権者から差止請求等の権利行使を受けないという債権にすぎない。

利用許諾は，著作権の譲渡と同様，非要式行為であるので，文書による場合のほか，口頭でも成立する。また，明示の合意がない場合であっても，諸般の事情から，黙示の利用許諾が認定される場合もある。

2 利用許諾の種類と侵害に対する救済

(1) 非独占的利用許諾と独占的利用許諾

利用許諾には，非独占的利用許諾と独占的利用許諾がある。非独占的利用許諾は，利用権者に対し，許諾の範囲内での利用を認めるだけのものであり，著作権者は，複数の者に対して同一内容の許諾を与えることができる。

一方，独占的利用許諾は，著作権者が利用権者に対して独占的に著作物を利用する権利を与えるものである[17]。著作権者は，独占的利用許諾を与えた後は，利用権者以外の者に同一内容の許諾を与えることはできず，同一内容の許諾を

与えた場合は，債務不履行責任（民 415 条）を負うことになる。

(2)　侵害に対する救済

(a)　**非独占的利用許諾の利用権者の場合**　非独占的利用許諾の場合，利用権者は，著作権侵害行為に対して，差止請求・損害賠償請求をすることができないと解されている。非独占的利用許諾における利用権は，単に著作権者に対して著作物の利用を容認すべきことを請求することができる債権にすぎないからである。また，非独占的利用許諾における利用権者は，第三者による著作物の利用によって自らの利用が妨げられず，著作権者に第三者の利用を止めるよう請求することのできる地位にもない。そのため，著作権者の侵害者に対する差止請求権・損害賠償請求権を代位行使することはできない。

(b)　**独占的利用許諾の利用権者の場合**　独占的利用許諾の利用権者について，裁判例[18] は，独占的な利益を得ることのできる地位にあり，それは法的に保護される利益であるとして，侵害者に対する固有の損害賠償請求権を認めている[19]。

　一方，独占的利用許諾の利用権者の差止請求権については，著作権法 112 条 1 項が，著作者，著作権者，出版権者，実演家又は著作隣接権者に限って差止請求権を認めているのであるから，独占的とはいえ，著作権者から利用許諾を得ているにすぎない者に固有の差止請求権は認められないと解されている[20]。

　これに対して，独占的利用許諾の利用権者が著作権者の有する差止請求権を代位行使することができるかどうかについては，肯定的な見解が有力である。裁判例には，傍論においてであるが，独占的利用権に基づく自らの利益を守るために，著作権者に代位して侵害者に対して差止請求権の行使を認める余地があると述べるものがある[21]。学説においても，独占的利用権者は，著作権者か

---

17)　独占的利用許諾は，著作権者も著作物を利用しない旨の特約がされる完全独占的利用許諾と，そのような特約のない非完全独占的利用許諾に分けられる。
18)　著作権に関する裁判例ではないが，大阪地判昭和 59 年 12 月 20 日無体裁集 16 巻 3 号 803 頁〔ヘアーブラシ事件〕。
19)　侵害者が独占的利用許諾の存在を認識しながら利用権者を害する目的で侵害行為を行った場合には，故意による債権侵害を理由として損害賠償請求をなし得るとした裁判例として，東京地判平成 3 年 5 月 22 日知的裁集 23 巻 2 号 293 頁〔英語教科書準拠録音テープ事件〕。
20)　髙林 215 頁。
21)　東京地判平成 14 年 1 月 31 日判時 1818 号 165 頁〔トントゥぬいぐるみ事件〕。

ら許諾の範囲内で著作物を独占的に利用する地位を保障されたものと考えるべきであり，侵害者に対する差止請求権の代位行使を認めることは，利用権者の独占的地位を回復するために必要不可欠なものであるとする見解が多い[22]。

3　許諾範囲

(1)　許諾範囲の解釈

　著作物の利用許諾を得た者は，その許諾に係る利用方法及び条件の範囲内において，その許諾に係る著作物を利用することができる（63条2項）。「利用方法及び条件」とは，出版や放送といった利用態様，発行部数や放送回数などの利用頻度，利用場所などの限定のことである。このような利用方法及び条件の限定が付された場合，利用権者は，その範囲内において著作物を利用しなければならない。許諾範囲が明らかではない場合は，利用目的や許諾成立の経緯等，諸般の事情を考慮して，著作権者の許諾の意思表示を合理的に解釈することによって確定する必要があろう。

(2)　放送許諾の範囲

　著作物の放送又は有線放送についての許諾には，契約に別段の定めがない限り，当該著作物の録音又は録画の許諾を含まない（63条4項）。ベルヌ条約（⇒第1章第4節2）11条の2(3)では，放送についての許諾は，別段の定めのない限り，放送される著作物を音又は影像を固定する器具を用いて記録することの許諾を含まないと規定しており，63条4項は，これに対応するものであると考えられる。

　今日の放送業界の著作物の利用実態は，生放送よりも，事前に録音・録画をした番組を放送することの方が多いといえるであろう。そのため，著作物の放送を許諾した場合は，必然的に録音・録画行為を許諾したものと解するのが合理的であるといえよう。しかしながら，著作権法は，録音・録画を当然の前提とする放送の許諾を与えた場合であっても，その許諾契約において録音・録画の許諾を明記しない限り，録音・録画の許諾は含まないと規定しているのであ

---

22)　加戸449頁，田村485頁，中山728〜729頁，入門253-245頁［横山］。反対：高林217〜219頁。

る[23]。放送に際しては，録音・録画を伴うことが圧倒的に多く，かつ，別段の
定めはプロである放送事業者にとって容易なことであるので，今日において，
この規定を存続させる意味は小さいとの指摘がある[24]。

　ところで，近年は放送番組のインターネット同時配信等，コンテンツの視聴
機会拡大の要請があるところ，これに係る権利処理について著作権制度に起因
する「フタかぶせ」（権利処理未了のために生じる影像差替え等）の課題があった。
この課題に対応するため，令和3年改正において，放送番組のインターネット
同時配信等についての許諾に関する63条5項が新設された。同項により，著
作物の放送又は有線放送及び放送同時配信等について許諾を行うことができる
者が，特定放送事業者等（放送事業者・有線放送事業者のうち，放送同時配信等を業
として行い，又はその者と密接な関係を有する放送同時配信等事業者が業として行う放
送同時配信等のために放送番組・有線放送番組を供給しており，かつ，その事実を周知
するための措置として，文化庁長官が定める方法により，放送同時配信等が行われてい
る放送番組・有線放送番組の名称，その放送・有線放送の時間帯その他の放送同時配信
等の実施状況に関する情報として文化庁長官が定める情報を公表しているもの）に対し，
当該特定放送事業者等の放送番組・有線放送番組における著作物の利用の許諾
を行った場合には，当該許諾に際して別段の意思表示をした場合を除き，当該
許諾には当該著作物の放送同時配信等の許諾を含むものと推定されることとな
った。

(3)　著作物の送信可能化の許諾に付される条件違反の効果

　著作権法63条6項は，著作物の送信可能化に関し，許諾に付される条件の
中で，「送信可能化の回数」と「送信可能化に用いる自動公衆送信装置」に関
するものに違反した場合においては，著作権侵害とはしない旨を定めている。
　例えば，自動公衆送信装置の保守点検のために，ネットワークの接続・切断
を繰り返すことによって許諾の時点で条件としていた送信回数を超えてしまう
場合，形式的には許諾条件に違反したことになるので，著作権侵害とされる可
能性がある。しかし，送信可能化という行為は，それ自体より，その行為によ

---

23)　加戸451〜452頁。
24)　中山531頁。

って実現される「自動公衆送信し得る状態」に意味がある。行為の形式のみに着目して著作権侵害となり得ることにしておくことは，不適切であるため，送信可能化の許諾後に反復して送信可能化にする行為，また，他の自動公衆送信装置を用いて送信可能化する行為については，23 条 1 項の規定が適用されないとしているのである[25]。つまり，この場合は債務不履行責任のみが生じるということになる。

(4)　利用許諾違反の効果

利用権者が，利用許諾に違反する行為を行った場合には，債務不履行責任（民 415 条）を負うことになる。この場合，債務不履行責任にとどまらず，著作権侵害の責任も発生するか否かについては議論がある。

利用権者が違反行為を行っても，許諾契約の解除等がなされない限り，利用許諾の法的効果が消滅するわけではないので，違反行為のすべてが著作権侵害になるとは限らない。学説においても，利用許諾違反が著作権侵害となるのは，利用権者による重大な違反行為が行われた場合に限ると解する立場が通説的見解であるが[26]，具体的に，どのような違反行為について，どのような判断基準で著作権侵害とするのかについては，論者によって見解が分かれている[27]。

4　利用権の譲渡

利用権者は，著作権者の承諾がなければ，利用権を第三者に譲渡することはできない（63 条 3 項）。著作権者にとって，誰が利用権者であるかは，重要な関心事であるので，著作権者が著作物の利用先を指定できるようにしているのである。著作権者が利用権の譲渡を承諾した場合は，利用許諾契約に係る利用方法及び条件を含む契約上の地位がそのまま譲受人に移転する[28]。

---

25)　加戸 452〜453 頁。
26)　加戸 450 頁，作花 440-441 頁。
27)　利用権者による違反行為が著作権侵害を構成するのは，違反行為の結果，許諾の対象となった利用行為に対する需要とは異なる独立の需要を著作権者から奪うことになる場合と解する説（入門〔初版〕221 頁〔横山〕），契約違反が支分権の本質的内容にふれるか否かで判断する説（加戸 450 頁，作花 440 頁）などがある。
28)　加戸 451 頁。

5　利用権の対抗力

> CASE 8-2　著作物 α の著作権者 A は，B との間で著作物利用許諾契約を締結
> した。利用許諾契約締結後，A は α に係る著作権を C に譲渡した。B は C に対
> して，利用権の存在を主張することができるか。

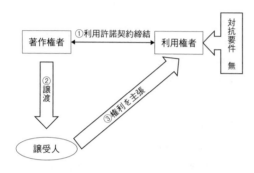

令和 2 年改正前の著作権法では，著作物の利用権についての対抗制度を設けていなかった。すなわち，著作権が A から C に譲渡された場合，利用権者 B は，著作権の譲受人 C に対して利用権を主張することができなかったのである。

　そのため，C は，B による α の利用が著作権侵害であるとして，差止めや損害賠償を請求することができるとの帰結が導かれることとなっていた。現行法の下においては，CASE 8-2 では，B は C に対して，利用権の存在を主張することができる。

第 4 節　出　版　権

❖ *POINT* ❖

- ◆　出版権は，出版に関して複製権等保有者（複製権者又は公衆送信権者）が設定することができる物権的性格の権利である。
- ◆　出版権者は，設定された範囲内で著作物を複製・公衆送信すること，再許諾（サブライセンス）をすることができる。
- ◆　出版権者は，その出版権の侵害に対して差止請求・損害賠償請求をすることができる。

1　概　　説

　著作権の利用許諾には，前述したように，債権的な利用権のみがあり，対抗
要件としての登録制度はない。しかしながら，出版に限っては，利用許諾によ
る債権的な利用権のほかに，出版権という物権的な利用権を設定する制度が設
けられ，出版を引き受ける者の利益が保護されている。

　従来，出版権の対象であったのは，紙媒体による出版をすることのみであっ
たところ，昨今の電子書籍の普及等の影響を受け，平成 26 年改正において，
電子書籍に対応した出版権が整備されるに至った。

　出版権は，複製権等保有者（複製権者又は公衆送信権者）が，その著作物につ
いて紙媒体や CD-ROM 等による出版行為又はその著作物の複製物を用いた公
衆送信行為を引き受ける者に対して設定するものである（79 条 1 項）。出版権
の設定を受けた者（出版権者）は，設定行為の範囲内において，自ら著作物の
出版をすることができる。また，再許諾（サブライセンス）もすることができる
（80 条 3 項）。

　出版権者は，その出版権の侵害に対して差止請求や損害賠償請求をすること
ができる（112 条・114 条，民 709 条）。出版権を侵害した者に対しては，刑事罰
も科される（119 条 1 項）。

2　出版権の内容

　出版権者は，設定行為で定めるところにより，その出版権の目的である著作
物について，次の権利の全部又は一部を専有する。①頒布の目的をもって，原
作のまま印刷その他の機械的・化学的方法により文書又は図画として複製する
権利（80 条 1 項 1 号）。1 号の権利には，原作のまま電子計算機を用いてその映
像面に文書又は図画として表示されるようにする方式により CD-ROM 等の記
録媒体に記録された電磁的記録として複製する権利を含む（同号括弧書）。②原
作のまま上記方式により記録媒体に記録された当該著作物の複製物を用いて公
衆送信を行う権利（同 2 号）。80 条 1 項には，「全部又は一部」を専有すると規
定されているから，出版権者が専有する権利は，①の権利と②の権利の両方で
ある場合だけでなく，①の権利のみである場合，②の権利のみである場合があ
り，さらに，①の権利又は②の権利の一部である場合もあり得る。出版権は，

「原作のまま」複製・公衆送信する権利であるから，漫画の出版権の内容としてテレビドラマ化を含めるなど，二次的著作物について出版権を設定することはできない。

　従来，出版権者は再許諾（サブライセンス）することができるかどうかについては定められていなかったが，平成26年改正により再許諾が可能であることが規定された（80条3項）。同改正において出版権の対象に含められることとされた電子書籍は様々な態様で流通し，電子書籍について別の出版社が異なる態様で電子出版することも考えられたことから，再許諾を可能としたのである。ただし，複製権等保有者の意に反する再許諾が行われないように，出版権者が再許諾を行うには複製権等保有者の承諾が必要であるとされている（80条3項）。紙媒体による出版についても，その者の承諾を得た場合に再許諾が可能である[29]。

　また，出版権は譲渡することができるが，その譲渡にも，複製権等保有者の承諾が必要である。後述するように，質権の設定についても同様である（87条）。

3　出版権者の義務

　出版権は出版を前提とした制度であることから，出版権者は，設定行為に別段の定めのない限り，①複製権等保有者からその著作物を複製・公衆送信を行うために必要な原稿等の引渡し又はその著作物に係る電磁的記録の提供を受けた日から6か月以内に出版行為・公衆送信行為を行う義務を負う（81条1号イ・2号イ）。また，②当該著作物について慣行に従い継続して出版行為・公衆送信行為を行う義務を負う（81条1号ロ・2号ロ）。

　複製権等保有者は，出版権者が上記①の義務に違反した場合には，出版権者に通知して出版権を消滅させることができる。他方，出版権者が上記②の義務に違反した場合には，3か月以上の期間を定めて催告し，その期間内に履行されないときは，出版権者に通知して出版権を消滅させることができる（84条1項・2項）。

29）「文化審議会著作権分科会出版関連小委員会報告書」（平成25年12月）」33頁参照。

4　複製権等保有者との関係

　出版権が設定されている場合であっても，出版権存続期間中に著作者が死亡
したとき，又は，設定行為に別段の定めのない場合において，出版権設定後，
最初の出版行為・公衆送信行為後3年を経過したときは，複製権等保有者は，
著作物についてその著作者の著作物のみを編集した全集その他の編集物に収録
して複製・公衆送信をすることができる（80条2項）。著作者の死亡に伴うそ
の遺族による記念出版や一定期間経過後における著作者の作品の集大成出版な
ど，同一著作者の著作を収録した編集物の刊行に対する一般国民側の要請を考
慮したものである。

　出版権を侵害する行為は，複製権等保有者の権利を侵害する行為にも該当す
る。この場合，出版権者とは別個に複製権等保有者も差止請求をなし得ると解
すべきであろう[30]。複製権等保有者は出版権設定後も誰が出版行為・公衆送信
行為を行うかという点に利害関係を有する。また，複製権等保有者に差止請求
権を認めても出版権者の利益を害することはないし，侵害者にとって不意打ち
の危険性もないからである[31]。

5　著作者との関係

(1)　著作者の修正増減請求

　出版権の目的である著作物を，80条1項1号に掲げる頒布の目的をもって
原作のまま印刷等する権利に係る出版権者（第1号出版権者）が改めて複製する
場合，又は80条1項2号に掲げる原作のまま出版に係る複製物を用いて公衆
送信する権利に係る出版権者（第2号出版権者）が公衆送信を行う場合に，著作
者は正当な範囲内で修正・増減を加えることができる（82条1項1号・2号）。
第1号出版権者が改めて複製しようとするときは，その都度，あらかじめ著作
者にその旨を通知しなければならない（82条2項）。

　著作物の出版が行われてから期間が経過すると，内容の陳腐化，著作者の意

---

30)　特許法に関する事例であるが，最判平成17年6月17日民集59巻5号1074頁〔生体高分子
　　リガンド探索方法事件〕は，特許権者が専用実施権を設定した場合でも，特許権者は侵害者に
　　対して差止請求権を行使することができると解している。
31)　中山544〜545頁。

に沿わないものとなることがある。そのような状態で出版が継続されると，著作者の人格的利益が害されることがあるので，出版権者が増刷や改訂を行う際に必要かつ合理的な範囲で，修正・増減を行う権原を著作者に認めているのである[32]。ただ，出版権者が公衆送信を行う場合には，紙媒体等の出版の場合とは異なる。紙媒体等の出版の場合は，改訂に際してのみ修正増減することができるのに対し，公衆送信の場合，修正増減は必要なときに容易にすることができる。そのため，出版権者が公衆送信を行っている状態にある場合には，随時，著作者は修正・増減を加えることができることとされている[33]。

(2)　複製権等保有者である著作者の出版権の消滅請求

複製権等保有者である著作者は，その著作物の内容が自己の確信に適合しなくなったときは，その著作物の出版行為・公衆送信行為を廃絶するために，出版権者に通知してその出版権を消滅させることができる（84 条 3 項）。ただし，当該廃絶により出版権者に通常生ずべき損害をあらかじめ賠償しない場合は，この限りでない（同項ただし書）。出版の廃絶により出版権者が被る経済的利益を補てんするための措置である[34]。84 条 3 項ただし書にいう「通常生ずべき損害」の範囲については，明確ではないが，在庫品処理等の直接的な損害のほか，出版の廃絶がなかったとすれば出版権者が得べかりし利益等の逸失利益も含まれるとの見解がある[35]。

第 5 節　担保的利用

1　質権※の設定

著作権は財産権であり，担保に供することで資金を調達することができる。著作権法では，担保権として質権のみを規定している。著作権を目的とする質

---

32)　入門 270 頁［横山］。
33)　文化庁長官官房著作権課「著作権法の一部を改正する法律（平成 26 年改正）について」コピライト 642 号（2014 年）28 頁。
34)　入門 270 頁［横山］。
35)　小倉＝金井コンメ（Ⅱ）706 頁［小倉秀夫］。

権の設定は，契約により行われる
が，質権の設定を第三者に対抗す
るには，登録をしなければならな
い（77条2号）。

　著作権者は，質権が設定された
場合でも，設定行為に別段の定め
のない限り，著作権を行使するこ
とができる（66条1項）。つまり，
著作権者は，設定行為に別段の定
めがなければ，質権者の承諾なく，

> **用語解説⑭　質　　権**
>
> 　質権とは担保物権の1つであり，債権
> 者と債務者の契約によって成立する。債
> 権者がその債権の担保として債務者又は
> 第三者から受けた物を債務の弁済がある
> まで留置して，弁済のない場合は，その
> 物から他の債権者に優先して弁済を受け
> ることを内容とする。

著作物を自己利用したり，第三者へ利用許諾を与えることができるのである。

　出版権も質権の対象となるが，質権の設定には複製権等保有者の承諾が必要
である（87条）。また，複製権等保有者は，質権の設定がなされているときは，
質権者の承諾がなければ，出版権を設定することができない（79条2項）。

2　物上代位*

　著作権を目的とする質権は，当該著作権の譲渡又は当該著作権に係る著作物
の利用につき著作権者が受けるべき金銭その他の物（出版権の設定の対価を含む）
に対しても，行うことができる（66条2項）。ここにいう著作権者が受けるべ
き金銭には，著作権の譲渡や利用許諾の対価，損害賠償金も含まれると解され

ている。ただし，その支払又は引
渡し前に差押えをしなければなら
ない（66条2項ただし書）。この差
押えは債権者自身がすることを要
すると解されている。というのは，
債務者の一般財産中に組み込まれ
た後に優先権を認めた場合に，他
の債権者が害されるおそれがある
からである。

> **用語解説⑮　物 上 代 位**
>
> 　民法上，担保物権である先取特権，抵
> 当権及び質権の効力は目的物の売却，賃
> 貸，滅失若しくは損傷により設定者が受
> けるべき金銭その他の物，又は目的物に
> 対する物権の設定による対価の上にも及
> ぶものとされている（民304条・350
> 条・372条）。このように担保物権の効
> 力がその目的物の価値変化物に及ぶこと
> を「物上代位」という。

第6節 著作権の信託*・管理

1 信 託

　従来，知的財産権の信託は，著作権等管理事業法による著作権等の信託を除き，行うことができなかった（旧信託業法4条）。しかしながら，平成16年信託業法改正により，知的財産権の信託が全面的に解禁された。

　著作権の信託を行うと，受託者が利用許諾契約の締結や侵害者への権利行使といった管理・運用を行い，著作権者は受託者の管理・運用により生み出される利益を受益権として流通させることによって，資金調達を行うことが可能になる。

　著作権等管理事業法下においては，以上で説明した資金調達の方法としてではなく，音楽のように，大量に存在し，かつ，演奏，放送等，多様な方法で多数回にわたって利用される著作物を集中的に管理するものとして信託的譲渡という枠組みが利用されている。以下では，著作権の集中管理について簡単に説明をする。

用語解説⑯　信　託

　信託とは，Aが自己の財産を信頼できるBに譲渡するとともに，当該財産を運用・管理することで得られる利益をある人Cに与える旨をBと取り決めること，及びそれを基本形として構築された法的枠組みのことをいう。Aを委託者，Bを受託者，Cを受益者と呼ぶ。信託された財産を信託財産と呼ぶ。受託者は名目上信託財産の所有権を有するが，その管理・処分は受益者の利益のために行わなければならないという義務（忠実義務）を負う。

---

2 著作権の集中管理

(1) 趣 旨

　著作権の集中管理とは，著作権管理団体が，著作権者から権利の委託（信託・委任）を受け，著作権者のために，著作物の利用者と利用許諾契約を締結してその者から利用料を徴収し，著作権者に利益を配分するものである。また，著作権管理団体は，その管理する著作物の無断利用者に対して，差止請求権・損害賠償請求権を行使する。

　著作物の利用，とりわけ無形的な利用の場合，その都度，利用をしようとする者が著作権者と連絡を取り，利用許諾契約を締結することは，その者にとっても著作権者にとっても煩雑である。また，個々の著作権者が様々な場所・態様で行い得る利用の実態を監視し，無断利用を捕捉して権利行使することは困難である。このような事情から，わが国においては音楽の著作物を中心として，著作権の集中管理が古くから利用されてきた。

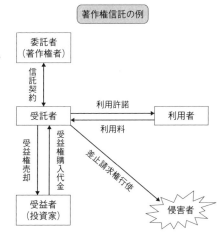

著作権信託の例

(2)　仲介業務法と著作権等管理事業法

　わが国では，著作権等の集中管理業務に関する法律として，昭和14年に「著作権ニ関スル仲介業務ニ関スル法律」（仲介業務法）が制定された。仲介業務法は，集中管理の対象を小説，脚本，音楽に限定し，業務実施につき許可制，使用料につき認可制を採用していた。同法のもとで集中管理団体として許可されていたのは，日本文芸著作権保護同盟，日本脚本家連盟，日本シナリオ作家協会，日本音楽著作権協会（JASRAC）の4団体のみであった。

　これに対して，管理業務を自由化する声が高まり，平成12年に著作権等管理事業法が制定され，仲介業務法は廃止された。著作権等管理事業法は，管理業務の対象を全分野の著作権及び著作隣接権に拡大し，事業実施を許可制から登録制へ，使用料について認可制から届出制へ移行する等の規制緩和を行い，新規参入を容易にした[36]。

　著作権等管理事業者は，管理委託契約約款・使用料規程を定め，あらかじめ文化庁長官に届け出て（著作権等管理事業法11条・13条），これらを公示しなければならない（同法15条）。また，著作権等管理事業者は，正当な理由のない限り，取り扱っている著作物等の利用の許諾を拒んではならない（同法16条）。つまり，著作権等管理事業者には，利用許諾契約締結義務が課せられているの

である。

第7節　裁定による利用権の設定

1　概　　説

　著作権法では，裁定により利用権を設定する制度が設けられている。いわゆる，強制許諾（強制ライセンス）である。著作権者から許諾が得られない場合であっても，一定の要件を満たす場合には，文化庁長官の裁定を受け，通常の使用料に相当する補償金を支払い，あるいは，供託をすることで著作物を利用することができる。

　著作権法では，①著作権者不明等の場合における裁定（67条1項），②放送等についての裁定（68条1項），③商業用レコードへの録音の裁定（69条）の3つの裁定が規定されている。文化庁長官は，①の裁定をしたときは，その旨を官報で告示するとともに申請者に通知し，②又は③の裁定をしたときは，その旨を当事者に通知しなければならない（70条6項）。

2　著作権者不明等の場合における裁定

(1)　趣　旨

　公表され又は相当期間にわたり公衆に提供・提示されている著作物は，著作権者の不明等の理由により相当な努力を払ってもその著作権者と連絡することができないときは，文化庁長官の裁定を受け，通常の使用料の額に相当するものとして文化庁長官が定める額の補償金を著作権者のために供託※して，その裁定に係る利用方法により利用することができる（67条1項）。この規定は，

---

36)　著作権等管理事業は音楽分野を中心として発展し，仲介業務法廃止後，他の事業者が参入可能になった現在においても JASRAC は音楽著作権管理事業者としては日本最大規模である。近時，JASRAC がテレビ局やラジオ局と結ぶ包括許諾として，ほぼすべての放送事業者との間で年度ごとの放送事業収入に所定の率を乗じて得られる金額又は所定の金額による使用料の徴収方法を定める利用許諾契約を締結し，これに基づき使用料の徴収をする行為について，最判平成 27 年 4 月 28 日民集 69 巻 3 号 518 頁〔JASRAC 事件〕は，音楽著作物の放送への利用の許諾に係る市場において，独占禁止法 2 条 5 項にいう「他の事業者の事業活動を排除」する行為の要件である他の事業者の参入を著しく困難にする効果を有すると判示した。

利用者側において許諾を求める意
思を有しながら著作権者不明等の
ために許諾を得るすべがない場合
に，適法な利用を確保するという
利用者の便宜と補償金の供託を通
じて著作権者の利益保護を図るも
のである[37]。

用語解説⑰　供　託

　供託とは，法令の規定により，金銭，
有価証券又はその他の物品を供託所又は
一定の者に寄託することをいう。その手
続は，供託法で定められている。

(2)　要　件

(a)　公表された著作物又は相当期間にわたり公衆へ提供・提示されていることが明らかな著作物であること　　裁定の対象は，公表された著作物又は相当期間にわたり公衆へ提供・提示されていることが明らかな著作物に限られる。

(b)　相当な努力を払っても著作権者と連絡をすることができないこと　　著作権者の探索に相当な努力を払ってもその著作権者と連絡することができない場合が裁定の対象となる。「相当な努力を払つてもその著作権者と連絡することができない場合」は，政令[38]で定められている。

(3)　裁定申請中の著作物の利用

　著作権者不明等の場合における裁定の申請をした者は，当該申請に係る著作物の利用方法を勘案して文化庁長官が定める額の担保金を供託した場合には，裁定又は裁定をしない処分を受けるまでの間，当該申請に係る利用方法と同一

---

37)　加戸 465〜466 頁参照。

38)　著作権法施行令 7 条の 5 第 1 項は，著作権者の氏名又は名称及び住所又は居所その他著作権者と連絡するために必要な情報（権利者情報）を取得するために，「次に掲げる全ての措置」をとり，かつ，当該措置により取得した権利者情報その他その保有するすべての権利者情報に基づき著作権者と連絡するための措置をとったにもかかわらず，著作権者と連絡することができなかった場合を，「相当な努力」を払った場合として規定している。「次に掲げる全ての措置」とは，以下の 3 つの措置のことである。①広く権利者情報を掲載していると認められるものとして文化庁長官が定める刊行物その他の資料を閲覧すること（1 号），②著作権等管理事業者その他広く権利者情報を保有していると認められる者として文化庁長官が定める者に対し照会すること（2 号），③時事に関する事項を掲載する日刊新聞紙への掲載その他これに準ずるものとして文化庁長官が定める方法により，公衆に対し広く権利者情報の提供を求めること（3 号）。具体的な内容については，文化庁長官官房著作権課「裁定の手引き」（平成 28 年 2 月）〈http://www.bunka.go.jp/seisaku/chosakuken/seidokaisetsu/chosakukensha_fumei/pdf/saiteinotebiki.pdf〉参照。

の方法により，当該申請に係る著作物を利用することができる（67条の2第1項）。裁定申請中の著作物の利用を確保するための規定である。

3　放送等についての裁定

(1)　趣　旨

公表された著作物を放送又は放送同時配信等しようとする放送事業者又は放送同時配信等事業者は，文化庁長官の裁定を受け，かつ，通常の使用料の額に相当するものとして文化庁長官が定める額の補償金を著作権者に支払って，その著作物を放送することができる（68条1項）。この規定は，放送等の果たすべき公益的機能を円滑に発揮できるように定められたものである[39]。

(2)　要　件

裁定請求をすることができるのは，著作権者に対し，放送等の許諾の協議を求めたが不調であった場合，又はその協議をすることができない場合である。ここにいう「協議をすることができないとき」とは，許諾を得る目的で話し合いを求めたけれども著作権者側において協議をする意思がないような場合のことである[40]。放送等の許諾に関して，著作権者が不明である等の理由により，協議を求めようがない場合は，本条ではなく，67条の裁定（著作権者不明等の場合における裁定）の対象となる。

4　商業用レコードへの録音の裁定

(1)　趣　旨

69条は作家専属制（特定のレコード会社がある作家が創作する音楽の著作物の独占的録音を取得すること）によって特定のレコード会社が独占的な地位を形成し，それによって音楽の著作物の利用が制限されることを防止して，音楽の流通を促進させることを趣旨とする規定である[41]。

---

39)　加戸475頁参照。
40)　加戸476頁。
41)　加戸478頁参照。

(2)　要　件

　商業用レコードが最初に国内において販売され，かつ，その最初の販売の日から 3 年を経過した場合において，当該商業用レコードに著作権者の許諾を得て録音されている音楽の著作物を録音して他の商業用レコードを製作しようとする者は，文化庁長官の裁定を受け，かつ，通常の使用料の額に相当するものとして文化庁長官が定める額の補償金を著作権者に支払って，当該録音又は譲渡による公衆への提供をすることができる（69 条）。

　裁定請求をすることができるのは，放送等についての裁定（68 条）の場合と同様，その著作権者に対し協議を求めたが，その協議が不調であった場合，又は，その協議をすることができない場合である。

5　裁定についての不服申立て

(1)　原　則

　裁定に不服のある者は，行政不服審査法に基づく審査請求をすることができる。裁定についての審査請求は，文化庁長官に対してするものであり，裁定自体の妥当性を争う場合に限り，申立てをすることができる。補償金の額については，後述するように不服の理由とすることができない（73 条）。

(2)　補償金の額についての訴え

　裁定で定められた補償金の額について不服がある当事者は，裁定があったことを知った日から 6 月以内に訴えを提起してその額の増減を求めることができる（72 条 1 項）。補償金額の多寡を争うには，通常の行政訴訟では裁定の取消し・無効確認を求めることとならざるを得ないこととなり迂遠であるため，補償金額の増減についての訴えを切り離して認めているものである[42]。

　補償金の額についての訴えは，原告が利用者であるときは著作権者を被告とし，原告が著作権者であるときは，利用者を被告としなければならない（72 条 2 項）。つまり，その訴えを当事者訴訟としているのである。

---

42)　加戸 488 頁。

(3)　審査請求の制限

　著作権者不明等の場合における裁定（67条1項），放送等についての裁定（68条1項），商業用レコードへの録音の裁定（69条）についての審査請求においては，その裁定に係る補償金の額についての不服をその裁定についての不服の理由とすることができない（73条）。ただし，著作権者不明等の場合における裁定（67条1項）を受けた者が，著作権者の不明その他これに準ずる理由により，補償金の額についての訴えを提起することができない場合は，補償金額を不服理由とすることができる（73条ただし書）。補償金額の減額を求める訴えを提起しようとしても，相手方がわからないと訴訟にならないためである。

第9章 著作隣接権

第1節 総 論

❖*POINT*❖

◆ 著作権法は，著作物を公衆に伝達するのに重要な役割を果たしている
実演家・レコード製作者・放送事業者・有線放送事業者を保護するため
に，著作隣接権を定めている。

1 概 説

著作権法は，著作物に関して，その著作者に著作者の権利（著作者人格権及び
著作権）を付与して保護するとともに，実演・レコード・放送・有線放送に関
して，実演家・レコード製作者・放送事業者・有線放送事業者に著作者の権利
に隣接する権利を付与して保護している。その権利が著作隣接権である[1]。

ただし，正確には，著作隣接権は実演家等の財産的利益を保護する権利であ
り，その人格的利益を保護する権利は含まないものである。もっとも，人格的
利益を保護する権利は，実演家にしか認められていない（実演家人格権。90条の
2・90条の3）。

また，著作隣接権は，実演家・レコード製作者の報酬請求権・二次使用料を
受ける権利（94条の2・95条1項・95条の3第3項，97条1項・97条の3第3項）
という金銭的請求権を含まない概念である（89条6項）。これは，著作隣接権
の侵害に対して差止請求権を認めるという構成（112条1項）を採用するための

---

1) 著作隣接権制度の歴史的経緯については，吉田大輔「著作隣接権制度の形成と発展」横浜国
際経済法学4巻2号（1996年）213頁，阿部浩二「著作隣接権の形成」小野昌延先生古稀記念
論文集『知的財産法の系譜』（青林書院，2002年）475頁参照。

立法技術上の必要によるものである[2]。

　著作隣接権の保護の理由としては，実演家・レコード製作者・放送事業者・有線放送事業者は，著作物を創作するわけではないが，著作物を公衆に伝達するのに重要な役割を果たしていることに求められる。著作物を伝達するには多大な投資が必要な場合があり，伝達行為の成果を他人が無断で利用できるとすると，伝達行為を行った者はそこから十分な利益を得ることが困難となる。そこで，伝達行為が活発に行われるように，実演家等に対して著作隣接権の保護が認められているのである。著作物の伝達行為は実演家等以外にも様々な者が行っているが，著作隣接権が実演家等にだけ認められているのは，理論的な根拠に基づくものではなく，政策的な判断によるものである。そのため，今後，その他の者も保護されることになる可能性は否定できない[3]。このような考え方とは異なり，著作隣接権の保護が認められる理由を，実演家等が著作物に準ずる創作的給付を行っていることに求める考え方もある[4]。しかしながら，実演家はともかく，レコード製作者や放送事業者がそのような創作的給付を行っていると評価することは困難である。

　以上のように，著作隣接権の保護は，著作物の伝達の奨励を目的とするものと考えられるが，伝達されるのが著作物である場合に限られているわけではないことに注意すべきである。例えば，レコードは，音を固定したものであるが（2条1項5号），森で鳥の鳴声を録音したり，浜辺で波の音を録音したような場合にも著作隣接権が発生する。

　著作隣接権は，著作者の権利とは別個独立の権利であり，著作隣接権に関する規定は著作者の権利に影響を及ぼさない（90条）。例えば，音楽家Aが創作した音楽の著作物を実演家Bが演奏する場合，Bは著作隣接権を有することになるが，Aが著作者の権利を有することに変わりはないのであり，Bの演奏を利用するには，AとBの両方の許諾が必要となる。この関係は，原著作物の著作者の権利と二次的著作物の著作者の権利との関係（11条⇒第2章第3節1(2)）に類似している。

---

2)　加戸555頁。

3)　中山660頁，入門219頁［横山久芳］，田村519頁。

4)　加戸551頁，小泉直樹『知的財産法』（弘文堂，2018年）349頁，本山雅弘『著作隣接権の理論』（成文堂，2021年）266頁以下。

著作権と同様に，著作隣接権は，相対的独占権（⇒第 1 章第 1 節 **4**）である。また，著作隣接権者は，その著作隣接権の侵害に対して，差止請求や損害賠償請求をすることができる（112 条 1 項，民 709 条）。実演家人格権の侵害に対しても，実演家は，著作者人格権侵害の場合と同様に，差止請求や損害賠償請求をすることができる（112 条 1 項，民 709 条）。これに対して，実演家・レコード製作者の報酬請求権・二次使用料を受ける権利は，他人の利用を停止させることはできず，金銭の支払を請求するにとどまる権利である。

2　著作隣接権の発生と存続期間

著作隣接権については，著作権と同様に，無方式主義が採用されており，その享有にいかなる方式の履行をも要しない（89 条 5 項）。

著作隣接権が発生するのは，ⓐ実演に関しては，その実演を行った時，ⓑレコードに関しては，その音を最初に固定した時，ⓒ放送に関しては，その放送を行った時，ⓓ有線放送に関しては，その有線放送を行った時，である（101 条 1 項）。そして存続期間は，レコードを除き，それぞれの行為が行われた日の属する年の翌年から起算して，実演に関しては 70 年，放送・有線放送に関しては 50 年を経過した時に満了する。レコードに関しては，その発行が行われた日の属する年の翌年から起算して 70 年である（101 条 2 項）[5]。

3　著作隣接権の内容

著作隣接権は，前述したように，著作権と同様に，相対的独占権であり，著作隣接権者は，その侵害に対して差止め・損害賠償を請求することができる。また，著作隣接権の譲渡や利用許諾，共有，著作隣接権者と連絡することができない場合における実演等の裁定による利用，登録に関して，著作権の規定が準用されている（103 条・104 条）。さらに，多くの著作権制限規定が，著作隣接権に準用されている（102 条）。

他方，著作隣接権は，特定の利用行為を対象とする支分権の束と捉えられる点も著作権と同じであるが，その支分権の内容は著作権のそれよりも限定され

5）　レコードに関しては，「その音が最初に固定された日の属する年の翌年から起算して 70 年を経過する時までの間に発行されなかつたときは，その音が最初に固定された日の属する年の翌年から起算して 70 年」である（101 条 2 項 2 号括弧書）。

ている。例えば，実演家が有するのは，録音権・録画権（91条），放送権・有線放送権（92条），送信可能化権（92条の2），譲渡権（95条の2），貸与権（95条の3第1項）だけである。これらの支分権に関しても，例えば，貸与権の期間は最大1年間であり，その後は，貸与に対して報酬請求権だけが認められている（95条の3第2項・第3項）。

　また，著作隣接権に関しては，権利を一度行使すれば，その後の利用には権利は及ばないというワンチャンス主義が広範囲に採用されている（91条2項，92条2項2号等）。例えば，実演家は録音権・録画権を有するが，この権利は，録音・録画の許諾に基づいて映画の著作物において録音・録画された実演については，原則として及ばない。

　以上のような著作権との相違点は，実演等の円滑な利用が阻害されないことを図ったものである。なお，これと同様に，実演家人格権についても，その保護のレベルは著作者人格権のそれよりも低く設定されている。

第2節　実演家の権利

❖*POINT*❖

◆　実演家については，その人格的利益を保護するために，氏名表示権及び同一性保持権から成る実演家人格権が認められている。

◆　実演家は，著作隣接権として，ⓐ録音権・録画権（91条），ⓑ放送権・有線放送権（92条），ⓒ送信可能化権（92条の2），ⓓ譲渡権（95条の2），ⓔ貸与権（95条の3第1項）を有する。

1　概　　説

　実演家は，著作隣接権として，既に述べたが，ⓐ録音権・録画権（91条），ⓑ放送権・有線放送権（92条），ⓒ送信可能化権（92条の2），ⓓ譲渡権（95条の2），ⓔ貸与権（95条の3第1項）を有する。また，金銭的請求権として，商業用レコードの放送・有線放送に対する二次使用料を受ける権利（95条）等を有する[6]。さらに，実演家の人格的利益を保護するために，実演家人格権が認められている。実演家人格権は，氏名表示権（90条の2）及び同一性保持権（90

条の 3）から成る。

2　実演と実演家

実演とは，「著作物を，演劇的に演じ，舞い，演奏し，歌い，口演し，朗詠し，又はその他の方法により演ずること」であるが，「これらに類する行為で，著作物を演じないが芸能的な性質を有するものを含む」と定義されている（2条 1 項 3 号）。そのため，手品や物真似も実演に当たる。また，スポーツは実演ではないが，フィギュアスケーティングが観客向けのショーとして行われるような場合には，実演に当たる[7][8]。

次に，「実演家」は，「俳優，舞踊家，演奏家，歌手その他実演を行う者及び実演を指揮し，又は演出する者」と定義されている（2 条 1 項 4 号）。「実演を指揮し，又は演出する者」とは，例えば，オーケストラの指揮者や舞台の演出家である[9]。

3　実演家人格権

(1)　総　説

従来，著作権法は，著作隣接権者の人格的利益を保護する権利を定めていなかった。しかしながら，実演は，実演家の人格を現出するものと認められることが少なくなく，近時のデジタル技術の発達により実演の改変が極めて容易となっているために，実演家の人格的利益を明確に保護する必要性が高まってき

---

6)　実際には，レコード製作においては，実演家あるいはその実演家が所属するプロダクション（実演家とプロダクションの間では，多くの場合，専属契約が締結されており，専属期間中に行われた実演についての権利はプロダクションに帰属するとされている）とレコード製作者との契約により，レコードに収録された実演についての権利はすべてレコード製作者に譲渡されるのが一般的である。藤原浩「実演家にみる身分から契約の流れ」日本芸能実演家団体協議会＝実演家著作隣接権センター（CPRA）編『実演家概論』（勁草書房，2013 年）85 頁。

7)　加戸 26〜27 頁。上野達弘「実演と隣接権制度」論究ジュリ 26 号（2018 年）14 頁も参照。知財高判平成 26 年 8 月 28 日判時 2238 号 91 頁〔ファッションショー事件〕は，ファッションショーにおけるモデルのポーズ・動作の振り付けの演出等の実演該当性を否定した。

8)　保護を受ける実演については，7 条に規定されている。

9)　WIPO 実演・レコード条約 2 条(a)は，「実演家」に，「民間伝承の表現」を実演する者を含めている。わが国法においては，民間伝承の表現を演じる行為は，「芸能的な性質を有する」ものとして，「実演」に当たり，よって，これを演じる者は「実演家」に含まれると解されることになろう。なお，「民間伝承（folklore）」の保護については，村井麻衣子「フォークロアの保護について」知的財産法政策学研究 33 号（2011 年）83 頁参照。

たこと，また，1996 年に採択された WIPO 実演・レコード条約（⇒第1章第4
節6）において実演家の人格権が規定されたことから，平成 14 年改正により，
実演家人格権が新設された。

　実演家人格権は，氏名表示権（90 条の2）及び同一性保持権（90 条の3）から
成る。著作者人格権（⇒第4章）とは異なり，公表権は含まれていない。

　実演家人格権は，著作者人格権と同様に，実演家の一身に専属し，譲渡する
ことができないものであり（101 条の2），また，実演家の死後における人格的
利益の保護についても定められている（101 条の3，116 条，120 条）。

(2)　氏名表示権

　氏名表示権は，実演家が，その実演の公衆への提供・提示に際して，実演家
名としてどのような名前（実名，芸名等）を表示するか，あるいは表示しない
かを決定する権利である（90 条の2第1項）。

　実演家の氏名表示権の内容は，著作者の氏名表示権の内容と同様であるが，
著作者名の表示は，①著作者が創作者であることを主張する利益を害するおそ
れがないと認められ，かつ，②公正な慣行に反しない場合に，省略することが
できるのに対して（19 条3項⇒第4章第3節3(2)），実演家名の表示の省略は，
より緩やかに，ⓐ実演家がその実演の実演家であることを主張する利益を害す
るおそれがないと認められるとき，又は，ⓑ公正な慣行に反しないと認められ
るときに，許容されている（90 条の2第3項）。

(3)　同一性保持権

　同一性保持権は，実演家が，その実演の同一性を保持し，自己の名誉・声望
を害するその実演の変更，切除その他の改変を受けない権利である（90 条の3
第1項）。著作者の同一性保持権とは異なり，「自己の名誉又は声望を害する」
改変のみが禁止される。また，「実演の性質並びにその利用の目的及び態様に
照らしやむを得ないと認められる改変」のほか，「公正な慣行に反しないと認
められる改変」についても，実演家の同一性保持権は制限される（同条2項）。

4　実演家の著作隣接権

(1)　録音権・録画権

実演家は，その実演を録音・録画する権利を専有する（91条1項）。録音とは，
「音を物に固定し，又はその固定物を増製すること」であり（2条1項13号），
録画とは，「影像を連続して物に固定し，又はその固定物を増製すること」で
あるから（2条1項14号），実演家の録音権・録画権は，その実演の録音物・録
画物の増製に対しても及ぶ[10]。

しかしながら，91条2項は，録音・録画の許諾に基づき映画の著作物にお
いて録音・録画された実演については，録音権・録画権は及ばない旨を規定し
ている。ただし，録音物（音をもっぱら影像とともに再生することを目的とするもの
を除く）に録音する場合は例外であり，例えば，映画のサウンドトラックに入
っている映画音楽を抜き出してレコードを作成する行為には，録音権が及ぶ。
同項は，ワンチャンス主義を適用したものであり，同項の実演，すなわち，録
音・録画の許諾に基づき映画の著作物において録音・録画された実演であって，
録音物以外の物に録音・録画されているものについては，録音権・録画権のほ
か，後述するように，放送権・有線放送権，送信可能化権，譲渡権も及ばない
ことになっている。

また，放送事業者が実演の放送の許諾を得た場合には，その実演を放送・放
送同時配信等のために録音・録画することができる。ただし，契約に別段の定
めがある場合，及び当該許諾に係る放送番組と異なる内容の放送番組に使用
（例えば，音楽番組における実演をバラエティ番組で使用すること）する目的で録
音・録画する場合は，例外である（93条1項）[11]。この規定により，放送事業
者は放送番組を放送のために録音・録画することができるが，その放送番組は，

---

10)　実演家の権利は，実演家が行った実演それ自体を対象とするものであり，その実演を物真似
　　した他の実演を録音・録画する行為には録音権・録画権は及ばない。加戸565頁。また，実演
　　家が複製に関して有するのは録音権・録画権だけであるから，実演を写真撮影する行為は実演
　　家の権利の侵害とはならない。もっとも，そのような行為に対してはパブリシティ権の保護が
　　認められる場合がある。最判平成24年2月2日民集66巻2号89頁〔ピンク・レディー事件〕
　　参照。

11)　その場合であっても，放送事業者は，102条1項が準用する44条1項（⇒第6章第14節）
　　により，一時的固定をすることができる。

録音・録画の許諾に基づく映画の著作物ではないから（103 条→ 63 条 4 項参照），91 条 2 項は適用されず，録音権・録画権が及ぶものであることに注意を要する。また，93 条 1 項により作成された録音物・録画物を放送・放送同時配信等の目的以外の目的のために使用・提供した者等は，録音・録画を行ったものとみなされる（93 条 2 項）[12]。

(2)　放送権・有線放送権

実演家は，その実演を放送・有線放送する権利を専有する（92 条 1 項）。

しかしながら，ⓐ放送される実演を有線放送する場合，ⓑ録音・録画の許諾に基づき録音・録画されている実演を放送・有線放送する場合，ⓒ録音・録画の許諾に基づき映画の著作物において録音・録画された実演であって，録音物以外の物に録音・録画されているものを放送・有線放送する場合，には放送権・有線放送権は及ばない（92 条 2 項）。

もっとも，ⓐの場合には，有線放送事業者は，非営利・無料の場合（102 条 1 項→ 38 条 2 項）を除き，実演家に相当な額の報酬を支払わなければならない（94 条の 2）。また，ⓑのうち，実演が録音されている商業用レコードを用いた放送・有線放送の場合には，放送事業者・有線放送事業者は，非営利・無料で放送を受信して同時に有線放送を行う場合を除き，実演家に二次使用料を支払わなければならない（95 条 1 項）。この二次使用料を受ける権利は，国内において実演を業とする者の相当数を構成員とする団体でその同意を得て文化庁長官が指定するものがあるときは，当該団体だけが行使することができる（95 条 5 項）。現在，公益社団法人日本芸能実演家団体協議会（芸団協）が指定されている。なお，商業用レコードとは，「市販の目的をもつて製作されるレコードの複製物」である（2 条 1 項 7 号）。

また，実演の放送が許諾された場合には，当該許諾に係る放送のほか，ⓓ当該許諾を得た放送事業者が，その者が適法に作成した録音物・録画物（93 条 1 項）を用いてする放送，ⓔ当該許諾を得た放送事業者から，その者が適法に作成した録音物・録画物（93 条 1 項）の提供を受けてする放送，ⓕ当該許諾を得

---

12)　30 条 1 項・3 項（⇒第 6 章第 2 節）が実演の利用について準用されているので（102 条 1 項），私的使用目的の録音・録画は許容されるが，実演家はデジタル方式の録音・録画に対して私的録音録画補償金請求権を有する。

た放送事業者から，当該許諾に係る放送番組の供給を受けてする放送，にも放送権は及ばない（93条の2第1項）。

　その一方で，ⓓⓔⓕの場合には，放送事業者は，実演家に相当な額の報酬を支払わなければならない（同条2項）。

(3)　送信可能化権

　実演家は，その実演を送信可能化（2条1項9号の5⇒第5章第3節3(5)(c)）する権利を専有する（92条の2第1項）。送信可能化に対する権利だけが与えられているのは，WIPO実演・レコード条約がそのような権利のみを定めていることによる[13]。

　しかしながら，ⓐ録画の許諾に基づき録画されている実演，ⓑ録音・録画の許諾に基づき映画の著作物において録音・録画された実演であって，録音物以外の物に録音・録画されているものには，送信可能化権は及ばない（92条の2第2項）。上記ⓐは録画の場合を対象とするものであり，録音の許諾に基づき録音されている実演は，例外に含まれず，送信可能化権が及ぶことに注意しなければならない[14]。

(4)　譲　渡　権

　実演家は，その実演をその録音物・録画物の譲渡により公衆に提供する権利を専有する（95条の2第1項）。

　しかしながら，ⓐ録画の許諾に基づき録画されている実演，ⓑ録音・録画の許諾に基づき映画の著作物において録音・録画された実演であって，録音物以外の物に録音・録画されているものには，譲渡権は及ばない（95条の2第2項）。また，著作者の譲渡権の場合と同様に（26条の2第2項⇒第5章第3節4(2)(b)），譲渡権者又はその許諾を得た者により公衆に譲渡された実演の録音物・録画物

---

13)　加戸574頁。

14)　放送される実演は，もっぱら当該放送に係る放送対象地域において受信されることを目的として送信可能化を行うことができる（ただし，当該放送に係る放送事業者の送信可能化権〔99条の2第1項〕を害することとなる場合は例外である。102条5項）。もっとも，この場合の送信可能化を行う者は，非営利・無料の場合（102条1項→38条2項）を除き，実演家に相当な額の補償金を支払わなければならない（102条6項）。また，実演の放送同時配信等に関しては，93条の3・94条・94条の3参照。

等について，譲渡権の消尽が認められている（95条の2第3項）。

(5)　貸　与　権

　実演家は，その実演をそれが録音されている商業用レコードの貸与により公衆に提供する権利を専有する（95条の3第1項）。

　貸与権の対象が「商業用レコードの貸与」に限られていることに注意を要する。また，貸与権の期間は，最初に販売された日から起算して1月以上12月を超えない範囲内において政令で定める期間に限られている（95条の3第2項）[15]。この期間を経過した商業用レコード（期間経過商業用レコード）については報酬請求権だけが認められており，95条の3第3項は，商業用レコードの公衆への貸与を営業として行う者（貸レコード業者）は，期間経過商業用レコードの貸与により実演を公衆に提供した場合には，実演家に相当な額の報酬を支払わなければならないと規定している[16]。

第3節　レコード製作者の権利

❖POINT❖

◆　レコード製作者は，著作隣接権として，ⓐ複製権（96条），ⓑ送信可能化権（96条の2），ⓒ譲渡権（97条の2），ⓓ貸与権（97条の3第1項）を有する。

1　概　　説

レコード製作者は，著作隣接権として，ⓐ複製権（96条），ⓑ送信可能化権

---

15)　著作権法施行令57条の2は，12月と定めている。実際には，業界団体と権利者団体との合意により，邦盤については，アルバムは最長3週間，シングルは最長3日間に限って貸与を禁止し，その後は許諾料の支払により貸与を可能とする運用が行われている。入門238頁注（49）［横山］。

16)　商業用レコードの貸与に対する報酬請求権は，商業用レコードの放送・有線放送に対する二次使用料を受ける権利と同様に，文化庁長官が指定する団体があるときは，当該団体だけが行使することができる（95条の3第4項→95条5項）。現在，芸団協が指定されている。また，貸与権者の許諾に係る使用料を受ける権利は，実演家による行使以外に，文化庁長官が指定する団体によって行使することができる（95条の3第5項）。

(96 条の 2），ⓒ譲渡権（97 条の 2），ⓓ貸与権（97 条の 3 第 1 項）を有する。また，金銭的請求権として，商業用レコードの放送・有線放送に対する二次使用料を受ける権利（97 条）等を有する。

2　レコードとレコード製作者

レコードとは，「蓄音機用音盤，録音テープその他の物に音を固定したもの（音を専ら影像とともに再生することを目的とするものを除く。）」である（2 条 1 項 5 号)[17]。

レコード製作者とは，「レコードに固定されている音を最初に固定した者」である（2 条 1 項 6 号）。実演家の演奏からいわゆるレコード原盤を作成した者を指し，原盤をリプレイスした者は，音を最初に固定した者ではないから，レコード製作者に当たらない[18]。

3　レコード製作者の著作隣接権

(1)　複 製 権

レコード製作者は，そのレコードを複製する権利を専有する（96 条）。

実演家の録音権・録画権とは異なり，レコード製作者の複製権には，ワンチャンス主義が採用されておらず，この権利は，レコードが映画の著作物に収録された場合，その映画の著作物の複製に対しても及ぶ[19]。

---

17)　保護を受けるレコードについては，8 条に規定されている。

18)　東京地判平成 25 年 11 月 20 日（平成 24 年（ワ）8691 号）〔ジャズ CD 事件 1 審〕は，レコード製作者について，「物理的な録音行為の従事者ではなく，自己の計算と責任において録音する者，通常は，原盤制作時における費用の負担者がこれに該当する」と述べる（知財高判平成 26 年 4 月 18 日〔平成 25 年（ネ）10115 号〕（同事件 2 審）も同旨）。東京地判平成 19 年 1 月 19 日判時 2003 号 111 頁〔THE BOOM 事件〕も参照。また，大阪地判平成 30 年 4 月 19 日判時 2417 号 80 頁〔ジャコ音源事件〕は，他者がレコーディングの工程により録音した音（本件音源の音）にミキシング等を行った者がレコード製作者となるかについて，「ある固定された音を加工する場合であっても，加工された音が元の音を識別し得るものである限り，なお元の音と同一性を有する音として，元の音の『複製』であるにとどまり，加工後の音が，別個の音として，元の音とは別個のレコード製作者の権利の対象となるものではない」ことに基づき，「ミキシング等の工程後の楽曲において，レコーディングの工程で録音された音が識別できないほどのものに変容するとは考え難く」，本件では実際にそうであるから，「本件音源についてのレコード製作者，すなわち本件音源の音を最初に固定した者は，レコーディングの工程で演奏を録音した者というべきである」として，否定した。反対：安藤和宏・新・判例解説 Watch24 号（2019 年）257～258 頁，前田哲男・判例評論 737 号（2020 年）36～37 頁。

(2)　送信可能化権

レコード製作者は，そのレコードを送信可能化する権利を専有する（96条の2）。

レコード製作者の送信可能化権についても，ワンチャンス主義は採用されていない。そのため，レコードが収録された映画の著作物の送信可能化に対しても，この権利が及ぶ[20]。

ところで，レコード製作者には，放送権・有線放送権は与えられておらず，商業用レコードの放送・有線放送（非営利・無料で放送を受信して同時に有線放送を行う場合を除く）に対する二次使用料を受ける権利のみが認められている（97条1項）。この権利は，実演家の場合と同様に，文化庁長官が指定する団体があるときは，当該団体によってのみ行使することができる（97条3項）。現在，一般社団法人日本レコード協会が指定されている。

(3)　譲　渡　権

レコード製作者は，そのレコードをその複製物の譲渡により公衆に提供する権利を専有する（97条の2第1項）。

ただし，譲渡権者又はその許諾を得た者により公衆に譲渡されたレコードの複製物等について，譲渡権の消尽が認められている（同条2項）。実演家の譲渡権とは異なり，ワンチャンス主義に基づく例外は設けられていない。

(4)　貸　与　権

レコード製作者は，そのレコードをそれが複製されている商業用レコードの貸与により公衆に提供する権利を専有する（97条の3第1項）。

しかしながら，実演家の場合と同様に，貸与権の期間は最大12月であり，

---

19) 　実演と同様に，30条1項・3項がレコードの利用について準用されているので（102条1項），私的使用目的の複製は許容されるが，レコード製作者はデジタル方式の録音・録画に対して私的録音録画補償金請求権を有する。

20) 　実演と同様に，放送されるレコードは，もっぱら当該放送に係る放送対象地域において受信されることを目的として送信可能化を行うことができるが（ただし，当該放送に係る放送事業者の送信可能化権〔99条の2第1項〕を害することとなる場合は例外である。102条7項→102条5項），この場合の送信可能化を行う者は，非営利・無料の場合（102条1項→38条2項）を除き，レコード製作者に相当な額の補償金を支払わなければならない（102条7項→102条6項）。また，商業用レコードの放送同時配信等に関しては，96条の3参照。

期間経過商業用レコード（95条の3第2項）については報酬請求権だけが認められており，貸レコード業者が，期間経過商業用レコードの貸与によりレコードを公衆に提供した場合には，レコード製作者は相当な額の報酬を請求することができる（97条の3第3項）[21]。

第4節　放送事業者の権利

❖*POINT*❖

◆　放送事業者は，著作隣接権として，ⓐ複製権（98条），ⓑ再放送権・有線放送権（99条），ⓒ送信可能化権（99条の2），ⓓテレビジョン放送の伝達権（100条）を有する。

1　概　説

放送事業者は，著作隣接権として，ⓐ複製権（98条），ⓑ再放送権・有線放送権（99条），ⓒ送信可能化権（99条の2），ⓓテレビジョン放送の伝達権（100条）を有する。金銭的請求権は定められていない。

2　放送事業者と放送

放送事業者とは，「放送を業として行う者」である（2条1項9号）。

放送とは，「公衆送信のうち，公衆によつて同一の内容の送信が同時に受信されることを目的として行う無線通信の送信」であるが（2条1項8号），放送事業者の著作隣接権の客体は，放送というより放送に係る音・影像であり，それも，個々具体的な放送信号によって送られる音・影像である[22]。複数の放送事業者の放送信号によって送られる音・影像が同一である場合であっても，それぞれの放送は別個のものであり，それぞれの放送事業者が著作隣接権を有す

---

21)　実演家の場合と同様に，商業用レコードの貸与に対する報酬請求権は，文化庁長官が指定する団体があるときは，当該団体だけが行使することができる（97条の3第4項）。現在，一般社団法人日本レコード協会が指定されている。また，貸与権者の許諾に係る使用料を受ける権利は，レコード製作者による行使以外に，文化庁長官が指定する団体によって行使することができる（97条の3第6項）。

22)　加戸640～641頁。保護を受ける放送については，9条に規定されている。

る[23]。

3　放送事業者の著作隣接権

(1)　複　製　権

放送事業者は，その放送又はこれを受信して行う有線放送を受信して，その放送に係る音・影像を録音・録画し，又は写真等の方法により複製する権利を専有する（98条）。

放送事業者の複製権は，ⓐ放送事業者が行う放送を受信して複製する行為とⓑその放送を受信して行う有線放送を受信して複製する行為に及ぶ。その放送を受信して行う再放送を受信して複製する行為には及ばない。再放送の場合には，再放送を行う放送事業者が権利を有することになる。これに対して，ⓑその放送を受信して行う有線放送を受信して複製する行為には及ぶこととされているのは，この場合の有線放送については，後述するように，有線放送事業者は権利を有しないことになっているためである[24]。

放送事業者の複製権が働く複製の方法は，録音・録画（及び録音物・録画物の増製）と，「写真その他これに類似する方法」による複製（及びそのように作成された複製物の増製）である。後者は，例えば，テレビの画面を写真撮影することである[25]。

(2)　再放送権・有線放送権

放送事業者は，その放送を受信してこれを再放送・有線放送する権利を専有する（99条1項）[26]。

しかしながら，放送を受信して有線放送を行う者が法令の規定により行わなければならない有線放送は，例外である（99条2項）。この例外は，現行の放

---

23)　加戸641頁。
24)　加戸653頁。
25)　放送の利用について，30条1項は準用されているが，同条3項は準用されていない（102条1項）。そのため，放送事業者は私的録音録画補償金請求権を有しない。この点は，有線放送事業者も同じである。
26)　この権利は同時に再放送・有線放送する場合だけに及ぶか，あるいは放送を固定して異時に再放送・有線放送する場合にも及ぶかについては，見解が分かれている。入門245頁注（63）［横山］参照。

送法140条が定める受信障害区域における再放送義務を念頭に置いて設けられたものである[27]。

(3)　送信可能化権

放送事業者は，その放送又はこれを受信して行う有線放送を受信して，その放送を送信可能化する権利を専有する（99条の2第1項）[28]。

有線放送権と同様に，放送を受信して自動公衆送信を行う者が法令の規定により行わなければならない自動公衆送信に係る送信可能化は，例外である（99条の2第2項）。

(4)　テレビジョン放送の伝達権

放送事業者は，そのテレビジョン放送又はこれを受信して行う有線放送を受信して，影像を拡大する特別の装置を用いてその放送を公に伝達する権利を専有する（100条）。

放送事業者の公の伝達に関する権利は，ラジオ放送の場合には認められず，テレビジョン放送，しかも「影像を拡大する特別の装置」を用いて伝達する場合に限定される。「影像を拡大する特別の装置」とは，超大型テレビジョン受像機である。そのような装置を用いて公に伝達する行為に関しては，著作者の公の伝達権（23条2項⇒第5章第3節3(6)）は，38条3項により非営利・無料の場合には制限されるが（⇒第6章第10節4），同項は著作隣接権の制限として準用されていない（102条1項参照）。そのため，放送事業者の権利は，非営利・無料の場合にも及ぶことになる。

---

27)　加戸646〜647頁。なお，99条2項のような権利制限は，著作権については規定されていない。

28)　学説の多数は，放送事業者の送信可能化権は放送の固定物を介した送信可能化には及ばないと解している。加戸648頁，小倉＝金井コンメ（Ⅲ）167頁［小畑明彦］，コンメ(3)233頁［上原伸一］。反対：大阪高判平成19年6月14日判時1991号122頁〔選撮見録事件〕，入門247頁注（69）［横山］。

第5節　有線放送事業者の権利

❖*POINT*❖

◆　有線放送事業者は，著作隣接権として，ⓐ複製権（100条の2），ⓑ放
送権・再有線放送権（100条の3），ⓒ送信可能化権（100条の4），ⓓ有
線テレビジョン放送の伝達権（100条の5）を有する。

1　概　　説

　有線放送事業者は，著作隣接権として，ⓐ複製権（100条の2），ⓑ放送権・
再有線放送権（100条の3），ⓒ送信可能化権（100条の4），ⓓ有線テレビジョン
放送の伝達権（100条の5）を有する。金銭的請求権は定められていない。

2　有線放送事業者と有線放送

　有線放送事業者とは，「有線放送を業として行う者」である（2条1項9号の
3）。
　有線放送とは，「公衆送信のうち，公衆によつて同一の内容の送信が同時に
受信されることを目的として行う有線電気通信の送信」である（2条1項9号の
2）。有線放送事業者の著作隣接権の客体は，放送の場合と同様に，個々具体的
な有線放送信号によって送られる音・影像である[29]。ただし，放送を受信して
行う有線放送は保護されない（9条の2第1号括弧書）。

3　有線放送事業者の著作隣接権

(1)　複　製　権

　有線放送事業者は，その有線放送を受信して，その有線放送に係る音・影像
を録音・録画し，又は写真等の方法により複製する権利を専有する（100条の
2）。
　放送事業者の複製権と同様のものであるが，有線放送事業者の複製権は，そ

---

[29]　有線放送については，国際条約による保護義務はないため，日本国民である有線放送事業者
の有線放送と国内にある有線放送設備から行われる有線放送だけが保護される（9条の2）。

の有線放送を受信して行う放送を受信して複製する行為には及ばない。この場合の複製には，その放送を行う放送事業者の権利が及ぶ。

(2)　放送権・再有線放送権

有線放送事業者は，その有線放送を受信してこれを放送・再有線放送する権利を専有する（100条の3）。

放送事業者の再放送権・有線放送権と同様のものであるが，99条2項のような例外は設けられていない。

(3)　送信可能化権

有線放送事業者は，その有線放送を受信してこれを送信可能化する権利を専有する（100条の4）。

放送事業者の送信可能化権と同様のものであるが，99条の2第2項のような例外は設けられていない。

(4)　有線テレビジョン放送の伝達権

有線放送事業者は，その有線テレビジョン放送を受信して，影像を拡大する特別の装置を用いてその有線放送を公に伝達する権利を専有する（100条の5）。

放送事業者のテレビジョン放送の伝達権と同様のものである。

事 項 索 引

*行末の頁数が太字のものは，当該用語又は制度の意義や趣旨などが説明されている箇所を示す。

ま 行

や 行

判 例 索 引

地方裁判所

著作権法　第3版
Copyright Law, 3rd edition

2014 年　4 月 10 日　初　版第 1 刷発行
2016 年 10 月 10 日　第 2 版第 1 刷発行
2021 年 12 月 25 日　第 3 版第 1 刷発行

編　者　　　茶　園　成　樹

発行者　　　江　草　貞　治

発行所　　株式
　　　　　会社　有　斐　閣
　　　　　　　　郵便番号101-0051
　　　　　　　　東京都千代田区神田神保町 2 - 17
　　　　　　　　http://www.yuhikaku.co.jp/

印刷・大日本法令印刷株式会社／製本・大口製本印刷株式会社
© 2021,　Shigeki CHAEN.　Printed in Japan
落丁・乱丁本はお取替えいたします。

★定価はカバーに表示してあります。

ISBN 978-4-641-24351-4